伊藤半次の絵手紙

戦地から愛のメッセージ

伊藤博文◎編著

キミヨシクン マイニチ
アツイデセウ
オゲンキデ
スカ
コチラワ
アサ・ヤ・ヨ
ルワサムク
ナリマシタ イ
マヒマワリ ソウノ
ハナガサカリデス

サヨナラ

集広舎

福岡縣護国神社・宮司

田村 豊彦

福岡縣護国神社

護国神社の起源は、明治天皇の思し召しにより、明治維新前後において国難に殉じた方々の御霊をお祀りするために創建された招魂社が基です。

福岡縣護国神社は、維新より日清・日露の役・大東亜戦争に至るまでに、尊い命を捧げられた福岡県ご出身のご英霊13万柱をお祀りしています。

昭和18年4月30日、福岡県内の招魂社5社（昭和14年護国神社と改称）を合祀し、福岡城外練兵場跡を境内として福岡縣護国神社がご鎮座されました。

昭和20年（1945）6月19日の福岡大空襲により大鳥居、狛犬、石灯籠を残し、ご社殿は焼失、その後仮殿にて祭典を行っていましたが、昭和38年（1963）5月県民のご浄財により再建され今日に至っています。

昭和39年から今日まで、ご英霊のご遺徳を偲び慰霊顕彰を申し上げるため、ご遺族やご英霊に縁故ある方々と神楽舞を奏し、祥月命日祭をご奉仕いたしております。

護国神社のご英霊は、ご遺族のみならず国民すべての身近なご先祖さまです。幾多の戦いで自ら命をかけて国家と国民を守っていただいたおかげで、今の日本と私たちの生活があります。家族を思い、故郷を思い、国を思いつつ尊い命を捧げられたご英霊の皆さまへの慰霊感謝の誠心を、

次世代へ語り継ぐことが残された私たちの務めだと思います。

編著者の伊藤博文氏とは、7年前に祖父伊藤半次氏の祥月命日祭のお申込みからのご縁です。戦後75年の歳月が経ち、ご遺族のご高齢化のため慰霊顕彰が子や孫の世代に継承されていない中、伊藤氏は命日祭には欠かさずお参りされ、沖縄戦で戦死された祖父が残した多くの絵手紙をたよりに、部隊駐留の地、避難した壕、戦闘の様子などを調べ、祖父の絵手紙の企画展、講演会などを開催し、戦争を風化させないための地道な活動をされています。

この本には、祖父半次氏から送られてきた絵手紙とともに、お孫さんである伊藤氏が祖父の足跡をたどることで判明した様々な事実がご紹介されています。

伊藤氏が精魂こめて執筆されたこの本を通して、家族や愛する人や国のために尊い命を捧げられた多くのご英霊のおかげで、今の平穏な日々の暮らしがあることを再確認し、平和の尊さを多くの人々が認識されるきっかけとなることを願ってやみません。

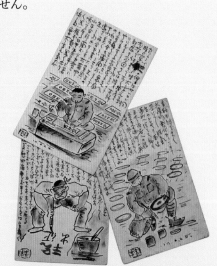

沖縄県護国神社・宮司

加治 順人

このたびの『伊藤半次の絵手紙──戦地から愛のメッセージ』ご出版にあたり、編纂にあたられました伊藤博文氏には、予てからの思いが形となりましたことを心からお慶び申し上げます。

伊藤氏とのご縁は、那覇市歴史博物館にて平成29年（2017）4月28日から6月27日まで開催されました「伊藤半次の絵手紙と沖縄戦」を新聞報道で知り、是非お会いしたいと思っていましたところ、伊藤氏本人が当神社へ参拝にお見えになったのが始めでした。

当神社は、沖縄県関係の戦死者だけでなく、沖縄戦に殉じた本土出身者や犠牲となった一般市民も祭神として17万8千余柱が祀られています。伊藤半次氏のように沖縄戦の戦死者は、靖國神社、出身地（半次氏の場合、福岡縣）護国神社、沖縄県護国神社の3社に祀られていることを、お伝えしました。その時に、戦死された祖父半次氏の絵手紙への想いを伺い、当神社でも戦後73年企画展として開催する運びとなり、平成30年の6月23日（沖縄戦終結の日）から2日間にわたり「伊藤半次の絵手紙と沖縄戦」を開催いたしました。その際には、伊藤氏より来場者へご説明をいただき、大変素晴らしい企画展となりました。

昭和15年に27歳で入隊し、32歳で戦死された半次氏の400通余りの絵手紙は、どれも色鮮やかで軍隊での過酷な生活、訓練とは一線を画し、楽しく、長閑な手紙が多く見受けられます。たぶん郷土で待っている家族に心配させないよう、努めて明るく描いたのでしょう。

また満州の景色、冬の寒さ、釣りの話など、異郷の地を描くことで、自らも寂しさや不安を跳ねのけ、必ず家族のもとに帰るのだという思いを込められたのだと思われます。しかし、半次氏が所属

する野戦重砲兵第23連隊は、昭和19年（1944）10月に満州から沖縄に転進することになります。その時すでに沖縄は、10月10日の那覇を中心とする空襲により戦況が逼迫し、昭和20年4月に開始された米軍の沖縄本島上陸後は、まさに死闘の地となります。

本土に近い沖縄からの手紙はわずか3通、それも急ぎの文面のみでした。本当はこれまで以上に手紙を書いて家族に近況を伝え、自らも不安を跳ねのけたかったでしょう。そして、子供たちに平和の尊さを伝えたかったことでしょう。

本書は、その思いを孫である伊藤氏が受け継ぎ、戦争の実情を知らせることで、平和な今の世のありがたさを伝えています。3通しかない沖縄からの手紙をはじめ、部隊日誌、戦友からの聞き取り、証言集などの貴重な資料及び語り部の方々のお話などをご紹介し、半次氏が伝えたかった本当の沖縄戦を読者の皆さまにお伝えする内容になっています。

一人でも多くの方が本書を手に取り、戦地に赴いていった兵士たちの想いに触れ、平和の大切さ、家族への愛を感じていただきたく存じます。きっと、天国の伊藤半次 郎男命、そして戦争で亡くなった多くの方々が本書の発刊を心からお慶びになっていると思われます。

沖縄県護国神社

半次（伊藤提灯店の前にて）

はじめに

「あなたのおじいちゃんは、私たち家族を家（福岡）から近いところで守りたいからと言って沖縄に行ったのよ！」

私が祖父伊藤半次について記憶にあるのは、子供の頃たった一度だけ祖母が話してくれた、この言葉だけでした。

伊藤半次は、昭和15年に旧日本陸軍に入隊し、その後満州に出征、最後は沖縄へ転戦して32歳の若さで戦死しました。その間の約5年間に送られてきた祖父の書簡は、残されているだけで約400通にものぼります。

私が祖父の手紙に出合ったのは、平成15年（2003）5月に祖母が他界した時のことでした。祖母が亡くなる間際に私の父允博に託したもので、ほとんどが軍事郵便でした。当時、戦地と自国との間に取り交わされる郵便物は、一部を除いて無料で取り扱われていました。当時は当たり前のように秘密保持のため文面が厳しく検閲され、反戦的な内容や部隊に関係するものはすべて削除されました。現在地などは○○と伏せられ、発信元の住所も地名ではなく部隊名で届けられました。

もちろん祖父の手紙も意図的に○○と伏せられたものもありますが、なぜ異国の戦地から、これほどまでにたくさんの書簡を送ることができたのか首を傾げるしかありません。しかも、絵手紙には色鮮やかに描かれた「妻が風呂に入っている絵」「異国の子供と日本の子供が握手をしている絵」などもあり、チェックされて消された手紙（形跡）がほとんどないのです。

のちに、手紙の内容から「上官に近い立場だったこと」「どの手紙の絵も文章もつとめて明るく描いている」「宛名の書体を意図的にかえている」「半次、喜平（僖苹）と名前を使い分け」「妻にしかわからない2人だけのサインを用いる」など、機転が利く人だったことがわかり、いろんな工夫をしていたのがよかったのかもしれません。

しかし、沖縄から送られてきた手紙は、わずか3通。それも既製の絵葉書に切手を貼ったもので、それまでの明るい絵などもなく、慌ただしく書いた

と見られる筆跡で、家族に無事を知らせる内容などでした。満州から多くの手紙を送り続けた祖父からの手紙は、昭和19年11月に沖縄から私の父（次男允博）宛に届いた手紙が最後となり、半次の消息は途絶えます。

のちの記録によれば、半次は昭和20年6月18日時刻不詳、沖縄本島小渡（おど）において戦死したとのこと。2か月後に終戦を控えた、沖縄戦終結のわずか5日前ということになります。32歳という若さでの無念（さいご）の最期でした。（戸籍には「昭和22年10月20日受付　福岡県民生部第1世話課長　報告」と記されています）

一方、福岡では半次が戦死した翌日の6月19日から翌々日にかけて、福岡市の市街地を標的にした米軍の無差別爆撃（福岡大空襲）があり、中島町の伊藤提灯店も全焼。半次が命がけで守ろうとした家族も焼け出されました。

しかし妻の禮子（れいこ）は、大混乱の中でも半次が送ってきた愛情あふれる書簡だけは、絶対に肌身から離しませんでした。

戦争が終わって2年以上もたってから、夫の戦死報告を受け取った祖母（禮子）はどんな気持ちだったのでしょうか。子供たちにはのちのちまでも「お父ちゃんは帰ってくる」と言っていたそうです。そして終戦後も沖縄へ何度も足を運び、夫の半次を探し続けていました。

祖父は、私の父（次男允博）が誕生した年に戦争に行きましたので、父には祖父の記憶がほとんどありませんでした。

当然その息子である私が祖父のことを知る機会はなく、祖父というより、現在の私の年齢よりふたまわり近く若い27歳で、愛する家族を残して戦地へ向かい、過酷（かこく）な沖縄戦で最期（さいご）を遂げた一人の青年といったイメージのほうが強く、その無念さを思うと胸が締めつけられます。

祖母（禮子）から半次の書簡を受け継ぎ、平成25年（2013）9月に他界した父は、この書簡が、平和を伝える貴重なメッセージとして生き続けることを願いつつ、私に託しました。私は、半次についてできるかぎり知りたいと思い、父が他界したその年に、福岡県庁に残されている陸軍資料を取り寄せて調べたのでした。その結果、次のようなことが判明しました。

① 徴兵検査

　身長、体重、胸囲などが記されており、半次は、今の私と同じような背丈であること、結果は乙（おつ）「第2補充兵」であったことがわかりました。

② 身上明細書

　事前に、健康状態、家庭・家計の状況、宗教、嗜好（しこう）などが調査されたうえで、身上明細書が作成されたようです。妻の出産予定、資産などのほかに特有の技能として「日本画」と記されていました。また、指導要領の中には「毎日水をかぶり精神修行をなす」と記されており、これらの特技や習慣が、のちの満州出征（しゅっせい）（生活）において大いに助けとなったようです。

③ 陸軍兵籍

　昭和15年9月に招集され、12月2日に兵役が解除。再び昭和16年7月に再招集されて満洲へ出征したと記されていました。

④ 死没者原簿（しぼつしゃげんぼ）

　「死亡年月日時：20.6.18」「死亡場所　沖縄本島小渡（おど）」「死亡事由　玉砕（ぎょくさい）ノタメ不明」

父には祖父から抱かれた記憶が全くなかったので、半次が戦争に行って戦死するまで、一緒に過ごすことができなかったと思っていましたが、昭和16年1月28日に父（允博）が誕生してから約半年

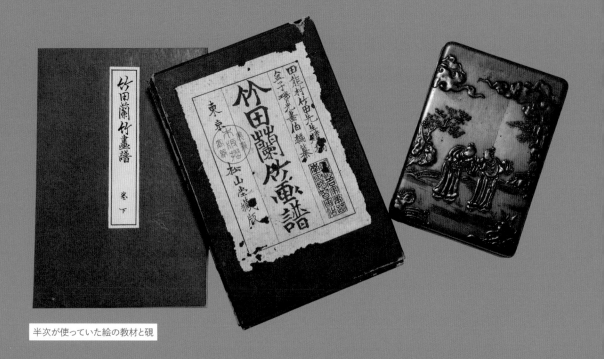

半次が使っていた絵の教材と硯

もの間、父親（半次）と一緒に過ごしていた時間があったことが、記録から判明しました。残念ながら、父はこの事実を知らないまま他界してしまいました。

それから間もなく、私は、沖縄からの手紙3通と、軍歴資料の情報などをもとに、祖父の足跡をたどる旅をはじめることを決意し、さっそく行動に移したのでした。

死没者原簿に記された「沖縄本島小渡」は、現在の沖縄の住所には存在しない地名でしたが、その地には、祖父が所属した部隊慰霊碑があり、様々な調査、多くの出会い、当時を知る人たちからの証言などから、祖父の足跡が少しずつ分かってきました。そして、そのおかげで、離れ離れになった家族が一つになることができたのではないか、また沖縄は祖父が亡くなった地ではなく、「最期まで生き抜いた地」であると思えるようになりました。

すでに戦後70年以上が経過しており、当時の詳細を知ることには限界があると諦めかけた頃

（令和1年6月17日）、祖父と同じ部隊に所属し戦死した方のご遺族（鐘ケ江静男氏・昭和3年生まれ）と福岡縣護国神社の祥月命日祭で偶然出会い、野重23会（部隊生き残り、ご遺族などで構成。平成6年に解散）の「野戦重砲兵第23連隊抄史」「野重23会々報（最終号）」を翌18日（半次の戦死から73年目）に託され、それらの資料から、満州そして沖縄戦の部隊動向が判明しました。

第2次世界大戦における日本の戦死者数は約230万人、民間死者数は約80万人（厚生労働省資料など）と言われています。その陰には、それだけ多くの方々のご遺族や愛する人たちがいて、悲しみをこらえ、激動の時代を強く生き抜いてこられたということです。私の父や祖母たちがそうしたように。

令和2年、新型コロナウイルス感染症の世界的な大流行（パンデミック）によって世の中は一変しました。この時代、携帯電話やメールで簡単に思いを伝えられ、家族や友人など大切な人と過ごせる当たり前の日常が、なんとありがたいことかと

改めて感じています。

　前著『戦地から愛のメッセージ』（文芸社刊）では、祖父が命にかえて伝えようとしたメッセージ（絵手紙）の一部をご紹介しましたが、本書では書簡全文（全ての絵手紙）のほかに、祖父の足跡をたどる中で判明したこと、祖父が所属した部隊の戦友やご遺族が残した資料や証言なども収録していますので、当時の様子をより詳細かつ鮮明に知ることができるかと思います。

　先の大戦では、多くの尊い命が失われ、数えきれないほどの悲劇がありました。愛する家族や親しい人たちと別れて戦地に赴き、沖縄での決戦で最期の一瞬まで懸命に生き抜き、散っていった多くの人たちの中に、私の祖父 伊藤半次もいました。一人の兵士の絵手紙を通して、戦争の悲惨さと平和の尊さを、改めて認識していただければと思います。

　戦後70数年たった今、戦争を記憶している人たちが激減しています。戦争の記憶を風化させないためにも、若い世代の方々にも読んでいただき、本書のメッセージ（戦争の悲惨さ、平和の尊さ）を心に刻んでいただければ幸いです。そしてこの先、戦後80年、90年、100年……と平和な世の中が続き、戦争の記憶が思い起こされるたびに、そのメッセージを語り継いでいただけたら編著者としてこれ以上嬉しいことはありません。

伊藤半次の孫　伊藤 博文

野戦重砲兵第23連隊慰霊碑の前にて

| 目次 | # 伊藤半次の絵手紙　戦地から愛のメッセージ |

002 出版に寄せて

004 はじめに

010 伊藤半次について

---

014 第**1**章　入隊　福岡県小倉時代
昭和15年（1940）9月1日⇨昭和16年（1941）7月（小倉市北方西部第72部隊　山田潜隊第3班）

015 小倉から届いた半次の手紙

---

026 第**2**章　ついに戦地・満州国東安省「斐徳」へ出征
昭和16年（1941）8月⇨昭和17年（1942）4月（満州国東安省密山縣斐徳　第938部隊　峯岸隊）

027 当時の戦況（「野戦重砲兵第23連隊抄史」より）

029 斐徳から届いた半次の手紙

---

058 第**3**章　牡丹江省「梨樹鎮」へ移動
昭和17年（1942）4月⇨昭和17年9月（牡丹江省梨樹鎮　満州第3109部隊　山田隊）

059 ソ満国境警備のために誕生した新設部隊（「野戦重砲兵第23連隊抄史」より）

063 梨樹鎮から届いた半次の手紙

---

098 第**4**章　牡丹江省「八面通」へ移駐
昭和17年（1942）10月⇨昭和19年（1944）9月初旬（牡丹江八面通軍事郵便所気付　第3109部隊　山田隊）

099 八面通での部隊の動向（「野戦重砲兵第23連隊抄史」より）

101 八面通から届いた半次の手紙

149 想定外の沖縄への動員下令

---

154 第**5**章　激戦地「沖縄」へ転戦
昭和19年（1944）秋⇨昭和20年（1945）6月18日（那覇郵便局気付　球第3109部隊　荊木隊）

155 沖縄から届いた3通の手紙

158 第32軍・直轄砲兵部隊「伊藤半次の沖縄戦」

175 生き残り兵が語る沖縄戦の実情

193 改めて沖縄戦を振り返る（沖縄戦概略：沖縄県資料より抜粋）

200 第6章 戦争の記憶

201 元白梅学徒隊　武村豊さん（昭和4年生まれ）の証言

204 戦争の語り部　上原美智子さん（昭和10年生まれ）の証言

208 伊藤半次の絵手紙展がつないだ　もうひとつの絵手紙

219 戦後76年「沖縄慰霊の日」米国から沖縄へ返還された日章旗

224 第7章 祖父の足跡をたどる

225 亡き父の願いに応えて

228 沖縄戦における野戦重砲兵第23連隊の動向と戦後の慰霊碑建立と慰霊祭の報告

237 慰霊祭に参加していたご遺族　川内義子さん（昭和15年生まれ）の記憶

243 沖縄で散った戦友の供養と慰霊碑を浄土寺（沖縄県糸満市）に託した野重23会

244 遺族の想い（「野重23会会報」最終号〈平成6年7月発行〉より）

254 おわりに──浄土寺の過去帳に名前を加えていただく

255 足跡をたどる旅の先に

269 巻末資料

六屯牽引車

凡例

❖ 手紙は日付順に収録し、日付のないものは発送地と内容から推測して、時系列に掲載した。

❖ 半次は手紙に気温を「華氏」で記しているが、摂氏に換算せず、そのまま掲載した。

❖ 手紙・手記・証言・資料などは原則として原文どおりに掲載し、一部を下記のように編集した。

　明らかな誤字・脱字は訂正し、難読漢字や固有名詞にはルビや脚注をつけた。

　脚注は、原著者のものを（　　）で、編著者のものを〔　　〕で示した。

　固有名詞を除き、旧字を新字に、歴史的仮名遣いを現代仮名遣いに改めた。

　伏せ字「○○」はそのまま記し、判読できない文字は「■」で表した。

　手紙文の分かち書きは、カタカナ文を除き、句読点に置き換えた。

　漢字まじりの副詞や接続詞はできるだけ、ひらがなに置き換えた。

❖ 原則、手紙や証言などの原著者の文章は1段組で、寄稿者や編著者の文章は（一部の注解を除き）2段組で掲載した。

❖ 半次の手紙のなかで、編著者による解説は　　　の背景色、関係者の証言は　　　の背景色で記載した。

❖ 沖縄県公文書館、那覇市歴史博物館所蔵の写真、および転載許可を頂いた文書の提供については、謝辞を込めて奥付に「資料協力」として記載した。

半次（雷山スキー場にて）

半次（右下、戦争前）

伊藤半次について

　伊藤〔旧姓古田〕半次は、大正2年1月2日、福岡市馬出にて古田家の4男7女の長男として誕生しました。スキーを嗜む写真や地元の消防団の写真なども残されており、電蓄〔電気蓄音機〕が宝物、映画鑑賞、温泉旅行など、書簡からも多趣味で活発な性格だったことがうかがえます。また、博多の郷土芸能・福岡市無形民俗文化財でもある博多仁和加を得意とし、戦地の演芸会でも演じて大好評だったとあるなど、博多っ子ならではの一面もあったようです。

　昭和10年、伊藤提灯店の3人姉妹の長女禮子〔戸籍はアキ〕と結婚。すでに亡くなっていた禮子の父〔伊之吉〕に代わって、婿養子として伊藤家を継ぎます。

　提灯職人としての腕を磨くため、西公園の松尾光華という日本画の師匠に師事して絵を学んでいたため、戦地からの書簡にもその特技を生かした様々な絵が描かれています。

　当時の軍隊では、文才、絵、そろばんなどが得意な兵士は、非常に重宝されていたようです。半次は義母〔ツギ〕宛に、こんな書簡を送っています。

　「松尾光華先生のところへずいぶん通いましたね。あれがやっぱりこうして軍隊へ来ても大変おかげがあります。隊である仕事をしましたところ、それが連隊長殿に大変お気に召して賞詞を受けました。そのためまた中隊長殿も非常に喜ばれまして、

昨日は特別に褒章休暇を一日戴きました」

　さらに半次には、持ち前の明るさとユーモアセンス、周りの人たちへの気遣いなどもあり、軍隊では上等兵から兵長へと昇進。仲間の誰よりも早く出世し、部隊本部勤務となって恩賜のタバコを拝受したりします。

　「一日おきに饅頭は大きいのが二ヶずつ戴けます。別に甘い物はキャラメルやヨーカン、カリン糖など一週二、三、四食べる。ほんとに子供たちに分けたいようです。でも兵隊全部そうではありません。私はね、現在の仕事の都合でこのツマラン顔がきけるの。ビールは一週、日曜日に二本なんてどうです」

　こうした手紙からも、半次が特別待遇だったことを知ることができます。

　禮子は、半次より3歳年上の姉さん女房で、非常に仲が良い夫婦だったようです。生前の祖母〔禮

子〕からは聞くことはできませんでしたが、「この絵葉書、京都からの慰問袋に入っていたのですが、この写真は修学旅行でお前の写っているのがありましたね。あれはたしか御所の前だったようだ」といった手紙を送っています。現代のカップルがお互いのアルバムを見せ合う、今も昔も変わらない仲睦まじい光景が思い浮かんできませんか。

　そんな愛情あふれる書簡が数多く残されていますので、書簡からいろんな情景を思い浮かべていただけるのではないでしょうか。

　また、半次の書簡は、駐屯地の四季の移り変わり、異国の人々の暮らしぶり、軍隊生活での出来事や近況などを、その都度こまめに伝えていますが、どの文面も明るく、描かれた人物にしてもほとんどが笑っているのは、家族一人一人を思いやり、安

心させようというだけでなく、手紙を見た家族を楽しませようとしていたのだと思います。

ちなみに、半次は落款に「赫」という文字を使っています。音読みで「かく」「きゃく」、訓読みで「あかい」「かがやき」と読み、「赤く燃えるとかがやく」といった意味の語です。半次がなぜこの文字を使っていたのかわかりませんが、手紙から想像できる祖父〔半次〕の性格から考えると、好きな文字の1つだったのだろうと思います。

書簡は、子供や義母ツギに宛てたものもありますが、大半が妻〔禮子〕宛のものです。それでも常に「おばあちゃんによろしく」「おばあちゃんは特に大切にするように」とツギへの気遣いも忘れていません。

また、子供たち〔私の叔母、叔父、父〕にはカタカナ書きで、誕生日、お正月、小学校入学など節目節目のお祝いメッセージを送り、「兄弟仲良くしていますか」「お母ちゃんやおばあちゃんのいうことをよくきいて、仲よく遊ぶんですよ」と繰り返し語りかけています。しつけや教育にも熱心で、妻〔禮子〕とも教育方針で話し合っていたことがわかる書簡もあります。

一貫して、家族が心配するようなことは一切書かず、「いま少しの辛抱だ。どんなに苦しいことがあっても負けてはいけない」「苦しいこと辛いことほど後日のためには良い体験でしょう」と励まし続けた手紙に、辛くとも明るく生きよう、必ず生きて家族の元に返りたいという強い思いを感じることができます。

伊藤提灯店は、福岡と博多を結ぶ重要な道筋にあり、中庭には築山、泉水があり、坪庭には枇杷の木が植えてあったそうです。戦地からは、当然見ようのない光景を思い浮かべながら、愛する我が子たちが泉水に金魚を泳がせたり、琵琶の木をつついて枇杷を取っている様子を描いた手紙を送っています。

昭和10年に長女洸子〔戸籍は文恵〕が生まれ、昭和12年に次女壽賀子、昭和14年に長男公喜が誕生します。ところが、4人目の子供〔次男允博〕を禮子がみごもっていた昭和15年8月に壽賀子は幼くして亡くなります。夫妻にとっては本当に辛い出来事だったことでしょう。

しかし、深い悲しみはありましたが、愛する妻、かわいい子供たち、頼りになる義母、家業を手伝う職人たち、親しい近所の人や商店主仲間たち、彼らとともに過ごした日々は祖父〔半次〕の生涯における至福の日々だったのではないでしょうか。

当時の日本は、17〜40歳までの男子は、兵役

半次の妻・禮子

禮子と允博

義務が課せられていました。満20歳になると徴兵
検査を受け、体格の計測や胸部レントゲン、軍医
の診察などを受けました。判定は5種類〔甲、乙、
丙、丁、戊〕あり、丙種以上が合格。さらに甲乙
〔乙は3種〕丙に分けられ、甲種合格者は現役兵と
して招集されました。

　昭和8年7月4日、半次も懲兵検査を受けており、
結果は第1乙種、第2補充兵でしたので、現役兵
になることは免れましたが、昭和15年9月1日に召
集され、野戦重砲兵第5連隊〔小倉〕に入営しま
す。兵営では集団で生活し、軍人としての心構え
や規律、兵器の取り扱い、馬の乗り方など、実戦
さながらの演習、厳しい教育と訓練が行われたの
でした。

第1章

入隊　福岡県小倉時代

昭和15年（1940）9月1日⇨昭和16年（1941）7月（小倉市北方西部第72部隊・山田潜隊第3班）

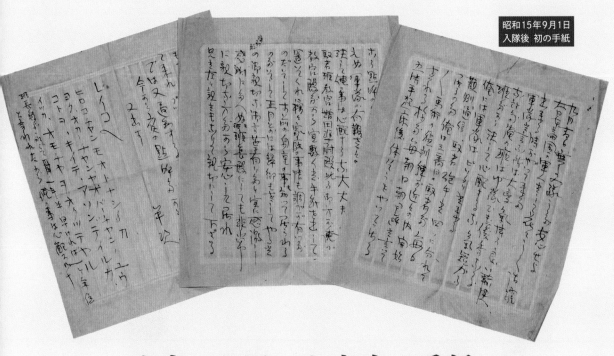

小倉から届いた半次の手紙

　九月一日、無事入隊した。安心せよ。大日本帝国の軍人として華々しく活躍できる時がやってきた。軍隊というところは大変気持ちのよい愉快なところだ。俺の班は中隊でも優秀なる班だから決して心配するな。気短かな俺には軍隊はぴったりとくる。観測、通信、駆者〔馬車の前部に乗って馬を操り、馬車を走らせる人〕、砲手〔火砲を発射する役目の兵士〕と四つに分かれているのだ。俺は三番目の駆者だ。毎日毎日馬術の猛訓練が近々開始されるようだ。毎朝夕「点呼」といって五時半起床後、体操をやっている。この点呼の気持ちの良いこと、地方では味わえぬ軍隊のありがたさだ。

　決して俺の事は心配するな。大丈夫だ。駆者班教官増田准尉〔下士官出身者で士官に準じる待遇を受ける者〕殿、このお方が俺の教官だから、よろしくと手紙を出しておいてくれ。種々家庭の事情も調べがあったのだ。そしてお前が身重の事も知っておられるのだ。正月前には帰郷もさしてやると准尉殿のご親切なお言葉があったり、実に感激し感謝にたえぬ。三班班長殿にしても非常に親切な方だから安心しておれ。兄となり親ともなって親切してくださるのだから心配するな。それとフンドシのひもをサラシで丈夫にぬって四本分ほど送ってくれ。プツプツだからいけない。ではまた通知する。今から夜の点呼だから書けない。

　また出す。半次　レイコへ。

軍服姿の半次（入隊時）

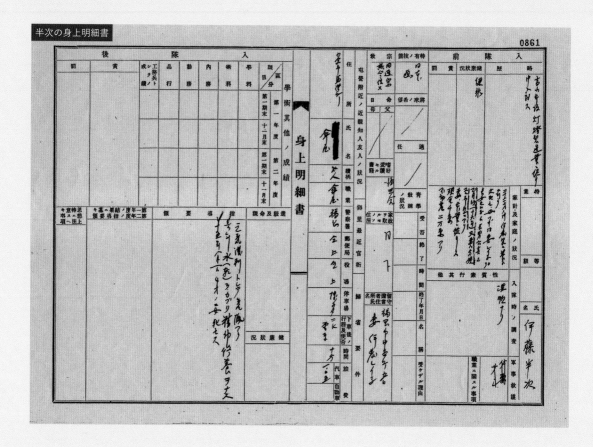

ヒロコチャンモ　オトナシイカ　ヨクオカーチャンヤ　オバーチャンノユウコトヲキイテ
アソンデイルカ　イツカ　オモチャヲオクッテヤル
班長殿が永くて一年半、早ければ一ヶ年くらいと言われたから、俺の事は心配スルナ。
〔昭和15年9月5日の消印あり〕

　手紙拝見した。礼状は明日住所姓名を知らせる。何様〔何しろ、何分〕忙しくてボヤボヤしては手紙を書く間もない。面会はしばらく待ってくれ。始まりが大切だ。面会は来ればいつでもできるのだが、教練で人と同じように習っているのが遅れてくるから、なるべく日曜の午後がよい。その時は改めて知らせるし、外出ができるようになれば小倉駅までくればよいから、小倉駅は外出区域だから遊べるところだ。後日改めて知らせるから、その時に来い。幸田のはなるべく早くして光華先生に届けよ。その節先生によろしく言っておいてくれ。俺も手紙は出す。それと准尉殿には母としてお母さんの名前にして出しておいてくれ。

　増田准尉殿はとても短気なやかましい人だ。馬術はとても上手なんだ。昨日は乗馬で補充兵の駅者だけ十六人ほどいて一緒に教練を受けている。まだ叩かれないのが俺と二、三人の者だけだ。ボンヤリしてなきゃ決して軍隊というところはやかましいところではない。ボンヤリしてるとやられるのだ。とにかく朝起きて夜寝るまで馬と一緒だ。とにかく馬を砲兵はとても大切にするのだ。大砲はあったところが馬がおらなくては動かないから馬様と言っているくらいだ。教練は山坂を上ったりおりたり走らせたりで、一日馬乗りが仕事だ。乗るのはよいが後の手入れが大変だ。俺の入り用な物は心配するな。売店になんでもあ

る。今日はこれで、さようなら。白石様宅に出したとは何だかわからない。マスクを二枚白でぬって送れ。白石様宅とあるのは何だ。解らぬ。知らせよ。急いだ事はない。

　小包は正に受領した。タバコはこれからはいらない。パンもいらない。メンソレもまだ沢山あった。手箱が小さいので入りきらないので困る。靴下（くつした）も当分送らないでよし。いるときはまた知らせる。マスクが小さくて耳にかからないし、また前のきれがせまい二枚分で一枚くらい分でなくてはせまい。しかしマスクはヒモをつけてあれを使うからもうよい。またいるものは知らせるからそれだけで良し。ひももあんなに沢山はいらない。何でもこれから少ないくらいにしてくれ。置き場がない。それと今度の日曜は多分休みがないと思う。せっかく来るのだから三時間か四時間くらいはゆっくり会いたいから、またこの先の日曜に泆子とお前とお父さんと三人で来てくれ。公喜は二時間もかかるので、お前もきついと思うから日曜に来るならば、十一時頃つくように来なさい。何もいらないからリンゴかバナナか果物をたのむ。日曜ならびに時間は知らせる。その時来い。〔昭和15年9月14日の消印あり〕

　十三日、朝日曜休みがないと言って葉書を出していたが、休みが午後からあるから十五日の日曜にお前と泆子チャンとお父さんと三人で来ないか。公喜もなんならつれて来てもよい。歩くところは少しだから公喜はお父さんにダッコしてもらって兵営まで連れて来い。服装は質素にして来る事。来る時、果物と九州劇場前の源録（こづか）から何か買ってきてくれ。俺の小遣い銭（せん）はまだ三十銭しか今日まで使っていないから、汽車賃は俺が来たらやるから是非一緒に来い。葉書は十三日の昼に出した。間に合わねば、この次の日曜でもよいし。〔昭和15年9月14日の消印あり〕

　その後何も変わった事はないか。店の方はどうだ。都合よくいっているか。俺も元気でいるから安心せよ。ただし朝五時半起床、夜は就寝ラッパが九時半、教練は馬術、午前三時間くらい、午後三時間くらい、その間に馬の手入れ、朝は馬の飼い付け〔馬に餌を与えること〕、夜は夕飯後風呂に入り八時頃また馬の水（みず）飼（かい）〔馬に水を飲ませること〕をしてやらねばならない。とにかくちょっとの休む間もなくとても忙しい。お前もさぞ留守中忙しい事と思う。俺の班に全部で十四人ほど入っている。二十七、八くらいの皆同じくらいの者ばっかりだ。実は先日知らせた俺の教官（馬術　増田准尉）と助教の秋吉軍曹〔軍隊における階級の一つ。准尉より下で伍長（ちょう）より上（ご）〕、この二人にぜひカステラでも何でもよいから、「実は三班の伊藤半次の事ですが、色々このたび馬術の指導をしていただいておりますそうで、何かと何も知

マラソン姿の半次

禮子と子供たち

らない者ですし、お骨折りの事と存じます。何卒立派な軍人としてお役に立ちますよう、よろしくお願い申します。これは教練のお休みにでもお茶うけに召し上がってくださいませ」と都合よく書いて、手紙を入れて小包でぜひ送ってくれ。カステラがなければ、ほかにカステラ饅頭（まんじゅう）か中岡の栗饅頭の大きい1,450くらいのでよいからぜひ早速送ってくれ。ただし中岡のだったら動いてくずれはせぬかとも思う。

それと（三班）俺の班の班長陸軍砲兵、伍長碇義文殿として、この方は馬術の方でお世話になっているとは書かずに良いから、ただ何卒よろしく、つまらぬものですがよろしくお願い申しますと書いて送ってくれ。都合三個、いそがしいのに面倒と思うが早速たのむ。もういっぺん、ここに細かく書いておく。

西部七十二部隊池田潜隊　陸軍砲兵准尉駅者班教官 増田森太郎殿　一個

西部七十二部隊池田潜隊　陸軍砲兵伍長 碇義文殿　一個

西部七十二部隊池田潜隊　陸軍砲兵軍曹駅者班助教 秋吉正仁殿　一個

右のとおりにしてお前の名を書いて、同じような文でよいから出してくれ。それでまだはっきりは解らぬが、池田潜隊長の精心訓話の条〔条文〕、君たちは四ヶ月間何をしにきたか解っているかという事を言われたことがある。それが二度そういう事を聞いたので、都合によれば九月一日からちょうど十二月いっぱいで四ヶ月になるし、正月には現役新兵がはいる事と思うから、ともすれば非常に教育も急いでしているので、今年いっぱい教育して今度の動員の用意として教育しただけでかえすのではないかと思うが、あてにはするな。正月にならねばわからぬ。とにかくどちらにしても上等兵候補にやはり入っておきたいと思うから、しっかりガンバルぞ。重砲兵はとても意気なものだ。俺は駅者だから、銃を背中に馬にのり、砲を引かせる役なので非常に馬がむつかしいのだ。とにかく立派な砲兵となって帰るから、それ楽しみに待っていてくれ。

それと酒保（しゅほ）〔兵営内や軍艦内で日用品や飲食物などを扱う売店〕に行けないのでお菓子も何もまだ一口も食べないのだ。ただ寝るのが楽しみだ。今日は朝三時半起床、一ヶ大隊が行橋まで演習に行っている。今晩十時頃全部帰るのだ。今それを待って、この手紙を書いている。来月は一ヶ月、大分のヒジュウダイ〔日出生台〕に乗馬で砲車を引いて演習に行くから、多分連隊にはいないと思うから、出発の時はまた知らせる。

伊藤提灯店

　富士印刷の旗は元価が四百五十銭だから七百五十銭くらいで払っておいてくれ。それと礼状がどこにもなくなっているから出せない。主なところは書いて出すつもりだ。それと割れないようにして、岩田屋〔福岡市中央区の天神に本店を構える昭和8［1936］年開店の老舗百貨店〕にあったと思うから地下室に行ってレモンとか苺とかの液を売っていると思う。すこしコップに一瓶（びん）でよいから送ってくれ。

　泫子も公喜も元気か。月三、四回はうちの事を知らせてくれ。井上さんのは多分お前の言うとおりと思う。必要なものはまた知らせるからその時たのむ。なるべく辛抱する。時計も今度演習から帰れば使うからなおしておけ。それと礼状が全部入隊の日に取られているから出せないのだ。お前が都合よく全部あった人に話しておいてくれ。

　お母さんも元気か。お前からよろしく言ってくれ。東京、周船寺（すせんじ）などはそのうち少しずつ出すつもりだ。寒くなるから子供に風邪を引かせぬよう、お前も充分体に気をつけてよろしくたのむ。礼状はそちらで出せるなら出してくれ。前のが一枚くらいありはせぬか。なければ都合よく書いて出してくれ。何かアメ玉でもよいからデパートで買って送ってくれ。一緒に割れないようにして靴下を白いのを二足、下の橋か浜の方で買って一緒に送ってくれ。喜平。

　レイ子殿へ　喜平。前略　先日は小包ありがとう。増田准尉殿にも送ってくれた由、准尉殿と一緒に呼ばれていって戴いた。おいしかった。十九日の朝三時起床で二十日の午後まで夜も寝らず苦しい演習をやった。俺の小包は演習出発には間にあわず二十日の夜受け取った。お前の祈願のためおかげで元気に終えて、行きと同じ馬で楽に帰っている。休みが確実に解らず、はっきり言ってやれないので、また

知らせる。くわしくは逢ってよく話しをする。写真をうつしたので一枚送る。横長の写真は正面向きに馬に乗ったのが俺だ。今演習に出る準備したところだ。白服をきた者の上にいるのが俺だ。取り急ぎ写真だけ。（福岡県京都郡仲津村高瀬）

　今日は日曜で午前中だけ馬術のため場外練兵場の山の上まで行って指導を受けて帰った。午後休みで昼から今日は風呂に入って太平楽〔好き勝手なことを言ってのんきにしていること〕の三時間だ。洗濯、手紙書きなどで忙しいが楽な日だ。それと餞別を頂いたところの手帖に書いていたのを無くしているようだ。探してみるがさっぱり解らない。落としたのかもしれないから、忙しいだろうがそちらで解っているだけ（袋）頂いた時の状袋などがあるだろうから、書いて出してくれ。手帖を探して、あれば送るが、多分出てこないだろうと思う。幸田さんには婦人会宛ですぐこのあと書いて明日出すつもりだ。俺は前に馬にはちょっと乗っていたので、とても楽に乗れるので教官殿も伊藤、伊藤と言って名も誰よりも先におぼえていただいて、大変うれしく思っている。まだまだこれからが苦しい事が山ほどあると思う。体が第一だから、注意して大いに働く。マスクを白い布で二枚送ってくれ。

　十九日、今日は午後、教練休みでユックリとしている。髪をつむもの、洗濯をする者など、現馭者班だけです。ところが靴磨きなどで、やっぱり休みにはなりませんが、教練のように体がつかれぬので結構だ。お守マスクは受け取った。今度来てくれるなら日曜がよいと思う。祭日はアテにならぬらしい。日曜の十一時頃着くように来ないか。大砲を引いて教練から帰ってくるのが見られる。今週の月曜から砲を引いて練兵場の山坂を上ったり下ったりで教練をやっている。俺は初めから一番あとの馬だ。あと馬駆者ばっかりやらされているのでだいぶ骨が折れるが、六頭馬で大砲を引いての教練はとても勇ましいもんだよ。見せたいようだ。

　今度は公喜は置いて、お前、楽にして来い。泫子は来たがるならつれてこい。汽車賃などいるからなるべく買い物など節約して来い。別にほしいものもないが、ドロップスか飴玉のようなものを少し買ってきてくれ。十銭のキャラメルを四ヶか五ヶ買ってこい。中洲の釜川から懐中電気のマッチのようにペッタルいのがあるから一ヶ買ってきてくれ。タバコを飲まぬのでとてもたすかる。金もいらない。ただ夜になると甘いものがほしくてたまらぬ。

　机の中にある安い封筒、別に買わなくとも俺が買っている。茶色の長い封筒を三十枚と葉書を二十枚ばかり買ってきてくれ。寿司のようなものは少しでよいから、甘いもの饅頭か何かがよい。これからの手紙は小倉市北方西部七十二部隊として小倉市北方を入れて出せ。では今度の日曜日は待っている。今から長靴磨きをやらねばならぬ。ではまた、お母さんによろしく言っておいてくれ。さよなら。喜平　レイ子殿。〔昭和15年9月20日の消印あり〕

　一昨日はありがとう。何度も済まぬが三日に来てくれ。もし外出ができれば白石さんのところにお礼にも

行きたいと思う。お守りを持ってきてくれ。もうお前も何度も先になるほど来にくいと思うから、もう一度来にくいだろうが来てくれ。母にもお前から話してくれ。その時、古門戸の饅頭を少し買ってきてくれ。班長殿のこと、何卒持ってきてくれ。では頼む。

　先日はありがとう。その後元気で働いているゆえ、安心せよ。いよいよ大分県日出生台〔大分県湯布院町北部の日本でも有数の自然に恵まれた高原地帯であり、明治32年［1899］に旧日本陸軍が仮想敵地戦場である満州に似ているという環境からこの地域を接収し、演習を行ったのがこの演習場のはじまりといわれている〕へ行軍演習に出る。来たる三十日出発する。皆変わりはないか。俺も元気で行ってくる。俺の馬が豪草・天泊の二頭と決定したから途中馬に間違いを起こさぬよう、無事演習を終えるよう、最上様〔稲荷を祀る神社。福岡市の最上様は岡山の最上稲荷の分霊を常光寺が守っている〕なり鬼子母神様〔福岡市博多区の西門鬼子母神〕へたのんでおってくれ。約三週間くらいの予定。帰ったら早速知らせるから、その時来い。行きは汽車で行く。帰りは乗馬で行軍し帰る。三日か四日くらいかかるらしい。
　今度また俺の班に千代町の西門の橋のところから丸山というのが入ってきて、同じところの友だちができている。相変わらず毎日毎日馬術できたえられている。二日前に一ヶ月分の俸給をもらったから金は持っている。汽車に馬を積むとき履かせる草鞋を造らねばならぬので困っているが、できるのはできるよ。とにかくひまがないので困るよ。では今日はこれで。二十九日午後。

　三十日十五時、日出生台へと元気で出発する。馬の草鞋もどうやら出来た。生まれて初めての草鞋づくりで出来るかと心配したが案外楽だった。昨二十九日軍装検査があったのだ。日出生台は大陸へ行っ

たような気のする雄大な感じのするよい山だそうだ。相当はげしい演習をやるそうだからしっかりやってくる。実弾をうつんだ。今晩汽車の中だ。馬と一緒に貨車積だよ。また先へ到着したら手紙を出す。ではさよなら。お母さんにもよろしく。三十日朝。〔昭和15年10月2日の消印あり〕

　葉書は拝見した。三十日十一時頃受け取った。旗竿屋のところは下の橋電停少し手前の右側だ。名前は忘れた。陳列に金ノ玉とか釣竿屋の看板が上がっているから、電車の上から見えるのですぐわかる。梶山にはお礼を出せ。今日は入隊初めての散髪をやったところが、顔が黒くなったので、つんだ頭の中が白くて黒白二色になっている。朝から今日は午前中からずっと用意ばかりしている。やがて後、二時間ばかりで軍装成って出ていくのだ。今晩八時に汽車に乗り、夜中三時頃先の駅につくそうだ。それからまた四里くらい行軍。駅舎は馬がいるので大変気苦労はするが、行軍となると砲手と違って歩くことはいらないのだ。帰りも四十里くらいあるそうだが三泊四日くらいの行軍で帰る。では体を大事にせよ。三十日午後十二時半。〔昭和15年10月2日の消印あり〕

　去る一日頃、元気で無事山上に到着した。山越え山越え難路を行軍する事、馬を休ませては登り、水を呑ませてはまた引かせて進軍するさまは、砲兵駅者でなくして味わえぬ勇ましさ有り。馬は体からすたすたと汗を流し、為にホケ〔湯気〕がもうもうと立ち、何とも言えない勇ましい男らしさに初めてひたった。演習場はとても広漠たる草山の大高原、軍人でなくては行けないところだ。とても良いところだ。到着した日から雨降りで今日（三日）も五時起床で、真暗の中を馬屋へと行き演習出動の用意をしたところが、雨のため見合わせ待機ということになり、この葉書を書いた。とにかく元気でいる。この絵の道も通って

日出生台演習場からの葉書

きたのだ。ここはもうだいぶ山上だ。まだまだ急な坂道ばっかりなのだ。話したい事は沢山あるが、また帰って話す。（大分県玖珠郡日出生台演習場山田潜隊三班）

　十月十三日、手紙は昨晩受け取った。十四日、今日は夜間教練のため午後四時馬装〔騎乗のために人と馬の準備をすること。馬のみの準備［鞍や頭絡などの装着］を指す場合もある〕を終え、出発するべく午前中雨のため休む。午後雨がやんだので出発するようになった。真暗の闇の道を、砲を引いての演習はだいぶ骨が折れると思っている。もう後一週間で済む。増田准尉殿が大変目をつけて可愛がってくださるので大変都合がよい。しかしそれだけ人に負けないよう骨折るよ。

　前の手紙の事は、実は准尉殿が朝馬の手入中、俺にちょっと来いと言われたので行ってみると「伊藤お前は戦争にはやらぬからしっかりやれ。誰にも言うな」と言われた。ただそれだけだ。多分戦地には俺は行かないと思うので心配するな。馬出の母にも話しておいてくれ。戦地に行かねば正月は現役が入るので、とても楽になる。先月も二十六日に補充が三班に十一人入ったので、それだけでも、もう伊藤旧兵殿と呼ばれている。軍隊は一日でも早い方が旧兵だから殿がつくのだ。馬術もだいぶ達者になった。補充兵駆者二十七、八人中一、二番だ。決して負けないから心配するな。多分のちのちの初年兵ならびに補充兵の教育関係で、成績が良ければ残るのではないかと思う。准尉殿が呼んで、声を細くして言われたんだから多分戦地には行かぬと思う。准尉殿に上げるのは、もう帰って月末でよいから自宅の方に送ったがよいと思うから住所はまた通知する。

　それと俺の顔がだいぶ肥えたようだ。戦友が伊藤はとても肥えたと言うので鏡を見れば、やっぱり丸くなっているようだ。教練なんかちいとも心配はしておらぬので、やせはせぬよ。だいぶやせている者もいる。砲兵は馬がおる。馬部隊と言うのだから毎日馬のための負傷者が一人二人はあるくらい。けられたりかまれたりするんだから、よほど注意が肝要だよ。俺も何度もふまれたが、ちょっとでひどくふまれた事はない。ただこちらに来て二、三日目、雨の夜、便所に行く途中、すべって左アバラ骨下の所、横腹を折ったのが、今に少しいたいが別に心配する事はないと思う。

　准尉殿には早速手紙だけでよいから、演習でさぞおつかれでしょう。伊藤も良い教官殿の部下になったと喜んで手紙をやっております。大変心強く存じております。何卒よろしくお願い申します。准尉様もお元気で連隊へお帰りくださいますようと言って出しておけ。色々話したい事もあるが、帰ってこちらの模様は話する。

　写真は受け取っただろう。大事にしまっておけ。在営記念アルバムを作るから俺の乗馬姿も写って、また都合では送るし戦友と写ったりするから、送った物は大事に一緒にしまっておけ。お菓子は送ってくれたか。送っておらねば、なるべく金をわからぬようにキャラメルに入れてくれ。上官にわかるととてもやかましいのだ。半分から先は夜寝て書いている。暗いのではっきり書けないから、これでやめる。お前も体に気をつけよ。お母さんによろしく。さようなら。レイ子殿　喜平。〔昭和15年10月14日の消印あり〕

　前略　二十二日午前三時起床、帰営につく。帰路元気で行軍を続けています。二十二日夜は大分県

下毛郡新庄村に宿泊をなし、また二十三日は午前三時起床、七時出発、相変わらずの馬の上で（今日は二十三日）福岡県京都郡仲津村に泊まって、今風呂から上がったばっかりです。明日二十四日正午頃原隊〔軍隊で、以前に所属していた隊のこと〕に帰着いたします。一ヶ月間の日出生台生活は非常に精神修養となった。生まれて初めて苦しみ、大変つらい演習が最後の二日間続いた。雲の上に出たような高い山の上で雨風にさらされ、夜も寝られぬ寒い演習だった。だが元気で帰っているから安心してください。帰りは大砲は引かずに乗馬で、一頭横につれて楽に帰っている。〔昭和15年10月24日の消印あり〕

　昨日二十四日、無事帰隊した。来たる二十八日が休みになるので面会に来てくれ。その時前にもらった懐中電気の電池の取り替えと電球を持ってきてくれ。取り急ぎ用件のみ。小倉の白石さんからもたのんだので電話がかかったと思う。葉書が間に合わぬと思ったので市外電話でかけてもらうように頼んだ。では待っている。

　北九州から送られている手紙の文面から、半次の亭主関白ぶり、非常に機転が利き、周囲への配慮〔はいりょ〕だけでなく、自らに厳しく、家族への思いやりに溢れる人物であったことが読み取れます。北九州の上官〔増田准尉〕の言葉に「『伊藤、お前は戦争にはやらぬからしっかりやれ。誰にも言うな』と言われた」とあるように、上官から可愛がられ、何らかの配慮をしていただけた可能性があります。

　しかし、家族と過ごすことができた幸せな時間〔約7か月間〕は長くは続かず、臨時招集により昭和16年7月16日、野戦重砲兵第6連隊に入隊〔同日野戦重砲兵第20連隊に編入〕し、満州へと向かって行ったのです。

　前略　出発の節、花田のご主人が博多駅にお出でになりましたので、種々裏の事などお話いたしております。また日切の掛け金も最小限度不足せぬくらい、何ほどか残るくらいで不都合せぬよう、へらしてもらうよう話しているから、お前からもよく今までの税金から見て、掛け金を何程にするか、花田さんとよくお話して都合よくするようちょっと通知しておく。増田様よりご祝儀も頂いたから礼を出してくれ。
〔昭和16年7月16日の消印あり〕

　入隊以来、至極〔しごく〕元気で愉快にご奉公いたしている。頭の上から足の先まで新品の被服が支給されて、気持ちの良い軍装している。入隊して今日まで毎日朝から寝るのが仕事で、別に馬が今度はおらないので、する仕事がない。やがて近日中○○〔○○は原文のまま。行き先などが伏せられているが、満州行きが決まった後の手紙だと思われる〕のことと思う。今度は前と違って軍隊での心配がない。何も苦になる事はない。予備の年寄り連中と一日じゅう面白い話ばかりで寝ころんでいる。だが俺は事務室の人事係の馬嶋准尉のところで○○準備の書類整理など、中隊長のところで一緒に仕事の手伝いなどしている。なるべく

中隊本部の事務をやらされるよう、つとめて人事係のところへ近寄っている。今でも用事は俺を呼ばれるので手伝っている。何も俺の事は心配するな。考えてみると長い間、これからお前に苦労させると思うと、それが考えさせられる。俺も当分からだに気をつけてご奉公して帰るから、皆も充分気をつけてしっかり頼んでおく。○○へ落ち着いたなら、また便りはすぐ出す。

　ヒロコチャンモ　ヨク　オカアチャン　オバアチャンノ　イイツケヲヨクキイテ　ベンキョウヲシナサイ

　キミヨシチャント　ヨシヒロチャンヲ　ヨクオモリシテ　オベンキョウヲシナサイ

　ハヤクオミヤゲヲ　モッテカエリマス　サヨーナラ

　公喜、允博の眼をよく治療しなさい。税務署の事は林のおいさんに頼んで都合良くしてもらうよう、千人針〔千人針のことに触れ、いよいよ戦地に赴くという緊張感が伝わってくる〕の腹巻きは非常にできが良くて気持ちが良い。俺のような良い腹巻きをしている者はないようだ。増田准尉殿が俺のところへ見えたので腹巻きをお頼みしたのだ。いつまでも非常に親切にしてもらっている。お前もよろしく礼状を出してくれ。留守中、増田様のところへの便りを忘れるな。ではまた。儔苹　レイ子様。（小倉北方仲町）

　何かと留守中大変ご苦労させて済まない。しかしお前が非常に前召集のおりから、しっかりやっていてくれるので大変心強く思っている。さて裏の事であるが、俺が当分戦地から帰るまでは家を別に建てるという事は憲兵隊〔戦闘支援兵科の一種であり、主に軍隊内部の秩序維持と交通整理を任務とする〕へ増田様からもお願いしていただいて、絶対に帰るまで中止させるよう、お前からも良くお願いいたしておけ。俺も人事係へは話しておく。しかし俺が不在中で何を言っても、ケンカをしても、大きな事は出来ないから先方へも、帰ってから都合よくお互いに困らないように、双方都合の良いように円満に帰ってかたづけるからと言うくらいの事で、当分ケンカはやめて追い出す事はやめておけ。その方がお前たちも心配なくてよいと思う。

　俺の考えは帰ってから裁判にかけてもおそくはないから都合よく憲兵隊へ願って、本人が帰って円満に双方都合の良いよう、笑って片付けるという事で建築を中止させるよう頼め。万事は和良さんにも俺の考えを話してお願いせよ。とにかく大きな腹を持って心配をするな。人間は働けばまたあれくらいの土地は別にでも買える。家でも建てる事は出来るのだと大きな考えを持って、とにかく永い事はないのだから、しばらくの間しっかり頼む。俺は毎日教練とてなく遊んで寝てばっかり、まだいつ出るか分からない。決して体は楽だから心配するな。俺も戦地へ行くのだから、裏の事もなるべく苦しめるという事は身のためにならないから、隆助をも助けるつもりで、しばらく許して大きな考えで持って片付けておけ。

　俺が無事に帰ったら、その上で出すなら出すのでケンカを裁判でやる。お前も何かと苦しいことが多いと思うが、また人の味あわぬ楽しさにひたる時が来ることをお互いに楽しみとしてしっかりやろう。お前もしっかりやってくれ。特に子供の大きくなるのが帰還の楽しみでやってくる。ではまた。儔苹　れい子様。（小倉北方仲町）

第2章

ついに戦地・満州国東安省「斐徳」へ出征

昭和16年（1941）8月 ⇩ 昭和17年（1942）4月（満州国東安省密山縣斐徳　第938部隊　峯岸隊）

当時の戦況
(「野戦重砲兵第23連隊抄史」より)

　日本軍は大東亜戦（昭和16年12月8日）に突入し、真珠湾の大戦果の余勢を駆って中国の他にアメリカ、イギリス、オランダを相手に戦闘中で、とくに（必要に迫られて）石油、その他戦略物資獲得のため、止むなく南進作戦を展開し、南方方面の重点拠点をつぎつぎと占領、まさに破竹の勢いであった。

　1月・マニラおよびラバウル占領、2月・シンガポール陥落（英軍降伏）、3月9日にはオランダ・インド攻略を完了している状態であった。

　一方、中国の戦線は一進一退で停滞し、アメリカ、イギリス、オランダは防戦にこれつとめていたが、攻勢に転ずべく、着々と戦備を充実しつつあった時期である。

　また、ソ連は独ソ戦（前年6月ドイツがソ連に対して電撃的侵入を開始した）で、戦力消耗、苦戦中であったので、ソ連国境のソ連兵力は、当時の日本軍にとっては脅威に値しない状態であった。

　一方、満州における関東軍（軍司令官・梅津美治郎大将）の勢威は、まことに意気軒昂で、その威令は満州の隅々にまで行き渡っていた。それは前年6月、ドイツがソ連に侵入する機会に、日本軍もそれに呼応して宿敵ソ連を叩くべく関東軍特別演習の大動員が行なわれ、その結果、関東軍は70万の大軍団となり、満を持していたからだ。しかし、諸般の事情でソ連侵攻はとり止めとなり、そのまま戦力を保持していたので、その時が関東軍の全盛期でもあった。

　日本陸軍は、それ以前よりソ連を叩くべく、絶えずその機会を狙っており、対ソ戦法の権威者が関東軍に常駐し、ソ連を仮装敵国として作戦を立て、対ソ戦法の研究に励んだ。そのため満州

における各部隊は、その実践に毎日激しい演習、訓練をくり返していたが、それは結局無駄に帰してしまった。いわゆる、満州は南方作戦の一大補給基地としての役割を担ったからである。

　またその頃、日本内地では初めて米軍の空襲を受けた。それは日本の真珠湾攻撃に対する報復として、4月18日、ドリットル中佐の指揮する急襲部隊、B25重爆16機が、太平洋上にあった1隻の空母（ホーネット）から発進したものであった。この時の被害は大したものではなかったが、心理的には大きな動揺を与えたことは間違いない。米軍侮りがたし、よくぞ真昼間、正面から突っ込んできたものだ。

　ところで、東部ソ満国境は大体、低い山脈で国境線が形成されている。なかには綏芬河のように、警備分哨から（稜線上）約3キロで、ソ連兵舎が望見できる所もある。騒然たる周囲の状況下にありながらも、当時の満州はまことに戦時下とは思えぬのんびりした雰囲気を漂わせていたといえる。そのような状態が約1カ年も続いた。

九六式十五糎榴弾砲

満州全図

「野戦重砲兵第23連隊写真集」より

斐徳から届いた半次の手紙

しばらくでした。皆元気ですか。私も毎日元気です。内地はまだまだ暑いでしょう。こちらはもう朝夕大変涼しくなりました。ことに夜明けは寒いくらいです。野山は桔梗、女郎花など、花盛りです。今日は写真ができたので同封いたしました。皆仲の良い戦友諸君です。

早お盆も済みましたね。順正寺〔伊藤家代々の菩提寺〕もこちらからお参りしました。今までの暑さで多少夏やせしてるでしょう。箱崎のおばあさんじゃないが……長顔になって……ね。笑わないでください。では暑いのもここしばらくですから、皆大事にしてください。おばあチャマによろしく。サヨーナラ。

礼子様　僊苹。

その後、しばらくであった。母上様ほか子供は皆元気にいたしておるか。俺も至極元気でご奉公いたしておるから安心してくれ。日用品など一切不自由な物は今のところない。前のように小包など送らないでくれ。到着せぬとのゆえ、決して余計な心配をするな。ただお前は郷里で銃後をしっかり守るのだ。法子、公喜、允博を大事にせよ。おばあチャンは特に大事にするのだ。お前はそれがお国へのご奉公なのだ。軍人の妻として恥ずかしくないようにしてくれ。俺も大いに働いてくる。皆もいっそう健康に注意し、病気をせぬよう、達者で暮らすよう祈る。ではまた。八月二十二日。さようなら。〔昭和16年8月22日〕

その後、変わりはないか。俺もますます元気でいるから安心せよ。内地は残暑でだいぶ暑いだろう。子供も皆元気だろうか。お前も別に変わりはないか。お伺いするどこへでもお便りは出した。矢野、花田、木水、ほか親族へは全部済ました。東京へも出した。前原へも出した。お前からも和良サンへよろしく。

こちらは冬になれば零下四十度、四十五度〔凡例で述べたようにこの数字は「華氏」表記〕くらいに下がるそうだ。初めての大寒気にあうわけだが大いにがんばってやる。体は至って元気な方だから心配するな。腹巻とチョッキをもらっていたので実によかった。相当設備はあるから心配には及ばぬ。それと俸給であるが、毎月五円五十銭送金することにしているから、毎月送ってくることと思う。法子の費用にでもしてくれ。俺は酒も煙草もやらないから小遣いは大丈夫。やって行ける。充分節約して体を大切にしてご奉公してくる。大浜〔博多港の近くにある街で、戦前、遊郭があったが福岡大空襲で焼失。戦後に再び大規模な赤線地帯ができた〕行のような不行儀なことは決してやらない。心配に及ばぬ。良く軍を守り、立派なご奉公してくる。おばあちゃんを特に大事にして、病気をさせぬように。何をするにも体が一番たいせつだが、お前も体に気をつけてよろしく頼む。ではまた。〔昭和16年8月26日〕

おばあチャン、お元気ですか。何かとご苦労ばかりかけます。しかし永くはありませんから充分お体を

大切になさって、立派なみやげを待っていてください。こちらは何も不自由なことはありません。日用品一切何も不自由はありません。酒保もあり、饅頭、ヨーカン、ピーナツ、甘い物はあります。しかし大勢なので一列に並んで、何百人が並んで買うのです。時には一時間以上も待たねば口へ入りません。私のような短気な者にはちょっと見ただけで並ぶ気になりません。待つのがいやで困りますから食いそこないばかりです。おかげで小遣いはへらないわけです。俸給は五円五十銭送金することにしておりますから、お小遣いにでもしてください。お体大切に。ではまた。〔昭和16年8月26日〕

　しばらくだった。皆元気だそうで何よりだ。裏の土地など都合よくて何よりだ。安心した。便りをもらって彼氏はほがらかになっている。特に兵隊は妻君からのが一番嬉しいんだ。ある戦友など何回も何回も読んでいるので「君、何回読んだか」と聞くと、今日は四回か五回と言っているよ。妻君の便りが来ない者は、もう帰ったら追い出すなど言ってる。とにかく手紙が一番楽しみなんだよ。手紙が来ると遠い異国におるような気持ちはちょっともしないよ。手紙の来るのと寝ることと食うこと。ただ子供のように諸々の欲望が食い気一筋に走っている。髯のある親父でも帰ったら、寿司を食べる。ぜんざいを十杯くらい食うのだとか人間十色で願いは一つというわけだ。

　新しい魚はちょっと食えない。だが豚は内地で犬を見るようにたくさんいるんだからよく食べる。何を煮るのも豚のだしだよ　特に寒くなると肉食が多くなるとかいうことだ。豚を食うと思い出す。それは誰かの鼻の上だよ。その誰かが兵隊であったならハナの上に油工場が建つだろう。オバーチャンに聞かせたら、全くそうだと笑われるだろうよ。それはとにかく、体格検査ごとに少しずつ肥えている。ますます元気だから安心せよ。昨十五日は隊の記念日で、盛大な運動競技が催された。俺は銃剣術の試合に出場したが

満州国境警備の兵士たち（前列左から2人目が半次）

アッサリやられちゃったよ。

　ここ満州もこの頃は割合に暖かい良いお天気が続いている。内地は放生会〔筥崎宮で毎年9月12日から18日まで開かれる祭りで、博多どんたく、博多祇園山笠と並ぶ秋の三大祭のひとつ。「ほうじょうや」とも言う〕も済み、どこかで早くもスダクこおろぎの声とともに早秋になるかと思うと、周船寺〔福岡市西区の地名。古くから毎夏行われる花火大会は有名〕などの田舎を思い出す。花田洋服店和良サン、児島紙屋主人木水サン、アサヒ屋〔半次が結婚前に勤めていた食品関係の問屋〕奥サン、椛島君など便りをもらったのでよろしく言ってくれ。椛島君には特に小倉でお世話になっているからよろしく言ってくれ。和良サンから「サンデー毎日」をもらったからよろしく。ではまた。御符も受け取った。これと同じような葉書を買って送ってくれ。なければ河原田へ行って、白でよいから百枚でも五十でもよし、至急送れ。〔昭和16年9月17日〕

　だいぶ涼しくなっただろう。箱崎の放生会も間近だね。子供づれでお参りしたらどうだ。それと前に通知しておったが、俸給送金のこと、隊で中止になったから、こちらでつとめて貯金することにしている。前の残金が四拾五円あったので貯金いたしておる。元気で帰ったら船小屋行きでもしよう。

　おばあチャンや子供を大事に、病気せぬよう注意してくれ。来年は船小屋へ行けると思うから、店のことなど何から何まで一人で心配だろうが、しっかりやってくれ。俺も前にだいぶきたわれていたので今度は大変楽である。それに四ツ足の生物がいないので非常に体がつかれない。こちらも日中はかなり暑いが、朝夕大変冷える。十月に入るとだいぶ寒くなるらしい。人一倍寒がりだった俺だが、まさか氷詰めの魚のようになりはすまい。何しろ零下四十度から五十度くらい下るそうだからね。

　公喜は少し口がきけるようになったかね。允博もお座りしているだろう。洸子も元気で通っておるかね。本田先生にもお便りを出したが、よろしく言ってくれ。増田准尉殿へもお便りは出した。お前も時々お便りをするよう、それと小包類は十月夜頃は許されるかもわからないと思うが、確実なことは分からない。とにかく毎日至極楽に愉快にご奉公いたしておるから馬出へもよろしく伝えてくれ。ではまた便りする。おばあチャンへよろしく。北方で写真を送ったが着いたかね。

　サムクナリマシタネ　オトウチャンノトコロワ　キレイナハナガ　タクサンサイテイマス

　ヒマワリ　コスモス　ハゲイトウ　カンギク　マダマダタクサンサイテイマス

　ヤマニハリスガ　タクサンオリマス　シロイカラスモ　タクサンイマス

　オハナシワ　タクサン　オショウガツノ　オミヤゲバナシニシマショウ〔昭和16年9月23日〕

　九月二十七日、今日はここ満州の風景をお便りしよう。俺のところは窓ごしに綺麗なコスモス、寒菊、ハゲイトウなど、名前を知らない内地に見られぬ美しい花が盛りである。特にこちらに多いのは到るところ、畠にまで、ひまわりの花が沢山植えてある。とても大きなのになると、梢は大きな木のようで、花の直径尺五寸くらいの大きいのがある。

　まだ気候も今日など秋日和で、大変暖かい良いお天気である。内地も秋深く栗とか柿、松茸など、思い出せば一層、郷里なつかしさも深くなるよ。赤い夕陽の満州と言うがほんとうに夕陽の入りの美しさは、かつて内地で見たことのない美しい夕陽の入り、それは真っ赤と思われるような朱色の夕陽を見た。窓ごしに入る陽は、兵隊の顔が赤くなるように照らす美しい夕焼けである。ちょっと内地の夕焼けとだいぶ美しさが違う。サーッと降った夕立雨の後など美しい虹が出る。そのまた美しさ、左から右へ綺麗な橋となって、それが完全に左から右へ輪になって見える。それが二本出る。とても雄大なものだ。内地で見る虹は少しばかりしか見ることはできない。それが全部見えるので、いかに満州が広いかという事がわかるのだ。なんだかこうして雄大なのんびりとした大陸へいると、短気な俺でもだいぶ気が永くなりそうだ。なんとなくユッタリとした、気持ちになる。明日は休日だ。〔昭和16年9月27日〕

　三十日、今日は満州名物の風がかなり吹いているが、天気は大変良くなる。川へ魚取りに行った。兵隊全員で川をせき切って、ほしあげてしまうのだ。鯉、ナマズ、フナ、ライなど、小海老などとても沢山とれた。ライというのはちょうど蛇のようなしまが一面付いている。大きいのになると喰いつくのだ。これは内地では見られない。この魚取りに行く途中でしばらく休んだのだ。ちょうどそこへ満人（你）がいて、饅頭をふかしているところへ寄った。するとその満人が煙草入の袋の根じめにヒシの実の乾いたのをつけている。俺の雅号の印判につけているのと同じものだ。早速、你進上〔あなたにあげよう〕と言うと、気安くはずして三個くれたのだ。だから俺もキャラメルを二個やった。すると大変喜んで、謝謝、ありがとうと言うようなわけでもらっているのだ。もうこちらもだいぶ北風が肌にしみるような寒さになっている。毎日元気でご奉公いたしておる。安心せよ。ではまた。〔昭和16年10月4日〕

おばあチャンお元気ですか。お伺いいたします。公喜が大変いたずら坊だそうで毎日お骨折りのことと存じます。お体を大事にしてください。こちらもまだたいして寒くはなく内地の秋のようです。昨日も日曜でユックリ休みました。外出はまだ一回もいたしません。朝は六時半起床、夕方は四時半まで一生懸命元気でやっておりますのでご安心ください。満州の南瓜（カボチャ）はとてもおいしいのです。内地のとくらべると大変甘みが多く、ちょうどアンコのようです。おバアチャンや皆に食べさしたらと思います。ちょうど西瓜（すいか）のようにまん丸ばかりです。種を持ち帰り、うちの畠に植えてみましょう。満州は土地が肥えてるのでしょう。花など肥料なしでとてもきれいにできますのには感心しています。寒くなります。お体大切に。ではまた。

　お便りありがとう。皆元気だそうで大変嬉しく思っている。夢を見たとか言うが、俺なんかいつも夢は見ているよ。お前たちの夢を見るのが楽しみだよ。俺の夢を見たからとて心配してはいけない。あまり元気が良すぎるからだろう。少し寒くはなっているがますます元気だから安心してくれ。何か送ってくれたそうで、やさしい思いやりに感謝するよ。だいぶひどい台風だったそうだね。町内の羽野さん、木水さん、生島さん各現役員方には早速礼状を出しました。大陸的な感化を受けましたよ。だいぶ気が長くなりましたからご安心ください。

　絵を書く時間ですか。充分あります。ありすぎるくらいですよ（今日十七日も休みです。休みが三日続きます）松屋の軍人用品部へ行って☆（星の二つ一等兵）着いた襟章（えりしょう）を二組四個封筒に入れて送ってくれ。針は軍隊を出るとき買っている。ターター（沢山）である。糸など純綿の立派なのがある。くつ下、フンドシなどは純綿の良いのがあるから、四本も五本も買って持っているから心配なしだよ。寒くなれば毛のシャツも必要ですが、チョッキ腹巻が大変役に立っている。毛のシャツも送らないでよろしい。ご天満宮（てんまんぐう）様〔大宰府天満宮。天神さま［菅原道真公］を祀る神社〕の「替えましょう」〔「替えましょう」とは、菅原道真を祭神とする天満宮で行なわれる「鷽替え神事」のこと。もともとは神棚に供えておいた「鷽（うそ）」を「替えましょう、替えましょう」と呼びかけて、手から手へ取り替えてゆき、凶事を嘘（うそか）にして幸運に替えることを念願して行われたもので、江戸時代はじめから始まったと言われている〕には行かれますでしょう。まだ暖かい日もあればとても寒い日もあり、寒い朝は氷が張っております。お前も体を大事にせよ。

　その後、子供も皆元気だそうでなによりだ。お母さんも元気でなによりだ。さて本日は小包はありがたく頂戴いたした。ちょうど送ったという手紙を受け取った。あけの日（二十六日）受領いたした。戦友一同にも分配して非常に喜んだ。送ってくれるのはありがたいが、なるべくそういう事に心配をしないでくれ。俺に送るような甘い物でもあれば、子供に何かよいためになる玩具の一つも買ってやってくれ。俺は別に何も不自由な物はないから送らないでよろしい。ただ昆布か何かふりかけて食べるような物は大変好きだから非常においしかった。だがなるべく送らないでよろしい。せっかく俺がこちらで倹約をして貯金いたしているのが何もならない。

写真も受け取った。大変よくできているよ。允博はずいぶんイタズラっ子らしいね。戦友が俺に瓜二つと言って、皆やっぱり親父の子だと言って大笑いだった。お前もだいぶ夏やせしてるようだね。だが大変良くできている。允博も頭はドウシテ伊藤本家だ。花田さん児島さんなど、ご近所はまたそのうち便りをする。まだこちらはそう寒くはない。だが野山はもうすっかり赤くなって毎日毎日色が変わっていくのが見えます。ではまた。

しばらくであった。公喜は大野さんへはまだ行っておるか。允博もだいぶ元気になっただろう。そのうち允博の写真を送ってくれ。法性寺の妙符を封して十五か二十送ってくれ。不思議に途中、日蓮様のお姿をあるところで頂戴いたしているので朝夕礼拝いたしておる。小さな士の人形であるがお守りにいたしている。東公園へもお参りしてくれ。一日と十五日でよし。至極元気にいたしているから心配するな。

　ヒロコチャンハ　ゲンキデアソンデイマスカ　オトウチャンノイルトコロハ　ミワタスカギリ

　アキクサノ　ハナザカリデ　トテモキレイナトコロデスヨ　キキョー　ハギ　ノギク　ナデシコナド

　イッパイデス　キミヨシ　ヨシヒロチャンヲ　オモリシテ　オバアチャンヤ　オカアチャンノ

　イイツケヲ　ヨクキイテアソビナサイ　サヨウナラ

今日は今十月なり。渡満初めて美しい赤い夕陽を見る。それはそれは美しい夕焼け。西の空は真っ赤に焼けて、紫の山際がはるか地平線を区切って連っている。その中に燃えているような真っ赤な夕陽の美しい光を窓にうつし、四、五人の兵と共にほほを赤く照らされながら、口々に内地で見られぬ美しさを語り合い、この返事を書いている。

公喜は大変元気だそうだが、寒くなるので允博たちも病気せぬように用心せよ。それと第一の掛け金のことは支払い中止しておけ。払う必要ない。前の分も二百六十円も払ってくれたそうだがだいぶ骨だったと思う。感謝する。俺も初めに四十円貯金し、二十四日に十円計五十円今貯金している。なるべく節約している。小包なども送らないでくれ。ハガキも送っておらねばよろしい。油工場も給油不足では出来ないと思うね。それも給油は誓文払〔ﾃ〕〔福岡市の商店街で毎年11月中旬過ぎに行われる売り出し。明治時代、八尋利兵衛という博多商人が仕事で立ち寄った大阪堺の「えびす市」にヒントを得て、博多流にアレンジしたのが始まりだと言われている〕が済めば出来るでしょう。店のことは万事よろしく。掛け金払い込み中止を取り急ぎ知らせる。ではまた。〔昭和16年10月7日〕

手紙にたびたび登場する「油工場」とは、おそらく子作りのことでしょう。そして「給油」は子作りに伴う行為のことだと思います。20代の夫婦が何年も離れ離れになり、軍の秘密となる異動や帰京に関しては手紙には書けないため、夫婦の愛し合う行為を「油工場」「給油」と書くことで検閲を逃れ、妻へストレートに想いを伝えていたのです。

十月十二日日曜、今日は雨が降っている。この頃は大して寒くない。しかし満州独特の風が吹くと気温が低下するので大変寒い。まだ暖かい日もあり一定した寒さというほどなことはない。高田さんと比恵にも行くように書いていたがありがとう。しかしそう心配する必要はない。おばあちゃんにも安心されるよう言っておけ。

　来る二十三日はまた記念日があるので運動競技、演芸など催されることになっている。俺もいつも演芸をやるので、また引き出されることになって演芸会に出る者は練習をやることになっているのだ。少し原作をやらんと種切れになりそうだから、俺のレコード歌詩集の中の漫才のところ（と落語）だけはずして送ってくれ。そのとき中洲の面屋に行って（高倉の向）二〇加〔俄、仁和加、仁輪加、庭神楽などとも書かれるが、半次の書簡では二〇加を使っている。黒田如水・長政父子が播磨国一宮・伊和大明神の「悪口祭」を移入し、藩政に資する手だてとしたことに始まるとの説がある〕面を二枚ほど一緒に送って、笑わないでくれ。これが兵隊の何よりの楽しみなんだよ。二十三日には間に合わぬと思うから、おくれてもよろしい。大変九州地方は風が吹いたそうだが別に被害はなかったか。裏の隆介のところはどんなふうか。組合の日切などはどうしているか。第一の掛け金は払わないようにする事。ではまた。〔昭和16年10月12日〕

　だいぶ寒くなってきた。今日は日曜で休んでいる。昨日（二十日）本田先生からお便りをいただいた。泓子の折り紙も全部もらった。なかなか字がうまくなっているようだね。それと裏の事だが、とにかく改築修理を絶対やらせるな。それさえとめておけば出て行っているのだから後は俺が帰ったらすぐ整理してしまうから、家を勝手に扱わせぬようにすることが一番大事だ。それと航空便で出しても一週間かかるから普通便で結構だ。それと葉書だが出しておらねば送らずによろしい。ますます元気でご奉公いたしている。安心せよ。ではまた。

　大変寒くなりました。皆元気だそうで安心いたしている。待っていた慰問の品、昨日（五日）一ヶ月ぶりでありがたく頂戴いたしました。なつかしのかるたせんべい、なんだか食べていると内地へ帰ったような気がするよ。色々とたくさん送ってくれてありがとう。なかなか甘い物が少ない事と思う。娘笑いの玩具など戦友たちと大笑いでやっている。大変ほがらかになっているよ。今日六日は二〇加面も受け取りました。先月二十三日にも連隊記念日は隊から代表で博多二〇加（夜廻りと泥棒　太郎助大明神の選挙のやつ）をやりまして、ほか各隊からいろんな芸が沢山でて大にぎわいでした。

　とにかく元気で張り切ってご奉公いたしている。おばあちゃんにもよろしく言ってくれ。日切も一円掛けていると思って、お前の教えどおり十五円貯金した方が良いでしょう。ご苦労と思うが万事よろしくやってくれ。小包も前のは大変早かったが、どうしてか今度は非常におくれました。まだ九月の末のが着かないと言って待っている者もいる。手紙は出した日付の日からちょうど七日目には受け取っている。この前の小包は俺のが隊で一番に着いていた。東京の與市さんからも何か送ったと言ってきているので待っている。

受け取ったら早速ご通知いたしましょう。ただいま入浴から帰ったところです。提げてきたタオルがパリパリにこおっている。ただいま零下三度、朝は六度でした。夜中はまだまだ下ります。ではまた。

　大変寒くなってきました。皆元気にしているか。ここ北満では毎朝氷が張るようになりつめたい。北風がふきすさび、耳がしびれるようになってきた。昨二十日は午後輸血を戦友が病気の為にしましたが、至極元気にいたしているから母上にも心配されないように言ってくれ。俺も毎朝うちで大寒の時に水をかぶっていた事が、今考えて見ると相当体のためになっていると思う。まだ寒いと思うような事はない。ますます衛生に注意して張り切っているから安心せよ。

　それと店の事であるが、アサヒ屋の奥様のお世話で都合よく話が出来たそうで、俺が一番この頃心配していた事なんだが、何よりも大変嬉しく思っている。これで俺のお国へのご奉公が思う存分尽くせるようになった。大いにしっかりやってくる。お前も一人でずいぶん多忙であろうと思っているが、母上や子供を大事にして、病気をせぬよう万事よろしくお願いしておく。

　竹田屋とアサヒ屋へは早速礼状を差し上げておく。電話の仕事だけするとか言っているが、あまり無理をしないようにやってくれ。税務署の方の事もお願して以前のとおりにならぬように話をする事、一人で心配と思うがよろしくたのむ。うちの商売が……だから、ずいぶん考えていた。しかしこれで安心した。来たる二十三日は隊の記念日で博多二○加をやる事になっているので色々練習なり準備でほがらかにやっている。

　おばあチャンへもよろしく言ってくれ。四日の小包はまだ着かない。もう四、五日もすればつくでしょう。取り急ぎ返事まで。ではまた。〔昭和16年10月21日〕

　ヒロコチャン　サムクナリマシタネ　ゲンキデスカ　キミヨシチャントナカヨクアソンデイマスカ
　オトウサンモ　トテモゲンキデスカラ　アンシンクダサイ
　カゼヲヒカナイヨウニ　オベンキョウヲシナサイ　サヨウナラ
　コンナオミミノナガイ　オウマガタクサンイマス　キレイナハナワ　カレテナクナリマシタ
　サムイカゼガフイテイマス　ケフハ十月二十六日　オヤスミデス〔昭和16年10月26日〕

　大変寒くなりました。こちらはもう寒いというよりつめたい風で、いたいようになりました。今日など（二十六日日曜）朝は零下十一度に下がりました。今日から室内のペーチカ〔ロシア風の暖炉〕を燃やしております。至極愉快に元気でご奉公いたしています。先日戦友が病気のため輸血をして全快を祈っておりましたが、可愛そうに二十五日ついに亡くなりました。朝倉郡の人で允博と同じくらいの赤チャンがおられるとの事でしたが、なんとも可愛そうでした。

　満州は水がとても悪いのです。生水を飲めばすぐに下痢をやります。私はまだ一口も飲んだことはありません。特に衛生に注意いたしておりますからご安心ください。家内のことも大変都合よくて嬉しく思って

おります。母上様もお体をご大切になさいませ。〔昭和16年10月26日〕

　何よりの慰問品、楽しみで戴いている。集めるのにずいぶん大変だったと思っている。糸も早速役に立ち、靴下の修理などに使用しました。今日も休みで愉快にすごしました。とても元気でいるから安心してくれ。今日の日曜も近頃めずらしい暖かいお天気で春のようでした。大陸の気候は気まぐれというか、今日春のような天気でも明日は雪で零下にぐっと下るというような変化が甚だしいのです。

　内地もだいぶ寒くなっただろう。浤子も元気で幼稚園に行っているか。本田先生にもお便りを戴いたまま無沙汰いたしているから、ついでのおり、よろしくと言ってくれ。俺もそのうちお便りする。またご面倒だが、提灯張用の（のりはけ）でなく（はわきばけ〔箒刷毛のこと〕）の方を二個、それと上履にしたいと思っているからゴム裏のアサウラを一足送ってくれ。おばあチャンお手製の塩昆布極く塩辛くして何か缶に詰めて送ってくれないか。おばあチャンも子供のことで何かと大変お骨折りのことと思う。病気されないよう大事にせよ。ではまた。

　しばらくでした。みんな元気ですか。俺も大変元気でご奉公いたしております。今日は明治節〔昭和前期の祝日の一つ。明治天皇の遺徳をしのび、明治時代を追慕する目的で制定したもので、明治天皇の誕生日の11月3日をこれにあてた〕で渡満以来初めて外出しました。大変よいお天気で風は多少ありますが、温かい天気で気温は零度でした。ちょっと食堂とか菓子屋などあるところまで半道〔1里の半分。約2キロメートル〕くらいあります。約三十分くらいで行けます。お菓子など、大変高くて浪花屋の饅頭ぐらいのカステラのようなパンが一個十銭もします。ちょっと食う気になれません。一日二十八銭では考えさせられてぜいたくできません。十銭の饅頭一ヶ食って帰りました。毎日飲食品は一円五十銭平均、日用品一円五十銭、三円くらいの小遣いでやっております。で毎月五円は貯金いたしております。本日（十日）も五円いたしました。それと住吉様のお宮横の人で高崎という方が帰京されます。俺と同じ隊にいた人だ。ぜひ中島町のお前の所へ寄って、お話にいくとの事だから、見えたならば満州のお話などこちらの事をよく聞いておきなさい。通知まで。〔昭和16年11月3日〕

　おばあチャン、お元気ですか。お伺いいたします。博多も誓文払ですね。それが済めばすぐに正月ですね。だいぶ寒くなりましたでしょう。私のところではこの頃割合に暖かい日が続いております。暖かいと言ってもやはり氷は張ってとけません。内地の二月頃の寒の内のようです。昨晩は（十一日夜）十一時頃とてもきれいな月の出を見ました。内地で見る事の出来ない、美しい月の色でした。あまりの美しさにしばらく見つめておりました。毎日愉快にとても元気ですからご安心ください。公喜や允博が大変いたずら者だそうでお骨折りのことと存じます。特にお体を大切にお過ごしのほど祈ります。今日はこれで。さよなら。（十二日）〔昭和16年11月12日〕

お便りありがとう。皆元気だそうで何よりである。また何か送ってくれたそうだね。楽しみにして待っております。公喜もだいぶわかるようになったそうで、動物園にもさぞ喜んだ事でしょう。允博もすぐ誕生日がきますね。大変元気だそうで嬉しく思っております。昨今非常に寒く零下二十度くらいまで下がりました。今日二十三日日曜は割合に暖かくなっております。ここ北満では三寒四温といって、一週間のうち三日寒ければ四日くらい割に暑い日が続くのです。窓ごしに暖かい陽がさし込んでおります。日曜で皆愉快に休んでおります。色々衛生のご注意を承りましてありがとう。マスクは四枚造って毎日取り替えている。夜はマスクを水でビッショリぬらして二回は取り替えている。それがきれいにかわいてしまいます。

口を開いて寝こまないようにとの注意で思い出しましたが、それは誰かでしたね。病気しますからね。用心してください。油工場もだいぶ永いこと休みですね。しかし原油の給油も遠からぬうちにあることと存じます。まるたやにも礼状を出しております。七五三の祝の写真を待っております。至極元気です。ご安心ください。二十三日日曜。〔昭和16年11月23日〕

ヒロコチャン　オゲンキデスカ

キミヨシ　ヨシヒロチャント　ケンカヲシナイヨウニ

アソンデヤルノデスヨ

オカアチャン　オバアチャンノ　イヒツケヲ　ヨクキイテ

オショウガツヲマッテイラッシャイ

カゼヲヒカナイヨウニナサイ

サヨウナラ　〔昭和16年11月23日〕

二十日の便りは今日受け取った。今日二十六日日曜日、ここ満州では二三日前より急に大寒になり渡満以来始めての寒さです。しばらく外へ出ておると耳がきれそうです。しかしますます張り切っておりますからご安心ください。公喜も大変肥えたそうだね。允博も歯が一本出て元気だそう

で、人見知りもせずなかなか外交家だそうだが、お前似でつらの皮が厚いのだろう。なんでも達者なのが何よりと嬉しく思っている。

　お盆はどこも大変商売も悪かったそうだね。何といっても転業組みの商売だから面白くないだろうとは思っておる。家のことも都合よく何よりだ。その方がお前が一人で店をやるより楽で俺も安心し嬉しく思っておる。本契約も出来たそうで何かとご苦労と察しておる。大年田の山本さんは在居当時取引のあったのは知っておる。証人の方々もなかなか立派な方ばかりで結構です。急に寒くなったので何か毛のシャツを一枚送ってくれ。四日の小包はまだ着かない。今月中には着くでしょう。では体を大切に佐様奈良。〔昭和16年11月26日〕

　二十日の便り襟章受けた。藤浦殿がお出（いで）になっただろう。二十五日に帰営されまして、うちの事を皆元気だったと承りました。公喜の事だろう。大変いたずら坊らしかったと聞きました。母が不在中で何のおかまいもできなかったでしょう。俺からよろしく言っておく。七五三で公喜のお膳スワリをして祝ってくれたそうで大変嬉しく思っております。

　黒河省の木築君がユーモアーな便りをくれたそうだね。なかなか在営当時からのんきな面白い男だったよ。俺の代理で面白い便りでもやってくれ。満州も本格的寒さになってきたようです。今日は零下二十三度、夕方です。朝はまだまだ下ります。ロマンチックな便りで思い出しました。ここ満州は霧が非常に深くかかります。思い出の歌　霧の彼方の丘の上にユレテ　ほのかに聞こゆるは　今日もたずねて来た人の合図がわりの口笛が、霧の朝なんだか口笛が吹いてみたくなりますよ。いや幾度か吹いてみてはなつかしく思い出している。

　允博もすぐアンヨができるようになるでしょう。公喜たちが大きくなるのが何よりの楽しみにしておる。寒くなるので大事にしてくれ。お母さんもつかれが出ないように大事にしてくれ。塩昆布の思いが届いたので今度は何か思いがとどきますやら。今日はこれでさようなら。こちらへ着くのをまっております。

　皆元気ですか。私も元気です。今日も日曜で愉快な一日を過ごしました。寒は強いですが、割に風のない暖かい休みでした。水を流して大きなスケート場を造って、どこの隊でも兵隊が思い思いに楽しくスベッて遊んでおります。月の夜などスケート場は真っ白で、そこだけはとても明るく、夜でも遊べます。これだけは内地ではとうてい見ることのできない北満特有の遊技場です。明日から十二月です。やがて正月です。内地は足袋もいらない暖かさで結構ですね。七五三の写真を待って楽しみにしております。今日はこれでさようなら。〔昭和16年11月30日〕

　十二月一日、ありがたく小包は頂戴いたしました。今度は思いがけなく早く着きました。前原（まえばる）へも早速礼状を出しました。毛のシャツも大変上等です。やはり古物でも現在の品よりずっと物が良いので何よりです。真綿は布で包んで、のどの保温にときおり使用するのに上等です。ありがとう。花田が事務所の

貸している家賃を聞きに来たそうだが、考えようではしゃくにさわるが何かの参考にでも聞きに来たのではないかと思っている。出発の節、博多駅で面会した際、店をやめて現在のように貸そうかと思っていると、店をやめる事もちょっと話していたし悪意ではないだろうと思っているが、何にしても余計なお世話だよ。我慢しておけ。しばらくの間だ。隆介の家の件はどんなふうか知らしてくれ。明日二日は記念の日ですね。解るでしょう。公喜、浤子、允博、皆で船小屋を楽しみに。ではこれで失礼。〔昭和16年12月1日〕

お母さん、お元気ですか。お伺いいたします。子供たちの七五三のお祝いをして公喜もお膳座り〔3歳になって初めて自分の膳が与えられ、箸を使って正式な食事を取り始める儀式。11月15日頃行うことが多い〕を済ましてくださいまし、ただ遠い満州でその様子を思い浮かべて大変嬉しく存じております。今日十二月二日、はるばる東京より慰問団の演芸を見ることができました。浪曲、舞踊、漫才、奇術などで大変愉快に午後より夕方まで過ごしました。四、五ヶ月ぶりで内地のべっぴんさんを見まして、なつかしく郷里を思い出しました。とても元気でご奉公いたしております。ご安心ください。今日二日は私が喜平になった記念日〔夫妻の結婚記念日〕です。とてもほがらかに過ごしました。お母さん寒くなります。お体充分ご大切に。さようなら。〔昭和16年12月2日〕

毎度の便りで俺も大変安心いたしている。俺もとても元気です。また二十四日に送ってくれたそうでありがとう。本日七日お隣の花田洋服店からたくさんの慰問品を受け取っているのでお前からもよろしく葉書着次第礼を言ってくれ。十一月一日に玉屋〔1925年～1999年まで福岡県福岡市博多区中洲で営業していた百貨店〕の発送になっている。約一ヶ月以上かかっている。俺からも早速出します。

皆で写っている七五三の写真は五日に受け取りました。大変良くできております。おバーチャンが大変良く写ってあります。今度は横向いてないのでとても上出来です。浤子チャンも大変お姉さんらしくなっております。公喜も元気なようですね。また允博はちょっと元気が良すぎて困ったいたずら坊らしいですが、俺似でだいぶかんしゃく持ちのようだが、おばあチャンがお守で骨折りでしょう。夏の写真と違ってお前はだいぶ肥えておるようです。

九年目の祝は斐徳で慰問演芸がちょうど有ったので二日の日は一日中愉快に思い出して過ごしました。今日七日は零下十七度くらいまで下がりまして、かなり真っ白く雪降りです。枯木の枝が氷の花盛りのようにきれいです。取り急ぎ写真受け取りまで。〔昭和16年12月7日〕

今日十二日、東京の與市さんより沢山の缶詰菓子など、慰問品を頂戴いたしております。早速礼状は出しましたが、お前からもお礼を言っておいてくれ。竹田君の叔父さんより十四日お手紙を頂戴いたしております。毎日元気でご奉公しております。おばあチャンへもよろしく。昨十三日は一面に初めての降雪でした。枯れ草ばかりの野山が真っ白く大変きれいでした。今日十四日は割合に暖かくなり雪もとけております。今日はこれでさようなら。〔昭和16年12月12日〕

防寒服に身を包む半次

しばらくでした。その後はますます元気でいる。安心してくれ。いよいよ正月です。皆元気ですか。大変寒くなった事でしょう。ここ北満では最近零下三十五度くらいまで低下いたしますが、だいぶなれてきて平気になりました。安心ください。土曜日■■の山脇さんがわざわざ面会に来てくださった。愉快に語り合いました。お前にもよろしくとの事でした。そのうち便りでもしてくれ。

知っての通り太平洋に時ならぬ颱風（たいふう）が発生している。銃後においてお前たちもあわてぬ事、ますます結束して腹をすえてかからねばいけない。南■については新聞で色々承知の事と思うが、決して心配な事はない。お前たちは各自その銃後での本分を充分つくせば、それが一番大切なご奉公なんだ。日本国家の発展を制圧しようとする英米、無反省にもその我意を東亜〔東アジア地域を指す言葉〕にまで押しだそうとする奴、どうでも叩きつけてしまわねばいけない。この太平洋の颱風が発生したと聞かされた時、胸のすくような思いがして涙の出るように嬉しかった。俺はますます元気です。安心ください。今日十四日は日曜日で愉快に今レコードを聞いています。では今日はこれで。さようなら。〔昭和16年12月14日〕

毎度の慰問品ありがたく頂戴いたしました。十二月十六日に受け取りました。全部異常なく受け取りました。安全そりの刃はちょうどほしいところで何よりでした。皆元気ですか允博もおたんじょうですね。この便りが着く頃は除夜の鐘のなる時分か。お正月でしょうかと思っています。俺も至極元気ですからご安心ください。おばあチャンへもよろしく言ってください。だいぶ寒くなったでしょう。だが北満の事を思えば、まだまだ内地は冬とは言えませんね。最近の零下二十五六度くらい平均という寒さです。だが慣れたせいか平気になりました。今日は日曜で休んで愉快に過ごしております。

浹子チャンもお休みでしょう。おばあチャンも病気されないよう大事にしてくれ。油工場、給油の件はお天神様のうそ替えが過ぎてでしょう。大しておそくはなりません。ご心配なきよう、その内写真で元気な姿を送りましょう。待っていてください。今日はこれで。

一昨日二十八日夜、京都油小路通佛光寺上ル、永野節二商店と言って、染着尺加工店より慰問袋を隊の分配で戴きました。分隊でくじ引きをしてわけたのですが、大変量、品共に上等でした。大小袋

が色々あるので、ずいぶん大袋に当たったと言って喜んでいても、大きな下駄が入っていたりして大笑いでした。俺のは大変実用品が多くて、手帳、チリ紙、絵葉書、煙草（キンシ八か入）パイプ、マッチ、タオル、ドロップス、みかん缶詰、糸針、川柳の漫画集など、但し煙草とパイプは戦友にわけてやりました。お嬢さんの慰問文では八月頃の物のようでした。なかなか可愛い手紙でした。ではまた。

〔昭和16年12月20日〕

本日十二月八日付の小包受け取りました。今度は大変早く着きました。楽しみにして頂いております。何様あんな物は少なくて手に入らないでしょう。こちらではあれの半分くらいのが五十銭くらいいたします。甘い物はなかなか少ないです。缶詰の果物など有りますが、生の柿など一個が七十銭くらいするそうです。つくづく物の有り難さを感じます。送ってくれるのは大変ありがたく存じますが、これからそんなに送らないでください。今回は取り急ぎ受け取り。ご通知まで。〔昭和16年12月22日〕

二十三日のお便り受け取りました。いよいよ明日一日で十六年も終わりを告げ、世紀の新春を迎えます。とても元気で新春を迎えますからご安心ください。今日三十日も休んでおります。薬院の入江さんも甲種合格〔徴兵検査の身体検査で、健康で最も兵役に適していると判定され第一級で合格すること〕だそうだね。いずれまた召されてお出になるでしょう。日切の計算も承知した。裏も塀をされるそうで何よりだね。何かと弓張、高張提灯も造ってくれているそうだが、一生懸命やってくれるのは感謝しているが、むりをしてからだをこわさぬよう用心してくれ。俺も種々今度で考えさせられている。

今度帰ったら松尾先生のところも時節がら中止するのが当然でしょう。十月玄人社展は玉屋であったのですか。何の便りもありません。先生はその後、うちへ見えましたか。知らせてくれ。画の時節ではありません。身を粉にして大小に働きましょう。今まであまりに緊張が足りなかったようです。

歯が大変悪かったそうだが、少しずつでもよくなすようにしたければますます困るでしょう。俺のは今の所痛みはない。入れ歯も大変なれてよろしい。源チャンへは早速出しました。ここ隊でも餅つきは早く済みました。明後日は元旦です。元気で新年を迎えます。おばあチャンへよろしく言ってくれ。公喜も大変口が利けるようになったそうで皆を笑わしているでしょう。では良き新年を迎えることを祈る。今日はこれで失礼する。さよなら。〔昭和16年12月30日〕

いよいよ正月を迎えました皆元気ですか。私もとても元気で朗らかに過しております。昨日は久し振りで外出をして、中牟田少尉殿（麹屋町岩田屋羅紗屋のご主人）の宅で外二人の博多の戦友と夕方まで大変ごちそうになり、ほんとうに少尉殿外皆で博多弁丸出しで、ゆっくりとお正月の博多の話で愉快に正月をしました。ご安心ください。お約束の写真もうつりましたので、二十日頃できますから送ります。

隊では朝は三が日共、お餅が大きい餅三ヶ付きましてお雑煮です。しかし今日三日の朝など、四十ヶほどの餅が寒のため、叩き割ってはなすようにかんじて引っ付いております。それを焼いてお汁の中に入

れて食べるのです。お前たちが想像もつかないお雑煮です。何もかもすべてが面白い思い出になる事ばかりです。

　いよいよ内地も寒くなったでしょう。ここ斐徳でも零下三十度くらいになります。凍傷のシーズンになっております。ぬれ手で金物などさわると手がデリッとひっつきます。公喜もカーチャンが出るようになったそうだね。浤子も元気ですか。やがて入学式も近まりますね。小包は全部早く受け取っております。帯封の本も取りました。ありがとう。お餅など充分です。送らないでください。また何かついでの時、ホーク並通のでよろしいから二本入れて置いてください。上等は前のをもっております。では今日これで。

　ヒロコチャン　アケマシテ　オメデタウ　サムクナリマシタネ　ヒロコチャン　オゲンキデスカ
オショウガツデスネ　ナカヨクアソンデイマスカ　モウスグガッコウニイカネバナリマセンヨ
ヨクカーチャン　オバーチャンノイイツケヲキイテ　アソビナサイ　サヨウナラ

　お元気ですか。銃後奉公会の便りを受け取りました。その後相変わらず元気ですから、ご安心ください。さて早速ですが、隊で提灯が一個入り用に付き、大至急葉書着き次第送ってください。九寸の弓張提灯長（皮と弓共）〔弓張提灯＝竹弓の弾力を利用して火袋を上下に張って安定させた提灯のこと。丸型と円筒形のものがあるが、ここでは「九寸の弓張提灯長」ということだから約1メートルの長型。1寸＝約30.33㎜［1/33m］〕こちらで私が取り付けますから火袋〔灯籠の火をともす所。また、行灯や提灯の、紙の覆いをした部分〕と別々に皮を付けないで願います。文字はこちらで書きます。白袋は上等を片張りを丈夫にしておいてください。

弓張提灯

特に到着まで約一ヶ月近くかかりますので、箱を薄い木箱にして火袋はまた中で箱に入れてください。火袋の中には紙をよく詰めておいてください。弓が長いので都合が悪ければこちらでつぐようにいたしますから、ちょうど半分の所で切って置いてください。何か有りましたら慰問品として一緒に送ってください。特に荷造りを丈夫にしてください。今日は日曜日でゆっくり休んでおります。ではまた。川端のかるた煎餅（せんべい）が買えましたら送ってください。提灯の値段も通知ください。

　元旦の便りは十二日に受け取りました。おばあチャンほか皆元気でお正月を迎えましたそうで何よりです。秀子さんが来ているそうで、おばあチャンも久し振りの面会でお喜びのことと存じます。福日園の開く頃にはおばあチャンも東京へ是非やる事ができますから、そう言って置いてください。留守番の骨休めにゆっくり遊びにやりましょう。滋子も近く学校ですね。前の写真ではほんとうにお姉さんらしくなっているようです。

　先日、春吉の大森千江子と書いた手紙が来たので、知らない女の名前だし、どうしてだろうと思っていたら、栄蔵さんの姉さんでした。早速二人に返事を出しております。町内からも松尾さん、前田さんお二人から慰問の便りを受け取りました。町の婦人会（子供さん）からぎすけ煮〔ぎすけ煮=干した小魚を

中島町婦人会の皆さんと子供たち

甘辛く煮て乾燥させたもの。江戸時代、博多の宮の儀助という人が考案したことから、このように呼ばれるようになった。福岡の郷土料理の一つ〕の三ヶ入を戴いております。それと一緒に花田辰江として慰問の手紙が入っておりました。洋服屋の奥様でしょう。よろしく言ってください。私からも早速礼状を出しておきます。小包は一回くらいにしてください。あと、送らないでください。ホークも送ってなければ必要ありません。（せんたくせっけん）が五個ほど買えたら送っておいてください。月に三個くらい要りますからお願いたします。内地も大変寒いでしょう。ここも今が一番寒い時です。近頃では慣れて零下三十度も平気になりました。とても元気ですからご安心ください。アサヒ屋の奥さんと話しているような心配はしないでください。その方は品行方正です。ではまたお便りいたします。〔昭和17年1月13日〕

　二十二日の便りは受け取りました。泓子チャンも学校ですね。さぞ喜んでいる事でしょう。机も俺がおれば買ってやりたく思っていたのだから、なるべく買って喜ばして勉強をさしなさい。冬は座らして夏はなるべく腰かけるようにして体の為にも良いと思う。自転車は鑑札は下ろしておいた方が良いでしょう。公喜の車はどうしておりましたかね。俺の長靴は時々クリームで手入れしておいてください。かたくなって型が変わると思いますから、忙しいでしょうが、お願いいたしておきます。

　九二七殿の方面行は多分ないだろうと思います。私の為には行かない方が良いのではないでしょうかと思っております。どちらにしてもお前の言っておるとおり（三月か四月）今しばらくと言う方でしょう。何かにつけよろしくたのむ。公喜も四才という年だから、よく体に注意しておく事。俺も今ちょっとかぜを引いておる。たいした事はない。休んではおらない。心配しないでよろしい。内地ではハンカチ一枚買うにも税金とか、隊では純綿の大きなハンカチが一枚十七銭です。とても丈夫な物です。五枚買っております。送ってやりたいようです。何かにつけ統制下の生活で骨折りの事と思うが、美事（みごと）お前の思いどおり取り計らってやってくれ。ではまた。〔昭和17年1月30日〕

　今日も日曜で（三日）外出いたしました。行きは割合に温かでしたが、帰りはとても風が激しくなり凍傷になりそうでした。外出しても物価の高いのには驚きます。ぜんざいなど一杯が五十銭ですよ。実は十二月頃時計を取り落として動かなくなりましたので修理に出して二円出しましたが、どうも修理がへたでなおりませんから送り返しますから、どこかへお前持って行って修理してくれ。そしてそのままそちらでお前使ってよろしい。もう送らないでよろしい。近日中返送いたしますからお願いいたしておきます。止まったり動いたりするのです。たいした故障ではないのです。こちらは毎日変わった事もなく寒いばかりです。至極元気ですからご安心ください。九二七殿の所へは行きません。何か手に入りましたらその内お願いいたします。泓子も入学前で喜んでいるでしょう。お前一人で何かと忙しい事と思うが万事よろしく頼む。時計返送通知まで。〔昭和17年2月2日〕

ヒロコチャン　オテガミアリガタウ　ジガオジョウズニナリマシタネ

モウスグガッコウニユカネバナリマセンヨ　ヨクオベンキョウスルノデスヨ

オカアチャンカラ　ツクエトイスヲ　カッテモライナサイ　カゼヲヒカナイヨウニシテ

キミヨシチャンタチトアソンデ　マッテイラッシャイ〔昭和17年2月3日〕

　二十二日のお便り受け取りました。山崎さんのところは二、三日おきに便りが来ているそうですね。私も別に忙しいという程の事はないのですが、なるべく通信いたします。そちらからも忙しいでしょうが何分よろしく。はなれておると何かにつけ手紙が一番恋しくなりますよ。允博も大変元気だそうですね。浤子もなかなか字が上手に書けるようになりましたね。上原や木下作さんたちが北京に行くとか言ってるそうですね。木下はもう行ってるそうですね。大陸もなかなか骨が折れますよ。良い事ばかりはありませんからね。

　宮野さんが写真をうつして下さったそうですね。私からも早速お便りいたしておきます。婦人会のぎすけ煮のお礼は早く矢野様気付として婦人会員一同様で出しているのですが、矢野さんから何の達しもあっておらないのでしょうか。もしそうでしたらまただしますから、婦人会の会長の名前を知らせてください。税金や保険の事など種々ご苦労だがよろしく頼んでおきます。今日も日曜で休んで外出いたしておりました。外出をしても別に珍しい事もありません。ただ寒いばかりですよ。〔昭和17年2月3日〕

　お元気ですか。私も毎日相変わらず元気です。紀元節〔神武天皇が即位日として定めた祭日〔2月11日〕。戦後、GHQの意向で紀元節は廃止されたが、1967年よりこの日を「建国記念の日」として復活した〕もすぐですね。内地では今が一番寒い時でしょう。しかしもうすぐ暖かくなります。陸軍記念日〔3月10日。1905年、日露戦争における奉天〔現在の瀋陽〕会戦の勝利を記念して設けられた記念日。第二次大戦後に廃止された〕頃はほんとうに春らしくなりますからね。こちらではまだまだ四月迄は寒いそうです。五月になればいくらか暖かくなるそうです。さて今度大分の日田の人で大倉儀七という御方が帰られました。是非博多へ行くとの事ですから、送るように知らせていた時計をご依頼いたしましたので、持って来られたら受け取ってください。一緒で大変良いお方でお世話になっておりますからよろしく言ってください。そしてこちらの寒いお話など種々聞いてください。

　おばあチャンもお元気ですか。商売の方はさっぱり駄目になってしまったでしょうと思っております。いずれ給油にでもなったら今度は方針を変えねばいけませんでしょうと思っております。中島町の前田信恵さんはどこのお嬢さんですか。お正月から二度も便りをくださいました。よろしく言ってください。では今日はこれで。あなたお体を大切にしてください。さよなら。〔昭和17年2月6日〕

　皆元気ですか。今日は紀元節です。満州で初の紀元節を目出度く迎えました。相変わらず元気で軍務に精励いたしております。ご安心ください。子供たちも元気ですか。今日十一日は大変良いお天気です。ゆっくりと休んでおります。今隣の班から朗らかな兵隊の歌声が聞こえて来ます。浪花節をやる者、郷里の妻君の話をし合っている者、便りを書いている者、つかれて寝ている兵隊、思い思いに朗らかで

す。そうした中でこの便りを書いております。

　おばあチャンもお元気ですか。早く暖かくならねばいけませんね。ここ満州では毎日毎日冷たい寒い風ばかりで何ものもありません。ただそうした中で体の元気な事が何よりと思って、大事にしてご奉公いたしております。祭日は隊から酒が出るので一杯飲めるのですが、俺は近頃まるで飲めなくなりました。ほんとうに甘党になりました。今手紙が来ていると呼ばれました。今から事務所へ取りにいきます。では手紙の返事はまた後で。〔昭和17年2月11日〕

　便りは受け取りました。家の事ですが、事務所をあけられるそうですね。実は何かそんな予感がしておりました。せまいそうですが、家のせまいのは初めから見られて解っていた事でしょうに、何か先方の方に都合があるのでしょうから、それはどうでも良いわけです。どちらにしてもだいぶ改築にして事務所にされるのに五、六百円もかけられたそうですが、とにかく山本さんの言われるのでしたら、現在事務所のそのままにしておいてもらった方がよいのではないかと俺も思っております。そしてまた都合良く借り手が有れば貸しても良いと思います。前のようにしても商売が出来るのなら良いのですが、やっぱり思うように商売にならないでしょうと思います。

　二月までは家賃が入るそうですが、またちょっと先が収入が絶えてくるので心配でしょうが、また良いことがあるのではないかと思っておりますから、とにかく当分帰るまで家は貸した方が良いでしょう。俺もやっぱり家のことが何より心配になるわけです。

　だが決してお前も悲歎してはいけない。どんな苦しい事があっても負けてはいけない。必ず強く打ち勝って行かねばなりません。これは言うまでもなく、お前にいつも言っていたように世の中のすべての運命はすでに決まっているものです。何事もなるようにしかなりません。ただそれに強く打ち勝つということより外にありません。

　今の俺はただ一筋に国家の為充分ご奉公する事だけが務めなんだ。とにかく家の事は万事ご苦労と思うがよろしくお願いいたしておく。それと忙しいのに、はなはだ済まないが、庄三郎のお墓にときどきお参りして掃除をしてくれませんか。最上様へもそのとき、お詣りしてください。

　いつも話していたように信仰という事を忘れてはいけません。お前の言う通り、今までは何事も大変都合良く行っておりますので嬉しく思っております。今後とても決して悪い事はないと思っておりますから、心配せず私も大いにご奉公いたして来ます。とにかく家の事もあけて貰わねばならないようになる為ではないでしょうかとも思っております。今のところ万事取り計らってよろしくお願いいたしておきます。

　おばあチャンも体を大切にしてください。いずれ福日園頃には何とか喜平もなりますと思っておりますから、今のところ借り手があれば貸して置いてください。家賃など山本さんは百円でしたそうですね。今後はまた万事取りはからってください。ではまた。紀元節、夜。半次　れい子様。〔昭和17年2月11日〕

　紀元節に出しました封書は、実は出せないですが、特にお願いして許可を得たのです。今日十三日も〇〇の休みです。洗濯や靴下の修理、兵器の手入、散髪などしまして休んでおります。至極元気

です。ご安心ください。和良さんからお手紙を戴きました。提灯も送ってくれたそうですね。二十四、五日頃は着くでしょう。何かほかに詰めてくれたそうで楽しみにしております。今後、内地もすべての物が切符制〔昭和14年［1939］10月に「価格統制令」が発令されると、経済的な統制は強化され、「ぜいたくは敵だ」のスローガンに従って、国民は衣食住すべてにわたって切り詰める生活を強いられた。また、民需産業が次々と軍需産業へと転換されたため生活物資は極端に不足し、40年頃から米の配給制、衣服や砂糖などの切符制が実施されていった〕で買えないでしょうから送らないでください。隊でも酒保で甘い物はぜんざい、飴、餅、パイナップル、ミカン種々相当に買えますので不自由はしておりませんから心配しないでください。タオルなど一枚三十二銭でいくらでも買えます。少し買ってきましょう。陸軍記念日も近づきました。内地はもう間もなく暖かくなりますね。公喜や允博たちとハイキングも遠くはないでしょう。ではまたさようなら。
〔斐徳　昭和17年2月13日〕

　月日の立つのは早いもので、二月も早十日を残すのみとなりました。給油もだいぶ近まったように思われます。大変元気ですからご安心ください。こちらは相変わらず寒いばかりで河という河は一滴の水も流れておりません。魚など泳ぎながら凍っているのが、きれいに上から見る事ができます。牛が歩いているのを見ると口にツララが下がっております。馬でも口から鼻の近所は真っ白になっております。毎日零下二十四、五度より下がりません。だけどもう寒さも今が一番頂上でしょう。昨日十七日幸田芳兵衛さんより慰問品を頂きました。内容はチリメンイリコ沢山缶に詰めて、外桃の缶詰一ヶ、味付き海苔、雑誌、爪切り、特に爪切りはなくしておりましたので何よりでした。南方シンガポールも陥落しましたが、何か提灯行列でもありましたか。我々もただ北の空をじっとニラミつけているだけではなんだかものたりない感じがいたしております。ではまた。〔昭和17年2月18日〕

　十五日夜の便りを戴きました。大変な雪降りでしたそうですが、お元気ですか。子供たちが正月の雪で喜んでいるそうですね。允博がずいぶんいたずら坊だそうで、お守が大変でしょう。高田さんの方は外泊でしたそうで苑子さんがお喜びだったでしょう。手紙が後先になっておるそうですね。そちらからの便りは一週間目には確実に受け取っております。こちらもただ便りの来るのが何よりの楽しみです。今年に入って、とてもますます元気でご奉公いたしております。ご安心ください。

　今日二十二日も近頃にない気まぐれの暖かさです。春のような天気が二、三日続きまして今日は体操遊技などをして大変元気です。内地はもうすぐ暖かい時候になります。陸軍記念日ももうすぐですね。大濠公園、西公園思い出しますよ。滋子も元気ですか。おばあチャンも元気ですか。早く暖かくならないといけませんね。今度允博や公喜に逢うと、どんなふうかと楽しみにしております。允博が何も知らずに当分困りはせぬかと思っております。滋子が喜ぶ事でしょう。おばあチャンや子供たち、皆体を大切にしてください。今日はこれで。さようなら。写真は出来てるのですぐ送ります。〔昭和17年2月22日〕

二十三日の便りも受け取りました。允博も少しは歩き出した
そうですね。元気で何よりだ。保険の事は中止した方が良い
でしょう。一人で無理だと思っている。第一の分は今のところ
やめておきなさい。お菓子の配給があっても送ってはいけま
せん。子供たちさえ不自由しているのに、そんな事をせずに
子供たちにやってくれ。こちらはこの頃、酒保にかなり甘い
物がありますから送らないように、ただお前の色々の便りが
一番嬉しく拝見しております。和良さんの父上が亡くなられた
そうですね。早速悔やみを出します。こちらも近ごろいくらか
暖かくなったような気がいたします。

本日（一日）は零下二度くらいでいくらか雪がとけています。
もう寒さも終わりを告げております。今月から朝も七時に起床
しております。とても元気です。ご安心ください。二十三日の
便りと一緒にまた前田信恵さんから慰問の手紙に書き方をそえ
て送ってくださいました。よろしく言ってください。時計も受け
取ったそうで安心しました。そのとき一緒に綿のハンカチが三
枚来ませんでしたか。伺います。冷や飯と味噌汁小僧よく肥り。〔昭和17年3月5日〕

おばあチャン、お変わりありませんか。だいぶ暖かくなりました。何かと色々ご心配をかけお骨折りの
事と存じます。泓子もいよいよ学校になりますが、ほんとうに月日のたつのは早いものです。少しはおりこ
うになりましたでしょうか。公喜がまたいたずらばかりしている事と思います。泓子と違って男の子はずい
ぶんお守りにお骨折りと思っております。何分お体を大切に。和良さんのお父さんが亡くなられたそうで
すね。さぞ和良さんはおちから落としの事と存じます。おばあチャン、私からと言ってよろしくお悔やみお
願いいたします。私も悔やみ状は出します。体を大切に。〔昭和17年3月6日〕

お便りありがとう、もうすっかり春らしくなったでしょう。立ち帰り天満宮様へお参りしてくれているそう
ですね。西公園〔福岡市中央区にある公園でお花見の名所として知られている〕も桜の季節になります。な
んだか満州も近頃いくぶん春らしくなり、暖かい日には雪が解けるようになった。昨日五日など零下でなく
プラス五度という暖かさで、内地のような暖かい風が吹きました。だがもう今日は朝から一日零下十二度
です。暖かくはなりましたが大陸気候で急変します。でも今月一杯ですっかり寒も終わるのではないかと
思っております。ただいま事務室で勤務いたしております。

日田の大蔵さんが訪ねてくださったそうですね。留守していたそうで残念でした。一緒の班で寝台を並
べてやすんでいた人で、とても仲良しでした。大蔵さんもお前に是非逢って色々お話しすると言っておら
れたし、俺と約束していたのに残念でした。山﨑さんには朗報があるそうですね。多分遠からずと思って

公喜を抱く笑顔の禮子

おります。四、五日前でしたか、帰って町内の方々に挨拶している夢をはっきり見ました。なんだか内地の事がなつかしくなり、ほんとに近頃逢いたくなってしかたがありません。禮子の笑ってうつっているあの写真、毎日一度は面会しております。太宰府の梅もすっかり散ったでしょう。独逸（ドイツ）と共同とか色々なデマがあるそうですね。そんな事本気で考えないでよろしい。内地の人の考える事と我々のところは反対でほんとうに静かです。毎日元気で働いております。ご安心ください。では今日はこれで。さようなら。体を大切に。
〔昭和17年3月6日〕

　提灯は受け取りました。小包も全部戴きましたので早速返事は出したと思っておりましたが実は提灯も代金三円十五銭、隊から貰って横領いたしております。送金しようかと思っていたのですが面倒でしたので、そのままにしました。松尾先生の紙代は一枚五十銭、計十四円、貰えるなら貰っておくように。俺から通知が来たと言って都合よく言って受け取って置くように。あまり永くなるといけません。一度先生に便りを出したのですか。今に一度も来ませんから俺もそのままご無沙汰している。取りに行かねば持っては見えませんと思いますから行っておきなさい。では、さようなら。〔昭和17年3月6日〕

　本日六日朝、宮野さんの写して下さった写真を受け取りました。大変良くできておりますね。彼女はとても嬉しそうにほがらかなようです。允博が大変大きくなっているようです。泫子も公喜も元気のようで大変嬉しく拝見いたしました。彼氏もあの写真を見ているとなんとなく嬉しくなってきますよ。早くそろってハイキングへでも行けるようになるのが楽しみです。泫子や公喜が喜ぶでしょう。では写真受け取り通知いたします。宮野さんによろしく。〔昭和17年3月6日〕

泫子を抱く半次

ヒロコチャン　オゲンキデスカ　モウスグガッコウデスネ
ヨクオカアチャンノイヒツケヲキイテ
オベンキョウヲスルノデスヨ　サヨウナラ

　今日は日曜です。珍しい暖かい日で零下二度です。ただいま昼ですが入浴から帰った所です。いつも入浴からタオルを提げて帰ると、ピィントまるで出し昆布のようになるのですが、今日は少しも凍りません。ユックリ休んでおります。昨日は提灯入小包受け取りました。大変丁寧にして詰めてくれたのでお菓子も全部と

てもきれいでした。破損しておりません。あめ玉の入ったのも二個とも受け取りました。せっけんも沢山入れてくれてありがとう。ボーロも沢山買ったのですね。ほんとうに嬉しく戴きました。提灯は部隊長のです。明日、印を書いて仕上げます。かぜ引きもすっかりなおって元気ですからご安心ください。私の班で班付兵長白水茂と言う方は博多の金屋町の人です。大変お世話になって仲良くして戴いております。ちょっと葉書でよいからお便りしておいてください。ではまた。

　五日のお便り受け取りました。允博が大変元気だそうですね。公喜も兄チャンが言えるようになったそうですね。俺も今日は三月十日陸軍記念日で休んでおる。今、酒保へ行っておしるこを食って帰ったところだよ。この頃はかなり甘い物が食えるようになりました。なんだか今年の元日に少し飲んでから良い気持ちによっぱらって、それからどうした事か酒の臭いをかぐのもいやになりました。今日も隊で酒がでたのですが、湯飲み一杯もどうしても胸がむかついて飲めません。とにかくすっかり甘党になりました。西公園へ甘い物があったそうだが、送らないようにしてください。

　公喜や允博が元気者だそうで大変嬉しく思っております。公喜が乗物が好きとの事、汽車で船小屋へでも行けるようになれば喜ぶでしょう。楽しみにしておりますよ。この頃は満州斐徳もすっかり暖かくなったようです。今日もドンヨリ薄ぐもりの暖かい日で、ちょうど内地の桜頃を思い出すような日です。この頃では造っていたスケート場も解けて来て、もう下の土が見えるようになり、すべる事ができません。内地もほんとうに良い季候になりましたでしょう。電蓄〔電気蓄音機の略。ラジオ放送開始から5年後の1925年から電気録音、真空管増幅器とスピーカによる再生の歴史が本格的に始まった。真空管を用いてレコード再生する装置を、従来のアコースティック式の蓄音器に対して電気蓄音機と呼んだ〕は達者ですか。故障はないですか。ラジオも良く入りますか。給油がほんとうにこの頃待ち遠しくなりました。ではまた体を大切に。いつもお便りありがとう。〔昭和17年3月10日〕

　すっかり暖かくなったでしょう。ここ北満の広野にも、なんとなく春めいた暖かい風が吹き、春らしい気持がするようになりました。毎日元気でご奉公いたしておりますゆえ、ご安心ください。今日はまた町内の高橋健一さんという子供さんから慰問の便りを受け取りました。こうして来る子供さんたちの便りは、ほんとうに元気づけられます。なかなか面白い事がかいてあります。お茶の葉を沢山集めて軍馬へ送りますとか、または、大きな○○でドカンドカンと砲撃して敵をメチャメチャにやっつけてください。方々へ日の丸の旗を立ててください。そして良い支那人や満州人を可愛がってください。

　お嬢ちゃん（涼子）も私たちと一緒に学校へ行きます。なんて大変上手に描いてきております。おりがあったら礼を言ってくれ。こうした子供さんの手紙はほんとうに感激し力づけられるものです。早速返事は出しております。涼子もいよいよ学校ですね。大変喜んでいることでしょう。こちらも歌にあるよう、ほんとうに春の三月雪解けになりましたよ。今日はこれで。さようなら。十五日に。〔昭和17年3月15日〕

満州斐徳にて

今日は日曜です。愉快にユックリ休んでいます。俺の班に松井可一さんと言って住吉の下宮崎町の人で、県庁に出てあった人です。非常に仲良くしております。留守宅は奥様と坊チャン一人ですから淋（さび）しいでしょうと思います。松井可一君が奥さんへ手紙を出しております。お前のところへお出でになる事と思う。見えたならば奥さんと話してみなさい。松井可一君は俺と寝台を並べて特に仲よくしております。奥さんがお出でになったらば、話しておきなさい。おばあチャンも元気ですか。和良さんへはお悔やみを出しております。今日はこれで。サヨナラ。〔昭和17年3月15日〕

いつものお便り大変嬉しく拝見いたしております。手紙を受け取るたびごとに大変元気づけられます。允博も非常に元気で一間くらい歩き出したそうで、いたづらっ児が目に見えるようです。早く見たいものですが、花田の奥様方にも子供たちが大変お世話になっているそうですが、礼を出しておきましょう。店の仕事も少しずつやってくれているとの事、苦労を察します。体に気をつけて無理をしないようにしてくれ。

和良さんへは悔やみ状は出しましたが、お餅のお礼は忘れていた。すぐ出します。花田さんから種々慰問品を届けておられるそうですが、どうしようかと俺も考えている。発送してくれれば二十日間くらいで到着しますが無理に送らなくてよろしい。子供たちにでも缶詰などやってくれ。そうほしいとも思いません。給油も滋子の入学前ならよかったのですがね。もうほんとに暖かくなり写真で見るような防寒帽もぬぎ、戦闘帽をかぶるようになり防寒服はいよいよさよならです。近々新しい兵隊さんが来ます。取り急ぎお返事まで。送らないでください。では今日はこれで。サヨナラ。〔昭和17年3月19日〕

昨日は春季皇霊祭、今日はまた日曜日、二日続きの休みで昨日は慰問映画（ロッパの大久保彦左衛　門　外祖国に告ぐ）でした。今日はまた慰問の演芸が遠く北海道から来ました。舞踊や漫談などで大変愉快で大にぎわいでした。今日など大変暖かくなってプラス十度の春日和だった。毎日元気だから安心してくれ。おばあチャンによろしく言ってくれ。

それと滋子チャンの保険の掛け込みが来る頃だと思っているが、少しばかり送金いたしましょうか。三十円くらい四十円でもよろしい。延期期間もあるから、それ迄に給油になれば送らないでよいと思っている。とにかく滋子のは七月か八月までに払い込んでいたようにも思うが、はっきり覚えておらないから……。

それと送らないように言っていた小包、この頃は二十日くらいで到着いたしておるから済まないが送って

くれないか。実は白水兵長や松井君にはいつも戴くばかりでお世話になっているから、何かある物でよいから頼む。お湯はいつも沸いているから、あればミルクも一緒に頼む。今度まで一回お願いする。では面倒ながら頼む。さよなら。〔昭和17年3月22日〕

　三月十七日の便り受け取りました。皆大変元気だそうで何よりだ。允博が大変元気者だそうだね。公喜も話ができるらしいね。泫子も学校でいよいよ一年生ですね。皆体に注意してくれ。山本君のところへは葉書を出しておく。こちらも近頃ずっと暖かくなったが、まだまだ一定しない。昨日など相当の吹雪で一面銀世界となった。今日も雪は降らないが非常に風がつめたい。しかし防寒服は一切脱ぎました。もうここしばらくでしょう。

　非常に元気でご奉公いたしている。安心してくれ。内地は味噌のようなものまで配給だそうだね。一日六匁〔匁＝日本の尺貫法での重さの単位。ふだんは用いられないが、真珠の取引の際には国際的に用いられる〕で足りないでしょう。何もかも統制で帰ったら種々変わっているのに驚くでしょう。東公園へもお参りしてくれるそうで、忙しいのにありがとう。体が大切だから無理をしないように。給油もここしばらくのようですからがんばってやってくれ。東京へもだいぶ永らくご無沙汰している。そのうち便りをしておく

　町内の慰問文を下さった子供さんたちへはおみやげを上げたいと思っております。花田さんの所でしょう。商業学校からとして慰問の手紙を戴いたから返事を上げております。緑川さんの奥さんのお名前を知らせてください。では今日はこれで。さようなら。三月二十七日。

　この葉書の着くまで小包を送ってなかったら九寸江戸の火袋を一ヶ入れておいてください。破れないよう頼む。別に一ヶ入りますから。〔昭和17年3月27日〕

　今日は初めてヒバリの鳴き声を聞きました。寒い寒いとは言いながらやっぱり春になったかと思いながら、しばらく高く高く飛んでいるのに目を瞠ってながめました。今日はすみ子さんが沢山慰問品を送ってくれました。よろしく言ってくれ。竹田多助君が北支から手紙をくれました。君の事だからきっと他の兵に負けないよう元気でやっていると言ってきました。また奥さんによろしくと言って書いてありました。またお前も暇の時は竹田君へ便りをやっておきなさい。

　兵隊は手紙が来ていると言われるのが一番嬉しいものだ。昨日も日曜で愉快に休みました。毎日元気です。泫子もいよいよ学校へ行っている事でしょう。学校の方は文恵にしましたか。それとも泫子ですか。よく体に注意して子供たちを大事にせよ。泫子もよく注意して勉強させなさい。こちらも新兵さんがいよいよきます。では今日はこれで。さようなら。俺は毎日非常に愉快に元気です。おばあチャンによろしく言ってください。〔昭和17年3月30日〕

　今日は神武天皇祭〔毎年、神武天皇崩御の日とされる4月3日に天皇がその霊を祭る皇室の祭祀〕で休日です。半年振りばかりで雨が降っている。大変暖かくなった。今日もひばりが、春を喜び知らせるかの如く美し

禮子の修学旅行（京都御所の前で）

京都からの慰問袋に入っていた葉書

く鳴いている。菜の花盛りの内地を想像しているよ。滬子も元気で通学しているかね。喜んでいるでしょう。昨日山本義雄氏より葉書を戴きました。この絵葉書京都からの慰問袋に入っていたのですが、この写真は修学旅行でお前の写っているのがありましたね。あれはたしか御所の前だったようだ。おばあチャンも元気ですか。東京へも久しぶりに四、五日前手紙を出した。大変元気で張り切ってご奉公している。安心せよ。さよなら。〔昭和17年4月3日〕

　皆元気ですか。今日も俺は日曜で休んでいる。だいぶ暖かくはなったが、朝夕はかなり寒い。しかし手袋もいらなくなりました。毎日元気でご奉公いたしているから安心してくれ。おばあチャンも元気ですか。子供たちの御守りをして下さる姿が思い浮かんで来ます。給油も近まったようです。内地はすっかり暖かくなり、福日園もすぐ開くじゃありませんか。ピクニックやハイキングの良い季節になりました。公喜が喜ぶでしょうね。奈多ノ浜や糸島の方はほんとうに思い出します。滬子も元気で通学しておりますか。今日はこれで。さようなら。〔昭和17年4月5日〕

　おばあチャン、お元気ですか。大変暖かくなりました。西公園も今吉野桜が満開だそうですね。こち

らはまだまだ草の新芽が目に見えないくらいですが、出かかっております。まだ緑一色見る事はできません。一面枯れ木、枯れ草です。しかし五月になれば急に草木も春春となり六月になれば大変暑いようになるそうです。毎日非常に元気で務めておりますのでご安心ください。和良さんも大変親切にして下さるそうで、よろしく申してください。先日から慰問品も戴きました。允博が悪戯者(いたずらもの)で、お守りが大変でしょう。無理をされないよう体を大切にしてください。今日はこれで。〔昭和17年4月9日〕

　一日付の便りは受け取った。皆元気そうで何よりだ。浤子も元気で通学しているでしょう。松尾先生も持って来て下さったそうで良かった。城野君は病死だそうだね。お気のどくでした。隣組からも何か送って下さったそうで楽しみに待っていよう。允博が悪戯者でお守りが大変だね。しかし男の子は悪いくらい元気者でなくてはいけない。公喜は浤子と同じような気分ではないか。允博は壽賀子に似ているのでしょう。酒が飲めなくなったので喜んでいるんじゃないかね？　こちらもだいぶ暖かくなり、草木の新芽が少し出かかっているようだ。西公園の桜も今年は見られませんでした。俺は毎日元気でご奉公いたしているから安心してくれ。おばあチャンも元気ですかね。皆体を大切にしてよろしくやってくれ。今日はこれで。さようなら。〔昭和17年4月9日〕

　昨十一日、隣組よりの慰問品受け取った。礼状は早速出した。よろしく言ってくれ。さて変化の激しい大陸の天気、昨夜から非常な大雪で、今日は一面銀世界と化し、今なおしきりにいつ止むともなく降っている。しかし寒くはないようになった。つめたいだけで痛みを感じなくなったので凌(しの)ぎよくなった。非常に元気である。安心せよ。今日も日曜で休んでいる。桜井君の奥さんより便りが来ているのには、坊チャンを連れて福日園に遊びに行かれたように書いている。公喜や浤子を連れていったらどうだ。もうチューリップも盛りでしょう。花田洋服店の娘さんでしょう。房子さんと言いますが、一緒に五ノ組として手紙も戴きました。組合の畠もできているかね。暖かくなったので、きれいに野菜が出来るでしょう。今日はこれで。さようなら。〔昭和17年4月12日〕

　七日の便りは受け取った。毎日元気でご奉公いたしている。安心してくれ。さて先般知らせたように保険の事、允博の事と思って、金四十円也(なり)同封したから受け取ってくれ。ほかの金額の大きいやつは八月頃だったから、それまでに何とかご苦労だが出来るだけの事をやっておいてくれ。延期の出来る分は全部延期しておけ。家の事も都合の良い借り手があれば、万事取りはからってよろしくやってくれ。母上にもよろしく言ってくれ。お互いに体を大事にしてのご奉公が第一だ。母上を特に気付けて大事にせよ。今日は取り急ぎ送金通知まで。四月十四日。伊藤半次　れい子殿。

　今度住所が変わるので私物を返送する。受け取ってくれ。タオル、靴下、フンドシなど酒保で買った

のです。あまり持荷になるので送った。毎日大元気ですご安心ください。給油もたいして長くはならない
と存じます。体気をつけて待っていてください。おばあチャンによろしく言ってくれ。住所は判り次第通知
する。では取り急ぎ、今日はこれでさよなら。儔苹　れい子様。〔昭和17年4月14日〕

　今日（日曜）十日と十三日の便りを受け取った。いつもありがとう。こちらもほんとうに暖かくなったよ。
泫子も大変元気で通学しているそうだね。ずいぶん国民学校〔支那事変後の社会情勢によって日本に設けら
れ、初等教育と前期中等教育を行っていた学校のこと〕となり、むつかしいそうだね。良く気をつけて教えてい
くように。今の物の少ないおり、何かと集めて送ってくれるそうで楽しみに待っていよう。
　先日（十七日）馬出〔半次の実家の所在地［福岡市東区］〕よりの慰問品を受け取った。缶詰めなど沢山
入れてありました。母にお前からよろしくいってくれ。千恵子〔半次の実妹〕が便りをくれました。それには
「お兄様これは余談ですが、お姉様は相変わらずお美しくて人目をひきます。お兄様の戦地でのお気持
ちをお察しいたしますわよ?」など。さて山崎さんはご病気だそうだね。ひどいのかね。とにかく病気をす
るのが一番いけない。何もかも人から負けっちまう。そのてん俺は体の方は大元気だから安心してくれ。
毎日とても愉快に軍務に精励いたしておる。お前も一人で何かとご苦労だがしばらくだ。しっかりやってく
れ。お姉様、お兄様のお気持ちを察してください。アハハハ。〔昭和17年4月19日〕

　おばあチャン、お元気ですか。秀子サンが来ましたそうですね。久し振りの面会で私も大変嬉しく思っ
ております。今度元気で帰りましたら、ぜひ休みにいってもらいましょう。待っていてください。一日じゅう
子供のことでご心配のことと存じます。私はおかげさまで毎日元気でご奉公いたしておりますからご安心
ください。公喜がずいぶんいたずら者だそうですね。允博ちゃんもとても元気者らしいですね。何かとご
心配のことと存じますがよろしくお願いいたします。ではお体大切に。敬具

　出来ましたので、不出来で送りたくなかったですが、せっかく写したので服装だけでも見てください。
まるで匪賊〔徒党を組んで略奪や暴行、殺人などを行う盗賊〕の親玉です。ほんとはまだまだほんにやさし
いつもりですからご安心ください。アサヒ屋の主人も進級されたそうですね。私も隊の沢山の中から序列
は一番で一等兵に進級しております。何でも現在までは一番で頑張っております。近日中住所が変わる
かもしれません。竹田屋の九二七殿のおられるところ（牡丹江省）に行くのではないかと思っております。
確実なことはわかりません。その時はまたお知らせいたします。大変元気ですからご安心ください。ただ
いま事務室の仕事をやっております。今度は馬がおりません。自動車をやっております。運チャン組で
す。仕事は楽なものです。心配なく。なつかしい、れい子様　儔苹より。

　大変暖かくなってすっかり春のようになりました。昨日曜は赤い花のレターを戴き、戦友たちが奥さんの

色気の多い花のお手紙と言ってさわぎました。毎日元気でご奉公している。安心してくれ。公喜や允博も大変元気だそうで大変嬉しく思っております。万事ご苦労だがよろしくやってくれ。さて俺も今度ところが変わることになったから知らせておきます。変わっても送ってくれる物は受け取れますから心配なく。これが斐徳での終わりの便りでしょう。変わればすぐ知らせる。おばあチャンによろしく。白水氏も俺と一緒に行きます。別に変わったことはない。心配しないでくれ。

第**3**章

牡丹江省「梨樹鎮」へ移動

昭和17年（1942）4月 ⇨ 昭和17年9月（牡丹江省梨樹鎮 満州第3109部隊 山田隊）

力

「野戦重砲兵第23連隊抄史」「野戦重砲兵第23連隊写真集（以下、連隊写真集）」という貴重な資料を入手することができたおかげで、半次が所属していた部隊の動向や生活の様子がかなり明らかになりました。以下にその原文を転載させていただきます。

ソ満国境警備のために誕生した新設部隊

野戦重砲兵第23連隊の誕生

昭和17年4月25日、旧満州国東満総省梨樹鎮（現中国の東北地方の一寒村）において、野戦重砲兵第23連隊（通称号満州第3109部隊、のちの球第3109部隊）は、ソ満国境を警備するため新設部隊として誕生した。

部隊長は神崎清治大佐（福岡県出身、陸士28期）で、この新設部隊の指揮をとるため関東軍司令部付より転出、将兵は、在満各部隊（野砲、山砲、重砲、自動車隊など）および内地部隊より逐次配属された約900名の人員をもって編成された。全くの寄り合い世帯であったが、将兵の全部が軍隊経験者（現役および召集）だったので、部隊のまとまりは速く、初年兵は部隊結成6か月後に入ってきた。

編成当時の部隊の陣容は、部隊長・神崎大佐、副官・今里大尉、第1大隊長・小林少佐、第2大隊長・勝又少佐、第1中隊長・日出間中尉、第2中隊長・浜田中尉、第3中隊長・中村中尉、第4中隊長・滝沢大尉、第5中隊長・山本中尉、第6中隊長・山田大尉、高級軍医・山中大尉という面々であった。〔このことから、半次が所属していたのは第6中隊・山田隊だったことがわかる〕

部隊長（連隊写真集より）

部隊長（連隊写真集より）

将校団（連隊写真集より）

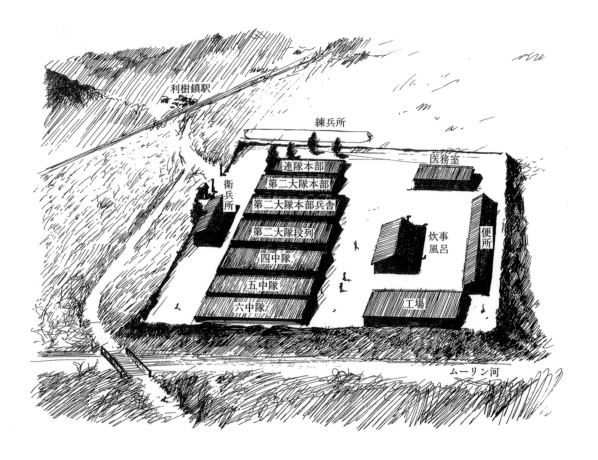

利樹鎮駅

練兵所

衛兵所

連隊本部

第二大隊本部

第二大隊本部兵舎

第二大隊段列

四中隊

五中隊

六中隊

医務室

炊事風呂

便所

工場

ムーリン河

ムーリン河

炊事および風呂場

一中隊

二中隊

三中隊

衛兵所

第一大隊本部

第一大隊本部の兵舎

兵舎図（連隊写真集より）

東部ソ満国境近くのさびれた一寒村

射撃演習（連隊写真集より）

　梨樹鎮は東経130度8分、北緯45度の所にあり、東部ソ満国境近くのさびれた一寒村であった。当時、赤色革命に破れて祖国を追われた白系ロシア人が、小さな炭鉱で一集落を形成して、ほそぼそと露命（ろめい）をつないでいた。

　周辺は低い丘に囲まれ、かたわらをムーリン河が涌々（わくわく）と流れているにしかすぎず、どちらをみてもまことになにもない殺風景な景色が目に入るだけであった。ムーリン駅も屋根のないホームだけの駅である。駅に降り立った者は誰しも、さぞがっかりしたことであろう。しかし、満州の広漠（こうばく）たる原野とその風景にひとたび接すると、内地では味わうことのできない何とも言えない壮大な気分を駆（か）り立てられてしまう。そこは、やはり大陸であるという実感がした。

　周辺の警備に当っていたのは、独立歩兵守備隊第26大隊（約800名）と憲兵分隊（約10名）だけであった。我が部隊は連隊本部と第2大隊〔半次の第6中隊含む〕がムーリン河のほとり、第1大隊がムーリン駅の近くと、兵舎の都合で分散されていた。その間隔は約3キロもあり、そのため連絡には何かと不便であった。

　また、兵器が揃（そろ）わないため、しばらくの間は徒歩訓練だけであった。ようやく半分の12門の火砲が内地から到着したことによって多少息づいたが、その後はまた途絶えてしまったため、部隊としてまとまった教育、訓練が出来ず、なんとかやりくりをしながら訓練を行なっていたのである〔この間にイ号動員があったが、未訓練と火砲の不足のために、残念ながらお流れになった。この時の行先はサイパンであったとのことだが、サイパンに行った部隊はのちに全部玉砕した〕。

司令部直轄の精鋭部隊

　我が部隊は新設部隊でもあり、部隊長は将兵の一人ひとりにまで、その人心の掌握（しょうあく）にとくに心をくだいていた。そのため、まず幹部将校（中隊長以上）を集めて軍規の厳正、将兵の意思の疎通をはかるようにと厳重な注意を与えた。

　毎日の教育訓練（兵器が揃わないので、もっぱら徒歩訓練であった）のかたわら、色々とレクレーション（演芸会、釣り大会など）が行なわれ、逐次部隊内の雰囲気が高まり、まとまってきた。これもひとえに部隊長の豪放磊落（ごうほうらいらく）な、面倒みのよい人柄もあらわ

野戦風呂はドラム缶（連隊写真集より）

部隊対抗演芸会の様子（連隊写真集より）

れている反面、細かい点にもよく気が付き、このため将兵は皆まるで自分の親父に接するような気持ちで心底から気楽に行動することができたのである（もちろん、大いに叱られたことも多々あったことは申すまでもない）。

また、幹部将校も部隊長のこの意をよく汲んで、部下の指導にあたった。この部隊長と将兵との強固な精神的な繋がりこそ、のちの沖縄戦における戦闘に遺憾なく発揮され、第32軍司令官・牛島満中将より感謝状を授与されるまでの精鋭部隊となり、米軍を最後まで大いに悩ませ苦しめ、勇戦奮闘したのである。

ムーリン河で中隊対抗の釣り大会
（安部又次郎氏：連隊本部　曹長）

昭和17年4月25日、野砲兵第24連隊より、野重第23連隊編成要員として梨樹鎮に着任した。部隊編成完了後、私たち経理部員は毎日のように食糧の買い出しと、兵器、弾薬、その他装備の授領で駆けずり廻っていた。衣服、靴などの修理は部隊に工場がないので、独歩26大隊と毎週月曜、金曜の2回、合同で作業することになり、各中隊より工務兵を出し、連隊本部指揮班の深見兵長以下40名で実施した。

兵舎はまだ完全に出来ていなかったし、連隊本部、第2大隊と第1大隊とが遠く（約3キロ）離れていたので、連絡に何かと不便でよく歩いた。入浴もドラム缶10本で、週1回だった。休日はよく本部の連中とムーリン河へ釣りに行った。河にはライ魚、草魚、コイ、ナマズ、ウナギ、フナと幾種類もの魚がおり、ときにはスッポンも釣ることがあった。満州の魚はいずれも大きく、中には2尺くらいのライ魚が釣れることもあった。

その頃、中隊対抗の釣り大会があって、部隊長より商品をいただいた中隊もあった。ムーリン河は冬季には河面がすべて氷に覆われ、その厚さも3尺に達するようになる。そうなると氷面が1本の道路と化し、自動車も馬車も自由に通ることができる。

また、5月頃には、雪解けと雨で河の水はますますふくれ上がり、場所によってはまるで湖のようになることもある。まことに偉大なる自然の力を見るようであった。とくに苦労したのは、梨樹鎮附近には日本の開拓団が入植していないので、野菜などの買い出しが思うように出来なかったことである。止むなく、現地の日本人商人に依頼してなんとか必要量だけ確保した。

梨樹鎮から届いた半次の手紙

　しばらくでした。かつて先日言ったように表記のところで毎日元気でご奉公いたしておる。別に変わった事もなく相変わらずです。安心してください。斐徳よりかなり大きい街です。ずいぶん昔の古い満人街です。種々（しゅじゅ）変わった面白い事も見物いたしました。前の斐徳（ひとく）はほんとうに淋しいところで、外出をしてもなんら店という店もなく、見るものもない。しようがないところでしたよ。これで変わったみやげ話がふえたわけです。

　体はいたって元気だから何も心配する事はない。送ってくれた物はこちらで受け取る事ができます。松井君にお願いしていたので便りが来たでしょう。白水兵長はこちらに一緒です。家の事はどんなふうですか。一人でずいぶん骨折っている事でしょうと察している。給油もたいした事はないと思うから、ここしばらくご苦労だががんばってくれ。泫子も元気で通学しているでしょう。暖かくなったので公喜や允博がますます悪戯（いたずら）をしておる事でしょう。充分体を大事にしてくれ。では今日は取り急ぎ通知まで。サヨナラ。

　おばあチャン、お元気ですか。内地はすっかり暖かくなりましたでしょう。泫子も午前中は学校でしょう。思えば早いものですね。この頃まで、ばあチャンのお乳をシャブっていたようですが、暖かくなったので悪戯坊主もますますばあチャンのお手を取っておる事でしょう。前原も皆元気のようですね。何よりです。房チャンもずいぶん大きくなったでしょう。先日の小包から和良さんへ褌（ふんどし）三枚、靴下三足ばかり差し上げ

てください。靴下は、ばあチャンのおひまのとき縫い合わせておるのをといてください。今度表記のところ
へ変りましたが、別に変った事もなく毎日元気でご奉公いたしております。変ったところへ行くと種々何か
と見物できて面白いものですよ。珍しいお話も沢山ありますから、おみやげ話にしておきます。家の事も
種々考えておりますが、ここしばらくと思いますから、ご苦労ですがよろしくお願いいたします。ではお体を
大事に。僖莘。〔昭和17年4月29日〕

キミヨシクン　オトシガフエマシタネ〔公善〔長男〕誕生日：昭和14年4月29日〕
マイニチ　イタズラバカリ　シテイルノデショウ
オバアチャンヤ　オカアチャンノ　イイツケヲヨクキクノデスヨ
マイニチサムイデショウ　サムイノデ　ヨワムシニナッテハイケマセンヨ　サヨウナラ

十六日の便りは昨二十九日梨樹鎮にて受け取りました。お友だち連れで新宮へ行ったそうだね。公喜
も行ったそうで大変喜んだ事でしょう。それとまた何か送ってくれたそうだね。今の物資不足の折柄ほん
とうに相済まぬ。ありがとう。もう一週間もすれば着くでしょう。楽しみに待っています。馬出からの小包
を受け取ってすぐこちらへ来ました。油工場給油の件もたずねていますが、確実な事がなかなかわかり
ません。どちらにしても山笠時分かとも思っております。工場が給油なしで休み続きで淋しいでしょう。い
ずれ配給になれば給油も沢山で多すぎるようになるでしょう。梨樹鎮は斐徳よりいくぶん暖かいようです。
奈多や新宮といえばほんとうになつかしくなります。ではまた。

知らせていたように送金も小包も受け取ったでしょうと思っている。靴下、輝は言ったように和良さんに
俺からと言って差し上げておきなさい。花田洋服店には変わったところは時候見舞い方々知らせている。
毎日こちらへ来て特に愉快に毎日元気でご奉公している。安心してくれ。新宮や奈多も良いでしょうが、
給油には船小屋か湯町のようなところが良くはありませんか。油工場の始まるのが待ち遠しくてなりません
よ。では体を大事にしなさい。サヨナラ。

元気かね。俺も相変わらず毎日元気だ。安心してくれ。今日三日は日曜外出で愉快に遊んできたよ。
数少ない満人の店、どこの何店も大入満員だよ。散髪屋、時計屋、菓子店、食料品や特に大浜のよう
なところが一列に並んで待っておるのだよ。何かちょうど配給品でも待つように僖莘（半次のこと）はちょっ
と恐ろしくて行けません。そっちだけはご安心のほど、誰かにおこられますからね。
　相変わらず甘党の方で、早速あん巻屋へ走り込み一列並びの一人となって約一時間くらい待ったでしょ
う。一レーナ銭だが一円程買い出した。ご承知の待つこと嫌いもすっかり気長になっちゃったよ。満人は
何をするにもマンマンで、急いで物事をやるという事はないんだ。歩いているのを見てもノソリノソリとちょ

うど牛が歩くようだ。日本人は横に連れて話して歩くでしょう。満人は縦に並んで歩いていく習慣があるのだよ。梨樹鎮（りじゅちん）へ来て急に暖かくなり、日一日と草木の新芽の美しさが目立って見えてきました。山には躑躅（チョクテキ）の花が咲くようになり、雲雀（ひばり）の声も毎日聞くようになりました。夜は湿地の蛙（かえる）が鳴いている。では今日はこれで体を大事に。〔昭和17年5月3日〕

すっかり暖かくなった。相変わらず皆さん元気ですか。俺も大変元気でやっている。昨週一日、日曜で外出をした。久し振りで戦友とビールを一杯やりましたよ。中洲のビール園をなつかしく思い出すよ。だがまたある時はこうした絵のように魚釣りもやっている。五、六寸もあるような魚が釣れるので面白いよ。これで愉快にやっているのを想像してください。こちらへ来て好きな絵が毎日ユックリ書けます。こうした絵葉書をこれから色々書いて送りますから、何か一緒に張って取っておいてくれ。また先で見ると面白いと思う。ではまた。梨樹鎮にて。

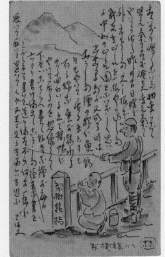

この絵手紙を最初に見た時、兵隊として戦地に行っても釣りを楽しむほどの釣り好きの祖父（半次）と、釣り好きだった私の父（次男允博）や伯父（長男公喜）、伯母（長女泷子）との共通点でした。幼かった伯父・伯母は戦地の父（半次）から届いた絵手紙を見て、自分たちも釣りをするきっかけになったのか、釣り好きの父の血を引いている証（あかし）なのか、そんなことを思いました。

　文面には「こうした絵葉書をこれから色々書いて送りますから何か一緒に張って取っておいてくれ」と書いてあったので、夫の生きた証として祖母（妻禮子）は亡くなるまで大切に持っていたのではないでしょうか。その絵手紙の最後は「また先で見ると面白いと思う」と締められていたので、祖父（半次）としては戦争が終わって家族の元に帰り、平和な時代にみんなで一緒に絵手紙を見返す日を夢見ていたのでしょう。

　ところで、戦地で釣り道具をどのようにして調達したのか、そんな疑問も湧きましたが、「野戦重砲兵第23連隊抄史」によって釣りの絵手紙の意味を知ることができました。

　この釣り道具は神崎部隊長が部下を思い、月給をはたいて釣竿を沢山買い込み、将兵に配給したものであり、部隊長が釣りを推奨したことがわかりました。「その当時、満人の集落への立ち入りができず、現地人との交流は禁止されていたので、暇さえあればムーリン河で釣りを楽しんでいた」との記憶が語られています。戦友たちと釣りを楽しむかたわら、半次にとっては好きな絵をゆっくり描き、家族にたくさんの想いを届ける至福の時間となったのでしょう。この時期から家族へ「戦地からの絵手紙」が頻繁（ひんぱん）に届くようになりました。

キミヨシ　ヨシヒロ君
オゲンキデスカ　アタタカクナリマシタネ
オネエチャンヤ　オバアチャン　オカーチャンノコトヲ　ヨクキイテ　ナカヨクスルンデスヨ
コノツギノヤスミニ　ケンジュツノオシャシンガ　デキマスカラ　オクリマスヨ　サヨーナラ

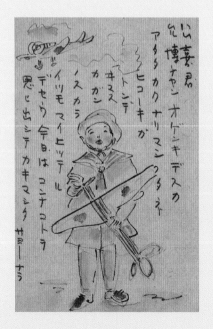

公喜君、允博チャン　オゲンキデスカ　アタタカクナリマシタネ
ヒコーキガトンデイマスカ　ガンノスカラ　イツモ
マイ上ッテルデショウ
今日ハコンナコトヲ思ヒ出シテカキマシタ　サヨーナラ

　お便りありがとう。滋子も学校はかなり良いそうで何よりだ。無理をしないよう注意して良く勉強をさしてくれ。小包も何か送るように書いているが無理に送らなくてもよろしい。こちらに隊で配給になり、お菓子など時々戴いているから送らないでくれ。別にほしい物もない。斐徳ではなかなか何でも買えなかったが、こちらへ来て酒保品も良く出るので少しも不自由なことはない。ただ、貯金が斐徳でのようにできないよ。今日はなつかしい仕事っぷり

を思い出しましたが、もうこんなちっぽけ
な事などやりたくないですが、どうしたも
のか考えている。明日は日曜でまた慰問
演芸がある。とうぶん小包はよろしい。

　二日付けのお便り受け取りました。子
供たちも大変元気な様子、何より結構
だ。お前も日曜祭日こうして非常に忙し
い様子、無理をしないよう大事になさい。
先日の演芸会に大変美しい女の人が並
んでいたのですが、満人と思っているよ
うですが、あれは白系露西亜人ロシアですよ。
私たちのいるところには満人も極く下層階
級の者が多く、農業をやって生活をして
おるような者ばかりです。あんな美しい
姑娘クーニャン〔若い女性を指す中国語の呼称〕はお
りません。現在のところなど山の中で日
本人は見ることができません。夜は狼の
鳴き声ばかりです。ときおり移民団の古

株さん（日本人）〔満州の広大な土地が開拓を待っているという認識が広くいきわたっていて、満州国が建国された
昭和7年［1932］以来、日本から小作人などを中心にたくさんの人々が移民していった。古株さんとは、そうした人た
ちのことか〕や女の人など見ると珍しくてみとれております。八面通の街までは二里もあるし、なかなか日
本人も珍しくなりました。異国で見るとなつかしいものですよ。ではまた。

新しいことを覚えるのに一生懸命 <small>（鈴木薫氏：第2大隊本部 軍曹）</small>

　梨樹鎮に来た時は、「ずいぶんひどいところに来たな‼　ここで冬を越すのかなあ」と戦友同志で話
し合った。「どちらを見ても知らない人たちばかりで、顔見知りは田部隆一（軍曹）、田原新平（伍長）
の両君だけであった。

　部隊にはまだ兵器が何にもなく、それが到着するまでは持参した兵器類と兵営の整備、その他の
勤務は徒歩訓練、軍歌演習の毎日であった。

　そのうちに、ぼつぼつと兵器が到着、それは96式15榴弾砲りゅうほうだん、6屯牽引車トンけんいんしゃ、96式重観測車などで
あった。それから特訓が始まったのである。牽引車の操縦は技術下士官の指導の下で、毎日衛門のす
ぐそばの練兵場で、ガラガラと砂埃すなぼこりをあげて走り廻っていた。

　私は元来、馬部隊出身であるし、機械には全く無経験であるので、牽引車でガラガラやっている連

中が何かうらやましい気持ちであった。やはり、馴れると機械は馬より楽である。また、観測教範を片手に新らしい器材の勉強に大騒ぎしだしたのもその頃であった。

　梨樹鎮で、その他とくに思い出すのは、白系ロシア人の見事な馬術を見たくらいのものである。あまり外出した記憶はない。それ程、あの当時は新らしいことを覚えるのに一生懸命だった。

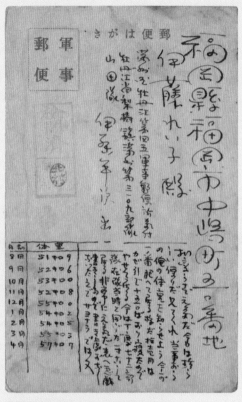

　相変わらず元気だ。今日は珍しい便りだ。見てくれ。当時からの俺の体重を知らせよう。今が一番肥えているようだ。十一月はカゼ引で十五日ばかり寝たのでやせている。今はちょうど七十二部隊在隊当時と同じだ。ちょっとこしている。非常に元気だ。表へ悪戯書きしたので書きどころがなくなった。これでサヨナラ。ではまた。〔昭和17年5月5日〕

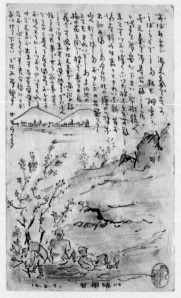

　おばあチャン、お元気ですか。しばらくでした。私も相変わらず元気でご奉公いたしております。ご安心ください。梨樹鎮へ来てすっかり暖かくなったような気がいたします。野山は青々ときれいな新芽が出始めました。今日はこの絵のような山へ行きましたが、アンズの花盛りでとてもきれいでしたよ。内地の梅の花と同じようで、香りの良い花です。泓子は元気で通学いたしておりますか。選挙でずいぶん忙しかった事でしょう。家の事などどうかと考えておりますが、レイ子がほんとうにしっかりやってくれるので元気が出ます。ご苦労様ですがしばらくです。充分体に気をつけてください。ではまたお便り、サヨウナラ。梨樹鎮にて。〔昭和17年5月7日〕

半次が所属していた「第6中隊・山田隊」は、ムーリン河のほとりに兵舎があったようです。この絵からは戦友たちとくつろぎながら、のどかな風景を楽しんでいることがわかります。同じ時期に満州にいた方（p.135の東野数雄氏の親戚、当時98歳）に絵手紙をお見せしたところ、遠い昔の記憶が蘇り、一面に広がるあんずの香り、キジ打ち、魚獲り、酒盛りをしたことなど楽しかった思い出を語ってくれました。昭和17年5月5日付の絵手紙が、色鮮やかな山ではなく茶色く描かれているのは、そこが鉱山であり、山の麓には工場や街があり、その場所に何度も訪れていたそうです。また、梨樹鎮の街からは二つの山が見える景色が特徴的で、当時の様子がわかる非常に精巧に描かれた絵だと教えてくれました。

二十七日の便りは受け取りました。選挙事務所で大変忙しかったそうで、お前たちの苦労が目に見えるようです。無理をしてはいけない。体に気をつけてくれ。俺も毎日大変元気でいるから安心してくれ。立帰 天満宮〔西公園〔福岡市中央区〕の坂道の途中にある小さな神社。その名称から、船乗りの航海安全祈願や、戦時中には出征兵士の無事を祈るために参拝者が訪れた〕へは忙しいのにお参りしてくれるそうでありがとう。西公園は今盛りで美しいでしょう。あの押し花にも誰かの心が通じているようで、ほんとうになつかしく思い出しました。あまり忙しくて、つかれが出ないかと心配している。何分体に注意してよろしく。ではまた。〔昭和17年5月9日〕

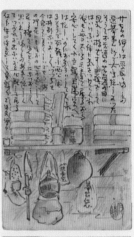

皆元気ですか。昨十日は久し振りで慰問の映画を見る事が出来ました。一般戦況ニュース並にエノケンの「巷に雨の降る如く」〔昭和16年［1941］8月に公開された映画〕という喜劇映画で朗らかに笑いました。同時にまた中洲の劇場がなつかしくなってきましたよ。毎日大変元気で過しております。これも熱心にお参りしてくれるお前たち、お祖師様のおかげと感謝している。これから暑くなるので子供たちを特に気をつけて大事に美事よろしく。ではまた。〔昭和17年5月11日〕

皆元気ですか。私も大変元気でいます。ご安心ください。さて昨十二日待っていた小包受け取りました。早く着いたようだが住所が変わったため、受け取るのにちょっとひまがいったようだ。いつもありがとう。沢山なので楽しみに戴いています。この頃ちょっと甘い物がなくて淋しいので大変嬉しかった。特にミルクは久し振りに母チャンのオッパイにありついた訳です。熱湯はいつでもあるので何よりです。ちょうど同じ日に白水兵長殿にも送ってきて

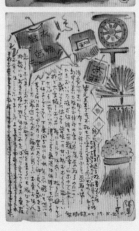

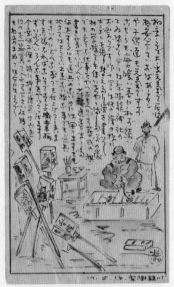

おったのでやったりもらったりで仲良く戴きました。最近なんだか福岡の新しいお魚がほんとに恋しくなりました。こちらでは毎日毎日何を煮るにも豚ばかりで肉類にはあきたようだ。うちで何かと不足ばかり言っていた肴類が全くほしくなりましたよ。終わりに葉書を送るよう書いていたが支給されたので取り消す。またいるとき知らす。

〔昭和17年5月12日〕

　相変わらず大変元気でいます。ご安心ください。おばあチャンや子供たちもげんきですか。こちらも毎日暖かい春日和が続いています。今日は梨樹鎮神社のお祭りです。昨十四日はこの絵のようにボンボリを張り替えたり、絵を書いて村の学校で手伝いをやりました。前の隊でも色々な仕事をやったもんです。葬式の旗書きなどずいぶんやり、花輪まで造りました。何をするにも道具のないのには困ります。でも地方ではとうてい出来ないような事でも、道具もないのにどんな事でも仕上げてしまいます。兵隊なればこそですよ。職業柄ずいぶんいろんな事をやっています。今度何か便の時に押し出し絵の具〔チューブ絵具〕の六色くらいのを一箱買って入れてください。いつも相済まぬ。では今日はこれで。〔昭和17年5月14日〕

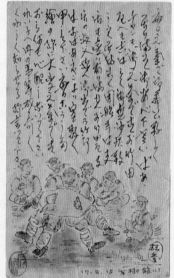

　毎日元気でご奉公いたしております。ご安心ください。ばあチャンもお元気ですか。竹田君へもしばらくご無沙汰いたしております。周船寺は支店も変わりありませんか。竹田君支店の叔父様お出での節は、おばあチャンよりよろしく申してください。毎日こうした絵のように大変元気ですから何も心配しないでください。れい子へ、うちの事など、なるべくくわしく知らせるよう言ってください。

〔昭和17年5月15日〕

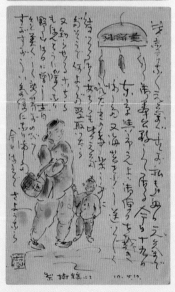

　皆変わりなく元気ですか。私も毎日元気でご奉公いたしておる。今日十九日、東京與市さんよりお便りを戴きました。また海苔を少し送ってくれたとの事、楽しみに待っている。あちらも皆元気だそうで何よりだ。受け取ったらまた知らせる。こちらもほんとうに暖かくなり野山は日に増し青々と美しく新芽がのびて、すがすがしい気候になりました。今日はこれでさようなら。〔昭和17年5月19日〕

毎日元気です。ご安心ください。今日は体格検査の体重を
またお知らせする。先月よりまた肥へている。四月、五十七・
七キロ、五月、五十八・八キロ、非常に体の方は丈夫である。
心配しないでくれ。おばあチャンへも伝えてくれ。来る二十四
日は慰問映画、江戸最後の日を観覧する事になっている。で
はまた。〔昭和17年5月20日〕

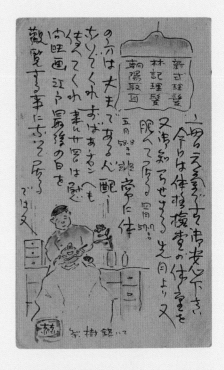

幸田金物屋へも便りを今日出しました。陣中の灯、十三日の
便りは受け取った。花田さんへは見舞を出した。福岡ホテルの
餞別の事は知らなかった。しかし今日礼状を出しておいた。泫
子も成績はかなり良い方で安心した。無理に勉強をさせないよ
う、体に気をつけてくれ。下司秀光さんも病気で亡くなられた
そうですね。松屋から仕入れた大旗桃色は、たぶん一円六十銭くらいだったと思う。二円五、六十銭の
ような気もする。確実に記憶しておらぬ。売値で考えてくれ。たぶん一円六十くらいと思う。ではまた。
〔昭和17年5月21日〕

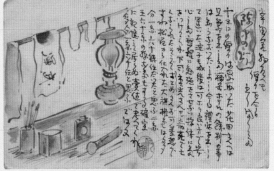

戦地に行ってからも絵の練習は忘れなかったのでしょう。上右の絵手紙は、上左の軍事郵便葉書
（陣中の灯）の構図を手本に描いたもののようです。絵の具は、手紙の中にも「絵の具を至急送ってく
れ」「良い絵の具が届いた」などと書いているように、慰問品で送ってもらったり、要望した物を送り受
けできていたようです。残された絵手紙の多くが大変保存状態が良く、色あせていないのは、提灯
の絵付けをするための良質の絵の具と、提灯職人として絵の具の使い方を身につけている職人技によ
るものだと思われます。

防具姿の半次と戦友

お便りありがとう。十日付のを十一日受け取った。かぜ引きで休んでいるそうだが、たいした事はないのかね。充分注意するんだよ。選挙の仕事でつかれが出たんだろう。松井さんの奥さんがお見えになったそうだね。比恵にお参りするように書いていたね。仲良くしておやりなさい。松井君もほんとに良い人で梨樹鎮へいつも便りを出してくれます。お前から奥様によろしく言ってくれ。サヨーナラ。突いたのがヒックリ返った猛練習。〔昭和17年5月21日〕

ヒロコチャン　ゲンキデ　ガクコウニ　イツテオリマスカ
キミヨシチャン　ヨシヒロチャンノオモリモシテ　ナカヨクシ
オベンキョウヲスルノヨ　サヨウナラ　〔昭和17年5月22日〕

ヒロコチャン　オゲンキデスカ　マイニチガクコウエ　イツテオリマスカ

オカアチャン　オバアチャンノ　イイツケヲヨクキイテ　オベンキョウヲスルノデスヨ

サムイ　マンシュウ　モウホントウニ　アタタカクナリマシタヨ

ウラノビワノ木ニワ　タクサンナッテイルデショウネ

オニワノイケニワ金魚がイマスカ

私ハ忘レテシマッテオリマス

病気ヲセヌヨウニナサイ

ヒロコチャン　タイヘンアツクナリマシタネ

ナツヤスミニナリマスネ

ビョウキヲシナイヨウニオベンキョウスルノデスヨ　サヨナラ

ヒロコチャン　オゲンキデ

ヨウチエンニイッテオルソウデスネ

ホンダセンセイカラテガミガキマシタ　オウマトヘイタイサンヲ

オボエタデショウ　オリガミトオテガミワ

タイヘンヨクデキテイマスネ　ヘイタイサンワ

ミンナデホメテオリマス

カゼオヒカナイヨウニ　ベンキョウヲシテ

マタナニカ　オクッテクダサイ　サヨウナラ

　本日二十三日、ぎすけ煮など入った小包受け取った。大変早く着いた。昨二十二日発送通知の葉書を受け取ったばかりだった。いつもほんとうに相済まぬ。特にサンデー毎日〔「サンデー毎日」は、太平洋戦争中の昭和18年［1943］2月からは適性語［英語］の使用が規制されていたため、一時期「週刊毎日」として発行していたが、昭和21年［1946］1月号から「サンデー毎日」に戻る〕など、戦友たちが喜んで読んでいる。甘い物も少しずつ分け合ってお互いに喜んでいる。袋のお豆は命令通り好きな者に分けました。僖荤さんはやっぱり誰かのがね……。花田さんへはすぐ出します。こちは今が一番良い気候だ。毎日大変元気でいる。安心してくれ。では通知まで。サヨナラ。〔昭和17年5月23日〕

　一昨日二十五日、東京より慰問品を受け取りました。煙草に玩具、味付海苔など受け取った。早速礼状出した。またお前便の時にはよろしく言ってくれ。相変わらず絵のように飯盒の飯も元気一杯平らげて元気旺盛だから安心してくれ。体は充分注意している。まだ一度もお腹をこわした事もなく、頭痛のするような事もなく至極張り切っておる。毎日今が一番良い時候だ。おばあチャンにもよろしく伝えてくれ。さよなら。〔昭和17年5月27日〕

慰問品を開けて喜ぶ兵士たち、飯盒（はんごう）の飯を美味しそうに食べる兵士たち、半次の絵の人物は、ほとんどが笑っています。とにかく元気な明るい姿を送ることで、残された家族を安心させようとしただけでなく、楽しませ、励ましていたのだと思います。

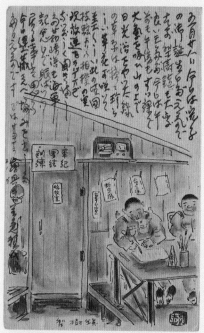

五月二十八日、今日は滋子のお誕生日〔滋子［長女］の誕生日［昭和10年5月28日］〕だ。元気ですか。梨樹鎮も大変良い天気だ。今日は午前も午後もすっ裸で大気を吸い、山の上で日光浴をやった。緑の草原は種々珍しい草花が咲いて美しい。この頃、国技館よりの相撲の実況放送をラジオでなつかしく聞きましたが、箱崎浜も海軍記念日〔5月27日。明治38年［1905］に行われた日本海海戦を記念して設けられた記念日。第二次大戦後に廃止された（にぎわ）〕で賑っている事と思う。今日健蔵さんへ悔やみを出した。毎日元気です。ではサヨナラ。

絵の具を至急頼む。〔昭和17年5月28日〕

キミヨシクン　ヨシヒロチャント　ナカヨクアソンデイマスカ
オイタヲシテモ　ナイタラ　ヘイタイサンニナラレマセンヨ
オミヤゲヲ　タクサンモッテキマショウ　ナニガヨイデショウ
オヘンジクダサイ　サヨナラ　〔昭和17年5月30日〕

十九日付の便りは受け取りました。大変子供たちも元気だそうで何より結構だ。今年も裏の空地に何かを植えているそうだね。先日花田さんの手紙にも、お宅の南瓜が昨年は大変良く出来ておりましたから、今年は何をお植えになる事かと噂（うわさ）しておりますと書いてあった。相変わらずで南瓜にトマトだね。公喜の手紙ははいってなかったようだ。返事を書いて一諸に出す。山崎さんへはアサヒ屋へお見舞いを出しました。こちらは水が大変悪いので生水は全く危険です。絵のように夏でも熱湯でないと飲めませんから、湯沸場があってこれに当番が付いて食事前には沸かすのだ。何と言っても体が大事だ。充分健康に注意しなくてはいけない。明日は日曜だ。また写真を写して送りましょう。今日はこれでサヨナラ。バーチャンによろしく。
〔昭和17年5月30日〕

お便りいつもありがとう。内地はすっかり暑くなったでしょう。ここ満州も緑したたる初夏の候です。こうした鈴蘭がとてもきれいに今を盛りに咲いている。四周の山山はすっかり緑の装いをこらし、頬（ほお）をかすめる涼風は、吹き荒ぶ零下の酷寒期（こっかんき）がどうして来るかと思われるようです。鈴蘭。〔昭和17年6月3日〕

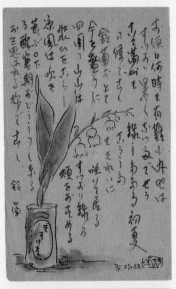

暖かくなるにつれ大変日が永くなった。夜は九時迄はホンノリと明るい。朝は三時半になるともう山蔭はいくらか明るみを感じるようだ。内地と一時間は充分違う。夜明けは非常に冷える。日中は大陸特有の暑気がポツポツやって来たようだ。毎日こうした絵のように警備に訓練に至極元気でやっているから安心してくれ。おばあチャンも元気ですか。公喜や允博チャンたちの笑顔が見たいものだ。ではまた。〔昭和17年6月3日〕

拝啓、初夏の候と相成りました。その後奥様にはお変わりもなくお元気にてお暮らしのことと、遠い満州の空よりお察し申し上げます。田島や伊藤君も元気にて毎日訓練に励んでおりますゆえ、何卒ご安心ください。○○を出発してからずっと伊藤君と一緒に寝て物語りを語っておりますよ。また消灯のラッパが鳴ると一緒に小便に行き、その時に月を眺めて郷里のことを思い出して、また二人とも寝て明けの起床ラッパに目を覚まして訓練に励んでおります。ではこれにて失礼いたします。佐様奈良（さようなら）。草々。起床ラッパ。〔昭和17年6月4日〕

これは半次の戦友から禮子へ宛てた手紙ですが、葉書の絵は半次が描いています。○○は原文通り。意図的に場所を伏せているようです。

お便りありがとう。今年も枇杷が沢山なっているそうだね。子供たちが喜んでいるでしょう。私のところでは果物など全くありません。斐徳では大きな柿だったが一個が八十銭しておったようだ。蜜柑は缶詰があるので隊内酒保で時々売ってくれる。生物は全くありません。サヨーナラ。〔昭和17年6月5日〕

子供たちが枇杷に手をのばす絵が描かれていますが、戦地では愛する子供たちの成長を見ることはできません。もちろん生後半年の次男（父允博）が立った姿や姉弟仲良く遊ぶ姿を見たことがありませんので、子供たちが遊ぶ姿などは全て想像で描かれています。戦争の極限状態の中で家族を想い、手紙をしたためる時間は穏やかでいられる時間であったと想像します。

おばあチャンお元気ですか。内地はすっかり暑くなりましたでしょう。例の大掃除大変忙しかったことでしょう。何かとお骨折りの事と存じます。バーチャンの元気なお姿を浮かべて便りを書きました。公喜や允博が大変悪戯者だそうで毎日お疲れの事と存じます。お体ご大切に。サヨナラ。〔昭和17年6月6日〕

義母（ツギ）宛の手紙も多くあります。成長する我が子のお守り、家族への気遣いを感謝し、健康を気遣う内容のものがほとんどですが、時にはこのように明るい絵を描くことで、義母の気持ちを解きほぐしていたのではないでしょうか。

お母チャン。この慰問袋へ入ったらお父チャンのところへ行けるの。僕お父チャンの戦争シテルの見たいなあ。ではまた。サヨナラ。
〔昭和17年6月7日〕

子供をあやす妻、仲良く遊ぶ子供たちの姿など、家庭では当たり前に見られる光景が戦地では見られません。軍事郵便では「帰りたい」「会いたい」「戻りたい」とは書けなかったのでしょう。息子の言葉に代えて想いを伝えています。自分が会いたいという気持ちは息子もきっと同じ思いだと……。半次〔祖父〕の気持ちを考えると切なくなる絵手紙です。

今日は日曜で外出す。この二、三日天気が面白くない降ったり照ったりのむし暑いお天気で、帰りも雨に降られちゃって小走りで急いで来た。こうした絵のような洋車に出会ったよ。乗ってみるとなかなか良いものだ。内地の人力車だね。写真屋が休みでまだ写っていない。そのうち写ったら送る。毎日元気です。ではまた。サヨナラ。
〔昭和17年6月7日〕

ヒロコチャン

オテガミアリガトウ、

キンギョワ　キミヨシト　ヨシヒロチャンノ

オモチャデショウ、

センスイノナカデ　オイタヲスルト

スベリコロンデ　キンギョガ　ワライマスヨ

ウラノビワガ　タベタクナリマシタ

サヨナラ　〔昭和17年6月8日〕

今日は大変霧がかかった朝だったが、お天気は大変よくなったようだ。一雨ごとに暑くなって行くようだ。毎日非常に元気で軍務に精励いたしている。本日は御賜のたばこ〔太平洋戦争時、天皇よりご下

賜された菊のご紋章入りのたばこ。最高級品であり、これをいただくことは大変な名誉であった。「恩賜たばこ」ともいう〕を拝受いたしました。軍人たるの栄誉を一人深く感じまして大事にしまっています。そのうち小包にて謹送いたします。ではご通知まで。〔昭和17年6月10日〕

　昨九日小包は異常なく受け取った。思いのほか早く着いた。絵の具も良いのを送ってくれたのでこれから毎日面白いものが書けます。こちらで何よりの楽しみです。戦友や下士官の人たちから頼まれてなかなか忙しいですよ。今度、恤兵品〔金銭や物品を寄付して、出征兵士を慰問すること［新潮国語辞典］、恤は「あわれむ」の意〕として絵葉書はさみの大変良いのがわたりましたので記念の漫画を沢山描いてきます。日曜日にはこうした絵のように魚釣りもやっているがなかなか大きいのがかかりますよ。ここ二、三日降ったり照ったりで内地の梅雨を思わせるようなお天気だ。夜は湿地の蛙が鳴いている。ちょうど内地の田植え時のような感じがする。セロハン包みの長いお菓子、あれはよく考えて食べましたが、多分バナナの乾いたのではないでしょうか。きゅうりも切ってなつかしく郷土の香りに酔いました。ではまた。〔昭和17年6月10日〕

　　家族に向けてたくさん手紙を書いているのを見て、周りの人たちからも絵を頼まれるようになったのかもしれません。家族あての手紙だけでなく、半次が書いた絵手紙はきっと戦友の家族の心も癒すことができたのだと思います。半次の手紙に消された痕跡がないのは、検閲官（手紙をチェックする人）も含めて、半次の絵手紙を戦友たちも楽しんでいたのかもしれません。われ先に「描いてくれ」と頼まれている情景が目に浮かびます。

　大変暑くなりました。皆元気だそうで何よりです。こちらもただいま降ったり照ったりのむし暑いお天気が続いております。さて油工場の方も給油が近々あるそうで何より結構です。喜んでいる。しばらく万事よろしく、頼みます。先日言った御賜のたばこは送られませんので持って帰ります。では今日はこれで。サヨナラ。

皆元気ですか。日中はこちらも大変暑くなってきた。二、三日前から左上の歯が痛むので医師に診断を受け抜歯した。別に異常なし、心配しないでくれ。ただしご承知のとおりの歯槽膿漏の為に横の方がゆるむと、また後日体の為にも良くないと思うと入れ歯をしようかとも思っている。サンプラ三本ブリッチで十八円ほどだ。金は持っているがまたこうして在隊中ではあるし患者として扱われ帳簿にのるのも嫌いだし、いっそのこと帰ってからにしようかとも思っている。食べ物には苦痛なし。ではまた。〔昭和17年6月12日〕

歯の治療のことは手紙の中に何度となく登場します。子供の頃に祖母（禮子）から「おじいさんは歯が悪かったから、あなたも気をつけなさいね」と言われたことを思い出しました。祖父は若い頃から、歯については人一倍気にしていたようです。カタカナで「サンプラ三本ブリッジ」と具体的な治療法も示されており、当時の治療法や料金を知る貴重な内容でもあります。

ヒロコチャン　オゲンキデスカ

アツクナリマシタネ

ヨクオベンキョウシテオリマスカ　ナンデモオトモダチカラ

マケナイヨウニナルノデスヨ

キョウワ　アナタヲ　カキマシタ　サヨナラ

今日は日曜で休みだ。伝染病が流行り出したので外出中止、白水さんと午後は仲良く配給の話などで遊んでいる。白水さんへ手紙を出してくれたのでお守りも戴いたと言って喜んでおられた。これからまた便りを出す時は隣の隊だから山本隊として出す事。こちらもすっかり夏のようになって暑くなったよ。内地も梅雨頃でボツボツ悪病が出てくる。子供たちにもよく注意するよう。こちらも水が非常に悪い。飯盒など水汲んでしばらく置くと泥が下へたまるのだ。内地の水のありがたさが特に感じられる。白水さんは子供好きだが、いないのでお留守の奥様が淋しいそうです。〔昭和17年6月14日〕

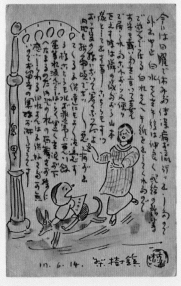

アメーバ赤痢発生！　責任を感じた軍医が自決

岡田敏継氏（第2大隊本部　衛生伍長）

　我が部隊は、全満各地より集めた新設部隊で錬度を高めるため、いよいよ演習、訓練に入った6月初め頃、突如として発生したアメーバ赤痢に大量の患者が第2大隊を中心に突発的に発生し、部隊あげての大騒動になった。

　演習はもちろん、外出も禁止となり、厠に不寝番が立ち、2回以上厠に入ったら翌朝軍医の診察を受け、入浴するにも醤油樽の消毒液で手、足、お尻の消毒を入浴当番が見届けないと入浴することが出来ない有り様であった。

　食器は飯盒を使用し、毎回煮沸消毒、朝の点呼時には軍医が立ち会って、列兵の顔色の悪い者は直ちに強制診察、医務室の前に天幕を張り、入院患者の集合場所を急造した。更に大量の患者発生に備えて、野戦病院の分院を臨時に開設したり、また師団防疫給水部からの応援があり、その時は軍医、衛生兵はまことに多忙を極めた日が続いた。

　先任軍医の山中大尉は、その間絶えず「責任を感じている。責任を感じている」と言っていたが、一応峠を越したある日の早朝、官舎において遂に拳銃で自決された。この一件は、表面上は過労による心臓病ということにして処理されたのである。

　山中大尉は満州事変にも参加された旧タイプの軍医であり、満鉄の病院長をしている時に応召〔呼び出しに応じること。特に在郷軍人などが召集に応じて軍務につくこと〕された鹿児島県出身の人で、その温厚さとともに責任感、信念の強い人であった。まことに惜しい軍医をなくした。アメーバ赤痢の発生原因は、炊事用井戸と便所の位置が近すぎて、汚水が井戸に流れ込んだためであることが、後になって判明した。

大変暑くなって来た。ここ満州では非常に気候の変化が激しく、暑くなるかと思うと急に鉄帽もこげるかと思われるような暑気が近頃続いている。上半身素っ裸で毎日猛烈な訓練に懸命です。顔背中真っ黒だ。大変元気でご奉公出来るかと思うと、こうした健全な体力を持っている事を喜ぶと共に何となく毎日愉快で感謝にたえない。

　山崎さんは近く病気でお帰りになるとか誠にお気の毒だ。人並みにご奉公が出来ないとは残念でしょう。こうした軍隊生活は志気旺盛に気力をしっかりと持っておらないと病気が出て来るのだ。気候急変なる土地では時に病気にかかりやすいのだ。時に軍隊では胸膜患者が多いし、また昨今では赤痢チフスなどの伝染病が流行するようだ。特に衛生に注意が肝要だ。何と言っても体が第一、元気でご奉公出来る事を喜ばねばいけない。ではまた。

　矢野善右エ門殿より便りを受け取りました。よろしく言ってください。中洲の火事の事など書いてあった。斐徳の松井君からも俺のところへお守り様のお礼も書いてきた。松井君の奥様へも一度お便りしようと思っている。お前からよろしく言ってくれ。毎日相変わらずで大変元気です。時々思い出したように髯剃り（ひげそ）りをやるがご承知のとおり牛蒡髯（ごぼうひげ）、手間がはぶけて助かりますよ。

〔昭和17年6月17日〕

　九日と十四日の便りは二十一日に同時に受け取った。皆大変元気なようで何よりです。増産部隊〔子だくさんの高田さんに対する羨ましさをユーモアたっぷりに表現している〕の高田さんは時々お帰りになるそうですね。チョックラやけますよ。高田花子さんへもよろしく言ってください。裏庭の白百合も満開だそうですね。美しいでしょう。先生のところで百合を書いたのを思い出した。こちらも芍薬（しゃくやく）や山百合、鈴蘭が今を盛りに咲いておる。日中は非常に暑く、黒い顔がますます黒くなりました。毎日大変元気だ。

〔昭和17年6月24日〕

　ごみごみとした昼の汚ならしい満人の家居（かきょ）を今夜も北満の月は美しく照らしている。叢（くさむら）に鳴く虫の声そのほかは何の音もしない。静かに夜は更けて行く。戦友たちも今深い眠りに落ちている。薄

暗い灯が寝顔を照らしている。その日の激しかった教練の事を思い浮かべているのか、故郷に思いを馳せているか夜は更にふけて行く。今夜は不寝番だ。こうした勤務が四、五日ごとに来るのだ。ではまた。不寝番。〔昭和17年6月25日〕

　至極明朗です。大陸的感化をつとめて受けて、短気とカンシャク玉は満州へ捨てて帰りましょう。ご安心のほど、文正さんも仏印〔フランス領インドシナのこと〕の奥とやら淋しいだろうと案じている。子供ただ一人で可愛そうですね。東京の叔父にもよろしくと言ってくれ。教練の間にはこうしたなつかしい仕事を二、三日やっている。手の痛むようにいっているが用心するよう。ではまた。〔昭和17年6月25日〕

ヒロコチャン　オベンキョウガヨクデキテオリマス

ヘイタイサンガ　ミンナデホメマシタヨ

ヅガモヨクカケマシタネ

オトモダチカラ　マケナイヨウニベンキョウシテ

マタオクッテクダサイ　サヨウナラ

リジューチンヨリ　一ノ五　エノモト　〔昭和17年6月27日〕

　子供の成長だけでなく、絵に描かれているような授業風景なども見ることができません。戦友たちも半次の絵を見て、離れ離れで会えない子供たちのことを一緒に思い出していたのでしょう。これらの手紙をもらった子供たちはどんなに嬉しかったことか、会うことのできない父親と唯一触れられる手紙が届くのをいつも心待ちにしていたと思います。

今日は日曜で外出し。いつぞや言ったように写真をとりました。二週間くらいしたらできるので送ります。ここ梨樹鎮では野菜屋は大変多い。色んな豆類からニラ、みつば、せり、ねぎ、小さな赤大根、キューリなど何でもある。先日贈ってくれたくらいのキューリがあったので値段を聞いたら一本六十銭と言うんだよ。俺の小さな目が大きくなったよ。高いのには驚くよ。陶器類でもうどん茶碗のふた付の内地で五十銭くらいのが一円九十銭から二円二、三十銭する。粗末な冷しコーヒーなど、並通コップ一杯五十銭高いのに驚く。ではまた。〔昭和17年6月28日〕

なつかしい博多の山笠も明日からはじまりますね。思い出せば早いもので当時わかれたお天神様がなつかしく浮かんで来る。お守り様は頂戴いたした。返事も出さずに相済まん。確かに受け取っている。白水様も大変喜んでおられる。白水氏もここ一週間くらいお腹をこわして弱っておられましたので、法性寺の妙符と後に送ってくれたのとお上げしたらだいぶ良いようです。近頃暑くなるにつれ病気が多くなったようだ。特に衛生に注意が肝要です。食べ物には特に神経持ちの方で食器などには特に注意し清潔にしている。まだおかげさまでお腹をこわした事は一度もない。非常に元気だ。しかし夏やせをする方だ。六月は一キロやせたよ

高田さんは雲仙行きだそうで羨ましくなりますね。だが喜平さんも遠からず行かれる事でしょう。夢遠からずですね。皆元気だそうで結構だ。紛失した写真は手元に持っているので、今度日曜に出来るのと一

緒に送りましょう。夏は滟子はじめ子供の事が気にかかる。良く注意してくれ。それと馬出の方にはうちへ出すように便りをしておらないから、その点考えて沢山手紙が来るようには言わないでくれ。金を送ってきた事も言ってはおらないでしょうね。梨樹鎮へ来て一度も便りがありませんから。ではまた。

〔昭和17年6月30日〕

　おばあチャン、その後はお変わりもございませんか。すっかり暑くなったそうですね。こちらも大陸の炎熱と毎日元気でたたかっております。非常に元気です。手紙が来ないので心配していたとか言ってきましたが、実はちょっと忙しかったので便りの間が遠かったかとも思っております。別に何も変わった事はありませんからご安心ください。さて和良さんも警部補となりご栄転の由、私も非常に嬉しく悦んでおります。住所がわかりましたらまた私からお便りでお祝い申し上げます。今度は少し遠くなりましたね。四、五日前、前原へ便りを出したところでした。今日はこれで失礼いたします。ではお大事に。

　近頃は毎日むし暑いお天気が続いている。非常に元気でおりますゆえ、ご安心のほど。ただいまこちらの野山には珍しい花が沢山咲いています。特に桔梗の花が美しく咲いていますが、ほんとに早く咲くものです。内地は秋にきまって咲くようですが、夜は螢が飛び出しました。かなりおるようです。ちょうど内地の山笠時分と同じようです。いよいよ真夏です。時候がら充分体に気をつけて。ではまた。

　おばあチャンお元気ですか。内地も祇園で一番暑い時候ですね。私も毎日大変元気ですからご安心ください。滟子も学校で午前中はおらないでしょう。公喜や允博が相変わらず悪戯をしてお手を取っておりましょう。充分体に気をつけてください。ではまた。梨樹鎮にて。日曜日。

　昨日、花田の奥さんよりのお便りを戴きました。先日見舞を出したのとぎすけ煮のお礼を出していたので、またそのお礼でした。幸田さんは赤チャンがおできになったそうですね。花田奥さんよりお宅が一人お負けなりましたよ。お帰りになりましたらドシドシご出産くださいませ。なんて面白い事を書いてありました。こちらも日中は大変暑くなりました。ご覧の通りの豚君もお腹が大きくてずいぶんきつそうです。外出をするとこうした豚君がたくさんだ。こちらはただいま内地の真夏以上の暑さになりました。でも毎日大変元気ではりきっている。ではまた。

近所の人や婦人会の方々から手紙や贈り物をいただいたことを報告している手紙は他にもたくさんあり、半次が近所の人たちや仕事関係の人たちと良好な付き合いをしていたことがうかがえます。

　毎日大変元気です。今日二十五日花田さん奥様よりの便りを受け取りました。さっそくぎすけ煮の礼状も出した。和良さんからも手紙を戴いている。周船寺へも健チャンへおとめさんの悔やみもちょっと出しておこうと思っている。給油は杖立だそうだね。見事あなたのお望み通りに、この絵は満人の街路靴修理やです。ではさよなら。

　靴屋で談笑する自分、人力車に乗る自分、写真を撮る自分など、現地で明るく過ごす姿を描いて、現地の様子を伝えています。遠く離れた異国の地での現地の人々との交流の様子を描くことで、のちに家族と見返した時に、海外生活の思い出を語りたいと考えていたのでしょう。
　多くの手紙の中に、いつか大陸で大きな商売をすることを思い描いていることも書かれています。

キミヨシクン　オネエチャントナカヨク　アソンデオリマスカ
アツクナリマシタネ　センスイノ　キンギョワ　オカアチャンカラ
タクサンカッテモライナサイ　オミヤゲニ　テッポウト
テツカブトヲモッテキマス　デワ　サヨウナラ

キミヨシクン　マイニチアツイデセウ　オゲンキデスカ
コチラワ　アサヤヨルワサムクナリマシタ
イマ　ヒマワリソウノハナガサカリデス　サヨナラ

　今日は七月十日の便りを受け取りました。葉書が来ないで心配していたそうだが別に病気をしていたのではありません。ご安心のほ

ど。抜歯もしておりましたが別に異常なく毎日大変元気でやっておりますし、便りは五日置きくらいには出してるはずですが、どうしてでしょうか、不思議に思っております。とにかく毎日相変わらず非常に元気ですからお返事いたします。和良さんも警部補となり栄転されたとの事、おばあチャンもさぞお喜びの事と存じます。竹田くんも坊チャンだそうで叔父さんもお喜びでしょう。とにかく何かにつけ心配してくれるのはありがたく思っている。こうした異国へ来ていると種々事情でおそくなったり不着などありがちと思うから、その点おふくみください。ではまた。〔昭和17年7月21日〕

　内地も本格的に暑気となり、子供たちも皆暑さにまいってはいませんか。病気せぬように充分注意してくれ。高田さんたちはまた温泉行きだそうですね。喜平さんもアキ子さんと近くお出でになるそうです。中洲や新道へも永らくご無沙汰してるそうだね。喜平さんがお出でになりましたら約一年以上大浜へもご無沙汰しておられるそうですから、その点おふくみの上よろしくお願いいたしますよ。早く言っておきました写真が出来ましたので封書でも送りますから受け取ってください。出来が悪いのですが毎日の元気な姿そのままですから近々、寿産通り横の井原サンのようになりますから。ではおばあチャンによろしく。ではまた。〔昭和17年7月21日〕

> 　アキ子さんとは妻（禮子）の戸籍名に子をつけた名前。また、喜平とは提灯屋で代々名乗られている主人名です。これらの名前を使うことで、近々戻ることができるかもしれないということを伝えてきています。このように文章を工夫したり、筆跡を変えたり、名前を使い分けたりすることで検閲を通り抜け、想いを伝えていたのです。

　十六日の便りは二十五日に受け取りました。多忙なところ東公園や立野、天満宮様へもお参りしてくれるそうで毎日感謝いたしております。東京の叔父も督三君と映画で逢えてお喜びだった事と思う。お前からよろしく言ってくれ。花子さんは駄目だそうですね。満点のアキ子サンをうらやましく思ってはありませんか。今度は大いに満点振りを発揮して戴きましょう。裏にはトマトや南瓜がずいぶん出来てるそうで新鮮な野菜類ほんとうにほしくなりますよ。こちらへ来て入浴など三日に一回です。それもほんとに汚くて困りますよ。自分の思い通りに設計した美しい入浴場がほんとになつかしくてなりません。毎日大変元気です。
〔昭和17年7月26日〕

「野戦重砲兵第23連隊抄史」にも、ドラム缶風呂で週数回程度しか入れなかったことが書かれています。妻がお風呂に入っている絵が、よく検閲に通ったと感心するしかありません。もしかしたら検閲官にも家族に送る手紙に絵を描いてあげたりしていたためチェックが甘かったのか、検閲官や上官も半次の絵を楽しみにしていたのではないかと、そんなことを想像します。

ヒロコチャン　ナツヤスミデスネ

フサコチャンノウチワ

トオイトコロヘ　ウツッテユカレマシタネ

マイニチ　ヨクオベンキョウヲ　スルノデスヨ

キシャニノッテ　ミンナデ

フサコチャンノウチヘ　ユキマショウ

サヨナラ　〔昭和17年7月26日〕

ヒロコチャン

ナツヤスミデスネ　オベンキョウト

オカアチャンノゴヨウナド　ヨクシテオリマスカ

キミヨシクンヤヨシヒロチャント　ナカヨクスルノデスヨ

アタシモ　タイヘンゲンキデスヨ

サヨウナラ　〔昭和17年7月28日〕

　いつもお便りありがとう。内地も今が一番暑い時ですね。思い出せばお盆前の店の忙しさ、それにつけ、おばあチャンのアア暑い暑いの声をなつかしく思い浮かべて便りを書いております。こちらも百余度〔この数字は「華氏」表記〕の炎熱も早峠を越したような気がします。朝夕特に寒気を感じるようになりました。暑い暑いもここしばらくです。夏と言う期間がほんとに短いのです。ただいま九時に薄暗く暮れ三時には夜があけます。夜の一番短い時です。お盆前店を済まして橋の上での夕涼みほんとになつかしくなってきましたよ。では今日はこれで。

〔昭和17年7月28日〕

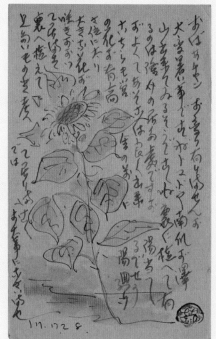

ひまわり

おばあチャンお変りありませんか。大変暑い事ですね。トマトや南瓜が沢山出来ているそうですね。裏に植えてあるのは隆介のいたところですか。陽当りがよくてあそこは良くできるでしょう。こちらも営舎の前にひまわりの花が背高さくらいに太り、大きな花が咲きかかっています。裏へ植えてみたいものと考えております。ではお大事になさいませ。

〔昭和17年7月28日〕

月光の便りは二日日曜に受け取りました。本年は四十年来の暑さとか、大変な暑さでしょう。満州でもずいぶん暑いが、その点、内地より夜の冷えるのはほんとうに寒いようになります。内地のようにムシ暑いいやな暑さはないようです。日中でも太陽の直射を受ければ焼けるようですが、日蔭へ行くと風がつめたいというのかほんとに涼しいようです。今日の日曜も雨降りです。

公喜たちもずいぶんあせこ〔あせも〕ができてるそうだね。でもお盆過ぎれば急に涼しくなるでしょう。ここしばらく皆がんばって病気しないよう注意してくれ。こちらも今月一杯です。九月は急に寒いようになります。水が悪いせいか大陸特有の悪○が流行していたがだいぶおさまりました。特に飲食物に注意してやっているからお蔭で毎日元気で過ごしているから安心してくれ。ではまた。

毎日大変元気でやっております。こちらもずいぶん暑くなり大陸特有の大夕立が毎日襲ってきます。暑くなるにつれ雨が多くなりました。草木も燃える猛暑とともに夜は大嫌いの蚊の野郎が攻めてくるようになりました。おばあチャンも充分お体ご大切になさいませ。

しばらくでした。皆元気ですか。昨日七日竹屋の叔父さんからお手紙を戴きました。坊チャンがお出来になったので、あちらも今までと違って大変にぎやかになったように叔父さんも大変お喜びのようです。早速お祝いのご返事を出しておき

ました。

　今年の山笠は六本とも動き、見物人も非常に多く盛大なものだったそうです。公喜君に見せましたか。昨年、大野眼科の帰り道、自転車で呉服町を見せたことをなつかしく思い出しています。相変わらず大変暑いことでしょう。充分皆体を大事にしてください。ではまた。〔昭和17年8月8日〕

　おばあチャン、お元気ですか。いよいよお盆も終わりますね。今日は十五日ですが、当時の忙しかったこと、懸命にお店の手伝いなどしていただいたことを思い出しております。本当にきつくもありましたがまた大変面白いものでした。今までに比べてさぞ淋しいことでしょう。今後も何とか方針を変えねば駄目でしょう。私も精神的、肉体的、大変良い体験を得ております。今後は前に倍して大いに努力する考えです。現在も特に体に注意いたしております。おかげさまでまだ一度も具合の悪いこともなく非常に元気、大陸やけで真黒です。見られたら驚かれることでしょう。では充分体に気をつけて。お大事に。
〔昭和17年8月15日〕

　いつまでも暑いことです。しばらく失礼した。皆大変元気だそうで何よりと喜んでいる。法子も房子チャンのところから帰ったことでしょう。今日はお盆の十五日、那珂川の夕暮れをなつかしく想像いたしております。ここ満州で今まさに陽は西におちんとしている。今時分、須崎裏から浜辺へはきれいな燈籠がさぞかし美しい事でしょう。遠い異国の満州より壽賀子の冥福〔次女・壽賀子命日〔昭和15年8月2日〕〕を祈りました。順正寺やご先祖様へは毎日お参りしております。

　こちらもだいぶ朝夕涼しくなりました。夜間は特に夜明けは寒いようです。暑いのも八月中で終わります。来月は急に冷えてきます。近頃好きな野菜が沢山出るようになり、キャベツ、キウリ、ナスビなど塩漬けの漬け物が戴けますよ。毎日大変元気ですからご安心ください。皆もしばらくがんばってください。おばあチャンへよろしく。〔昭和17年8月15日〕

　宮野さんより便りを戴きました。軍人会のことなどいろいろ知らせてきました。会員の人名など全部書いてありました。中島町には軍隊に行かず組ばかりですね。今度第二国民兵〔国民兵召集は第一国民兵召集と第二国民兵召集に分れていて、年齢の若い者より召集すると定められている。第二国民兵役の17歳以上21歳未満の者は特別の命令以外では召集されない〕も全部軍人会員となられたそうで、何でも全部で四十名のようですが、このうち軍隊へ行った人が四名です。それも新地が三名で本町へはありません。栄三郎君は高宮ですから、こちらへは入ってないようです。今度帰るとまた何かと忙しいだろうと思っている。時局が……ゆえ、もう軍隊の飯も食ってないとは人様の前で話にならないようになりましたからね。宮野さんへよろしく言ってください。ではまた。

ヒロ子チャン　フサコチャンノトコロヘ　行ッタソウダネ
オモシロカッタデスカ　モウスグ　ガッコウデスネ
コノエハ　アナタニヨクニテルデショウ
デワ　オゲンキデ　ベンキョウナサイ
サヨナラ　〔昭和17年8月18日〕

キミヨシクン　ゲンキデアソンデオリマスカ
オボンモスミマシタネ　ヨシヒロチャンヤ　オネエチャント
ラジオタイソウヲ　シテルソウダネ
デワ　オゲンキデ　サヨウナラ　〔昭和17年8月18日〕

　二十一日と二十二日の便りを同時に受け取りました。允博が病気だったそうで、さぞ心配した事でしょう。でも、だいぶ良いそうですね。大事にしてください。何と言っても子供の病気が一番心配ですね。ご苦労のほど察しております。おばあチャンは大変お元気だそうで喜んでおります。いつまでもおばあチャンへ心配をかけますね。気のどくでなりません。それもしかし誓文払い前頃までですからよろしく言ってください。

　おばあチャン大変ご無沙汰いたします。相済みません。色々うちの事も知らせてくれましたので良くわかりました。いつまでもご心配ばかりさせてほんとうに済みません。一日も早くゆっくり休んで戴ける日の来ることを心待ちに待っております。子供の事から家の事、毎日さぞおつかれの事とぞんじます。れい子のずいぶん骨折っているのがそこに見えるようです。何分しばらくご苦労様ですが万事よろしくお願いいたします。

　尊院出口の加藤の娘さんのように、思わぬ災難で、ああした一代働く事もできないような人を持ち、子供をかかえて苦労をしているような人も沢山です。そうした人たちから考えるとまだまだ気負けをしてはなりません。苦しい事、つらい事ほど後日の為良い体験でしょう。私もそうした気持ちで懸命にご奉公いたしております。皆に無尽〔口数を定めて加入者を集め、定期に一定額の掛け金を掛けさせ、一口ごとに抽籤または入札によって金品を給付するもの。頼母子講ともいう〕のことから色々苦労をさせるのもすべて私のいたらぬためと充分考えております。今度はずいぶん私も良い体験を得ました。支店の叔父さんからもお便りを

戴いておりますのでよろしく申してください。では時候の変わり。充分お体お大事になさいませ。サヨウナ
ラ。〔昭和17年8月27日〕

　相変わらず内地は大変暑いそうだね。しかしお盆も過ぎたので幾らか涼しくなった事でしょう。こちらは
朝晩は大変冷えます。ことに寒いような日はもう毛のシャツをきております。つめたい秋風がヒューヒュー
と吹き始めました。毎日大変げんきでご奉公いたしております。

　十四日付の便りは受け取りました。また家の事だが空いたそうで大変心配でしょう。何しろそれだけが
収入なので、それがなければ早速困るわけです。大変心配いたしております。毎月の支出が百五十円
近く必要なので苦労を案じております。その上無尽の掛け金までお前に払わしてほんとうに相済まぬ。お
前が働いてくれるそうだが、ほんとうに心苦しくてなりません。だが現在の所なんとかご苦労だが骨折っ
て貰わねばなりませんね。子供は三人もいるし母が反対するのも無理もありませんが、それも永くはない
と思っているからしばらくの間、万事お願いしておく。今まで店の事でも何でも人一倍良くできるのだか
ら、その点は務めに出ても安心いたしております。

　それと日切〔約束・契約などの日数を限ること〕の事ですが、今までかけていればしばらく中止してもそう
不足金にもなりはしないでしょうとお思っておりますから、何とかお前の良いよう取り計らってください。日
切の計算頃迄には喜平さんもお帰りになるとの事です。家の方も都合良くまた借り手があればと祈ってお
ります。

　ここに俺のお小遣いの残りが少しありますから、金四十五円書留にて送金いたします（九月三日）予定
ですから待っていてください。早くと思いますが通帳の都合でそれ迄待ってください。公喜たちも大変元
気だそうで何より嬉しく存じます。何分務めにでも出れば特に体を大事にしてくれ。俺の事は何も心配し
ないでください。元気です。〔昭和17年8月27日〕

ヒロ子チャン　モウ学校ガ初マリマシタデショウ
オニワノツキヤマニハ　コオロギガナイテルソウダネ
デワ　オゲンキデ　サヨウナラ　〔昭和17年8月31日〕

　それと組合の株金の事ですが、これもお前に聞いてみよう
と思っていたのだが、そのままうっかりしておりました。これも
高く引受け手のある事は間違いないと思う。一株五十円だった
ら買う人はあると思っている。それでなくても現在整理させる
とすれば払込金だけぐらいのものでしょう。また、整理を要求
すれば商売を完全に止めるという事を向こうに知らせる事にな
る。前の商売を止める事は今のところ知らせない方が良いと

思います。どちらにしてもここしばらくと思いますから、そのことはちょっと見合わしておきなさい。前にも知らせたように来月三日に四十五円送金いたしますから待っておいてください。

　いろいろ家のこと、商売のことなど方針を考えてはおりますが、やっぱり帰ってみなければ種々の情況が判断できませんから店のことも従来の職は到底駄目とは思っております。今後は一大改革を要することは必然でしょう。七転び八起きの決心で奮闘する考えです。こちらもすっかり秋になり、桔梗、女郎花など花盛りです。毎日大元気ですサヨナラ。〔昭和17年8月31日〕

　いつもお便りありがたく嬉しく拝見いたしております。また大変な颱風だったそうで心配だった事でしょう。でも何の変わりもなく無事で何よりでした。人一倍、不調法のお上手な方が屋根に上ったり大変だった事でしょう。子供たちも皆元気だそうで何よりです。何といっても帰って一番大きくなり目につくのは允博でしょうよ。ただ出る時は腹ばいになって寝かされたままでした。どこのおぢチャンかきまり悪そうにキョロキョロするでしょう。允博もスッカリよくなったそうで安心いたしております。

　内地もすっかり涼しくなったそうですね。こちらも朝はかなり寒気を感じるようになり野山のクサもいつか赤く枯れかかって毎日毎日黄く茶っぽくなるのがよく目につくようになりました。腹巻きは送らないでよろしい。慰問品など送らないでください。なんでも充分間に合っております。毎日大変元気で張り切っております。ご安心なさい。近頃ちょっと忙しくして便りを出せませんでした。ではお大事に。サヨーナラ。
〔昭和17年9月8日〕

　去る二日か三日でしたか、澄子さんが黒木の名物の飴を沢山入れて送ってくれました。お便りの節によろしく言っておいてください。私から御礼は出します。宮野さんからも写真（軍入会員諸君の登山記念）を新映画の雑誌と共に送ってきておりますからよろしく言ってください。松尾先生宅のお嬢チャンからも便りを戴いております。こうして遠く異国へ来ておりますと便りが何より嬉しいものです。おばあチャンもお変わりありませんか。時候の変わり時、充分お大事になさるよう申してください。では今日はこれで。サヨーナラ。〔昭和17年9月8日〕

　毎度お便りありがとう。子供たち外皆元気だそうで何より結構です。公坊も允坊も知子チャンの所へ遊びに行ったりしてるって。允博がもうそんなに大きくなっているのですか。なんだか夢のようです。月日の立つのは早いものですね。家事の方も万事都合よいとの事でご苦労の程察しております。無尽の掛け金も後一か年で終わるそうですね。ほんとに一人で心配をかけましたね。何分無理をしないように充分注意してください。それのみ心配です。毎日大変元気ですからご安心ください。油工場給油の件は何分お手やわらかに、私より特にお願いいたしておきますよ。サヨーナラ。

いつもお便りありがとう。そちらも九月になって大変涼しくなったそうだね。こちらも今朝は真っ白く霜が降っていますよ。今日は日曜です。午前中は俺の中隊と大隊本部との野球試合をやりました。子供のようになって愉快に試合をやり一点勝ちこしで勝ちました。何やかと毎日大変元気にやっておりますからご安心ください。十八日はまた隊の演芸大会が開催されます。大いに張り切って練習をやっております。くわしくはまた後日しらせましょう。

昨日電報為替〔電報による郵便為替。平成19年［2007］の郵政民営化による「ゆうちょ銀行」の発足に伴い、取り扱いが終了〕で四十五円送金しました。おそくなってほんとに済みません。お前も色々今後の事について心配してくれている事と思う。私もより以上種々考えてはおりますが何様こうといって確証もできませんから、そちらでまた何かおたずねしたことなど知らせてください。待っていますよ。裏の事とは隆介のところの事ですか。現在どうしておりますか。知らせてください。子供たちも元気だそうで何よりです。サヨナラ。明日また便りを出します。〔昭和17年9月13日〕

おばあチャンお元気ですか。お伺いいたします。種々家の事などご心配の事と存じます。昨日少しばかりですが私の御小使の残りを送金いたしましたから何かの足しにしてください。いつ迄も苦労ばかりさせてほんとに相済みません。実はお金も三日に書き留めで送るように手紙も同封するようにしておりましたが演習などのためおそくなりましたので電報で送金いたしましたので手紙が入れられませんでした

家もまた都合よく借り手があればよいがと念じております。何かにつけ考えは山ほどありますが、何様現在思うようになりませんから私の得るところの体験ほんとうに一生の良い試練となっておりますから楽しみに今後の私をきたいしていてください。大いにがんばって一日も早く安心して戴けるよう奮闘いたしますよ。では寒くなります。お大事になさいませ。サヨーナラ。〔昭和17年9月13日〕

しばらくでした。皆元気ですか。私も毎日大変元気でおります。ご安心なさい。先日ちょっと知らせました連隊演芸会も地方の人など多数の見物人並びに出演者などあり盛大に終わりました。私の隊のも出演の戦友たちが大いに張り切ってやったので連隊長初め将校連中も大笑いだったそうだ。博多二〇加を二幕やりました。写真屋が舞台出演中を写しております。外に終わって皆で写したのもできますから近日中に送ります。どんな写真か楽しみに待っていてください。明日も日曜です。白水さんと一緒に出かけるよう約束しております。ではまた。

〔昭和17年9月19日〕

演芸会の記念写真（後方左から3人目が半次）

キミヨシ君　スズシクナリマシタネ

アセコガナオリマシタカ

オネエチャンモガクコウヘ行テルノデ

オヒルハサビシイデセウ

オイタヲシテ　オバアチャンヲ

オコラシテハイケマセンヨ

ヨシヒロクント　ナカヨクゲンキデアソブノデスヨ

サヨーナラ　〔昭和17年9月20日〕

　皆元気だそうですね。大変嬉しく存じます。允博チャン
もすっかりよくなったそうだね。何と言っても病気が一番心
配だよ。大事にしてくれ。俺の事をあまり何かと心配しては
いけません。毎日大変元気で呑気に暮らしておりますから、安心していてください。お前の苦労にくらべ
てほんとに済まないと思っております。日々の生活に何一つ不自由はしておりません。毎日とても愉快です。
　泫子チャンも運動会で徒競走などやって賞品などもらったり元気だそうですね。走ることはお母チャン
似で不得手ではありませんか。アキ子さんも腹の虫が怒るといけないとかって、お出にならなかったそう
だね。お察しいたしますわよ。先日のたばこは一個白水さんに送ってください。東京の奥さんのところは
解っておりますか。僮苹さんもまた出張で来月中旬頃迄便りが出せないそうですよ〔家族に心配させまいと、
手紙が出せなくなることを「喜平」の名前を使って知らせている〕。別に心配しないでください。馬出の方はどう
ですか。こちらへ来て正博が百道海水浴へ行ったことを思い出しましたと書いて一度葉書をくれましたが、
そのまま何の通知もありません。皆元気のようですか。美代子や千恵子たちも働いておりますか。何かと
心配でしょうが、ここしばらく頑張ってください。サヨーナラ。〔昭和17年9月23日〕

　今日二十六日、十五日出しの便りは頂戴いたしました。皆大変元気だそうで何よりです。電報為替も受
け取ったそうで安心いたしました。すみ子さんへは御礼を出しております。ちょうど出張先で受け取りまし
た。帰る迄葉書が出せなかったので多分七日か八日に出したように思います。福重君の葉書も同封いた
してくれたので早速便りをいたします。毎日演習教練に元気でがんばっておりますよ。安心なさい。允博
や公喜も大変元気だそうで大変嬉しくなります。昨日中島町の六八番地高橋健一さんより手紙を戴きまし
た。それに町内での運動会の事を書いて僕や弟の博章もカケッコで一等でした。おたくのひろ子さんも
二等でした。たいそう元気よくかけました。皆ゆかいに一日を過ごしました。また次に変わったニュースを
お知らせします、とありました。よろしく言ってください。〔昭和17年9月26日〕

御賜のたばこも受け取っているそうだね。東京白水さんのところを通知いたします。東京市目黒区上目黒五ノ二六二二、白水幸子様宛で大至急に送ってください。白水さんのところは食料品屋さんですから、お菓子などたいして珍しくもないでしょう。ぎすけ煮のような物でしたら良いでしょう。山崎さんも広島迄お出でになってるそうで皆安心してあるでしょう。内地も種々変わった事ばかりだそうだね。玉屋も支那の方へ行くのですとか、今度帰ると驚くことが多いでしょう。もう我々も大陸の方へでも進出して大いに努力いたしますね。

　考えてみますに、どうも内地のようにコセコセしたところがなく暮らし良いようです。南方の方へでも行って大いに働く事です。その点は同感です。親戚の事など色々うるさい事もなく、隣近所の事も至極かんたんです。在満内地人の生活振りなど見るとほんとに気楽なようですよ。南の方か満州大陸か私も大きな希望を抱いております。何か大きな商売でもやりたいと考えております。何かしら葉書（手紙）の模様ではどこか務めているように思われますがこれから寒くなるので充分体を大事にしてくださいよ。ではまた。〔昭和17年9月27日〕

　おばあチャンその後はお変りありませんか。允博がまたちょっと病気でさだめしご心配だった事と存じます。何かにつけ一番ご苦労様とおもっております。私もあなたが特に達者でいて下さるのでほんとに嬉しく存じおります。寒くもなりますし充分体を大事にしていてくださいませ。私も人一倍元気で働いておりますからご安心ください。

　こちらでは一昨日早くも大きな大豆程の霰<ruby>あられ</ruby>がちょっと降りました。でもまだまだ大した事はありません。いよいよ酷寒期になると一本の釘でも地面へ打ち込めなくなります。来月はもうずいぶん寒くなりますが、一冬越して体験済ですからなんでもありません、ご心配なく。寒いお話はちょっと内地の人の想像もつかない事です。おみやげ話に持って帰ってお聞かせいたします。来月中旬頃までお便りができませんからご心配なく。もう野山の草木は赤く枯れ果ててしまいましたよ。今日も今まさに陽が西に落ちんとしております。今から夕飯、今日はこれで失礼します。くれぐれもお大事になさいませ。サヨーナラ。〔昭和17年9月28日〕

部隊のマーク  誕生秘話、部隊歌の誕生

　この梨樹鎮時代は、わずか6か月たらずの期間であったが、新設部隊として連日兵器、食糧および各装備などの補充、訓練に追われながら部隊としての活動ができるようになり、いよいよ訓練もこれからという時に移動命令が下りた。任務は隣村の八面通周辺の警備。つまり梨樹鎮での生活は仮住居で、この日の準備のために忙しい毎日を送ったことになるが、この時に部隊の基礎が培われたことは間違いない。

　また、梨樹鎮で忘れてならぬことは、部隊編成完了後、まもなく部隊のマーク〈カ〉と部隊の歌が出来たことである。マークは部隊長の頭文字をとり、歌詞は当時の第1大隊長・小林繁少佐（後日、野砲校教官に転出）の作によるもので、曲は従来からよく歌われていた「黒竜江ぶし」の曲をそのまま借用したものである。

神崎部隊の歌

一、　流れ豊かな　ムーリン河の
　　　岸の草原　吾が兵舎
　　　水を鏡に　髪面それば
　　　梨樹鎮娘も　一目ぼれ
二、　男度胸は　鋼鉄の弾丸よ
　　　伊たちにゃ執らない　この大砲
　　　起てば最後だ　生命をかけて
　　　砲兵陣地も「トーチカ」も
三、　可愛いい車の　手入れの空に
　　　今日も浮んだ　白い雲
　　　千里はなれた　この国境に
　　　神崎部隊を想え人

第4章

牡丹江省「八面通」へ移駐

昭和17年（1942）10月 ➡ 昭和19年（1944）9月初旬（牡丹江八面通軍事郵便気付 第3109部隊 山田隊）

八面通での部隊の動向

<ruby>八面通<rt>はちめんつう</rt></ruby>での部隊の動向

部隊の主な任務は東部ソ満国境の警備

（「野戦重砲兵第23連隊抄史」より）

野重第23連隊、八面通へ移駐

我が部隊は、昭和17年10月18日、東部ソ満国境の警備強化のため八面通に移駐することになり、じっくり腰を据えて沖縄動員までの満2ヶ年、連日の猛練習に明け暮れた。そして血と汗の結晶は、関東軍の精鋭部隊と<ruby>謳<rt>うた</rt></ruby>われるまでに成長したのである。この時期の満州は南方各地における激戦の状況とは異なり、まことにのんびりした雰囲気に包まれていた。

梨樹鎮より八面通へ移駐（連隊写真集より）

八面通は<ruby>梨樹鎮<rt>りじゅちん</rt></ruby>の隣村で、西方約20キロの地点にあり、国境線の中でも比較的重要な位置を占めていた。移動にあたっては、事前に一部の設営隊を派遣し、本隊は車両行軍演習を兼ねて隊伍堂々と乗り込んだ。その場所は八面通の町から東方約6キロの地点で、周囲は低い山に囲まれた開<ruby>豁<rt>かつ</rt></ruby>地で、ゆるい傾斜地になっていた。

衛門を入ると、中央に広い練兵場があり、それを囲むようにして各種の建物が並んでいた。兵舎は板張りのバラックで、土中に半分くらい埋まっている（防寒上の必要からこのような建て方をしたわけで、我々はこれを三角兵舎と云った）。まことにお粗末な建物であったが、砲廠（火砲を格納する所）と車庫

だけはさすがにがっちりと立派に出来ていた。これは兵器を尊重する軍隊の鉄則であったからである。しかし、周辺は手入れが行き届いておらず、手つかずのそのままの状態であった。翌日からさっそく訓練が始まった。訓練と並行して兵器の整備作業も始められた。

街は賑わいと活気に<ruby>溢<rt>あふ</rt></ruby>れていた

八面通の街は、梨樹鎮とは比較にならないほど大きな街である。周辺には、すでに各部隊が駐留して警備に当っており、砲兵団司令部（司令官・和田孝介少将、のち中将。沖縄で戦死）を始め、陸軍病院、陸軍軍事郵便局、高射砲部隊、<ruby>軍酒保<rt>ぐんしゅほ</rt></ruby>、兵士寮、そして我が部隊の<ruby>隣<rt>となり</rt></ruby>には、野重1014部隊（<ruby>輓馬<rt>ばんば</rt></ruby>15榴）などがあったので、八面通の街はなかなかの賑わいと活気に溢れていた。我が部隊は、八面通に来てやっとひとまとまりの兵舎に入ることが出来た。梨樹鎮での不便な思いをしなくて済むし、本格的教育訓練に没入することが出来ると、将兵一同張り切ったものだ。

軍隊生活の日課は、内地、外地の別なく同様である。しかし、外地の場合は、ところによって多少雰囲気が変わってくる。気候、風土によって大きく影響されるからである。いわゆる、南方ボケ、大陸ボケと云われるゆえんである。

満州もご多聞に漏れず、大陸的気候、風土により人間がおおらかになる。内地にいるように、こせこせしていたら1日も勤まらない。ノイローゼになるのが関の山だ。だから、少し大袈裟な言い方をすれば、民間では1日で出来ることを3日もかけるとい

うことになる。しかし、軍隊ではそれが通用しない。かえって、気合いがかかる状態である。

こんな不味い飯は生まれて初めて
中村与繁氏（第5中隊　上等兵）

「コーリャン」、その名は現代の若い人たちにはあまり知られていないと思うが、我々戦友の間では忘れることの出来ない懐しい名称だ。

大東亜戦争たけなわの昭和18年、召集を受けて東部73部隊に3日間起居し、途中歓呼の声に送られて一路故国をあとに、汽車に船に乗せられて、出発後8日目に満州の八面通という駅に着いた。朝の7時頃だったと思う。

初めて見る大陸の大自然の土を踏みしめる。東の空から昇って来る太陽、何とも言えぬ気持ちであった。右手斜面には同じような立派な家が沢山建ち並び、良いところだなぁ！　と思った。しかし、これは民家ではなく将校官舎であることを当時はまだ知る由もなかった。

引率者に連れられて行軍が始まり、小高い山を2つ越えて、ようやくして着いたところが第3109部隊であった。周囲の小高い山に囲まれたなだらかな斜面に広大な場所、そこに兵舎や練兵場があった。今日からこの兵舎に何年間奉公するのかなぁ！と思った。

まもなく各中隊に配属され、私は第5中隊分隊に割当てられ朝食となった。小豆色した美味しそうなご飯だ。満州でも入隊の日には赤飯で祝ってくれるのかなと思った。しかし、よく見ると小豆らしいものが見えないが満州の赤飯は変っているなと思いながら急いで口に入れた。

赤飯とはうって変った、とても不味い飯だ。こんな不味い飯は生れて初めてだった（私にとっては高粱を初めて見、初めて味わったのである）。しかし、こんな不味い高粱飯も入隊後3日もしたら空腹を感

ずるようになり、配食分の2倍もあればよいなぁ！と思うようになり、よく腹をすかせていた。

そんなある日（入隊後3ヶ月くらい後）の夕食後、鈴木上等兵殿が、「用事があるからちょっと表に来るように」と言われて、井戸小屋（分隊脇）の中に連れて行かれた。

行く途中に日常手落ちがあって、ビンタでも張られるのかと内心びくびくであった。ところが「腹が空いているだろう、沢山食べろ」と言われて出されたのが、飯盒一杯の高粱飯と沢山の焼肉だった。私は少し食べて同期の初年兵のことを思い出した。みんな私と同じように腹を空かしているだろうに、少しでもわけて食べさせてやりたいな！　と思ったが、軍律きびしい軍隊のこと、もしも他に知れたら私1人だけでなく、鈴木上等兵殿にも迷惑が及ぶと思い、同年兵には悪いと思いながら、1人で無理して平らげてしまった。

腹の中は高粱飯と焼肉で一杯、腹もはち切れそうになり、前にかがむのも苦しいくらいであった。以来1年半余、満州で高粱飯と共に鍛えられて体重も入隊後10ヶ月で、入隊当時の約2倍となり、自分でも驚くほど立派な身体になれた。高粱飯は、最初の口当たりは不味いが慣れてくると何とも言えない良い味がする、大陸的な風味である。しかも教育訓練が烈しくなり、身体を使うようになると、口に入れるものは何でも美味しくなるものだ。

八面通から届いた半次の手紙

しばらくご無沙汰いたしました。皆お元気ですか。私も相変わらず元気でご奉公いたしております。さて、早速ですが私の班長さんが東京の石屋さんですから、紋書《もんじょ》が習いたいとの事で毎晩書き方を教えております。お手数ながら机の右下の引き出しに入れていた昔の古い表紙もはずれた紋帳〔紋章の見本で、紋を集めて掲載されているもの。紋入れの際の見本に用いられる。「紋本」とも呼ばれる〕があったと思いますから、それだけ大至急送ってください。それと前、小倉の時送ってくれた胃健〔胃健錠〔龍角散〕のことか〕と言う薬があったら一緒にお願いいたします。ではまた。

おばあチャン、お元気ですか。近頃ちょっと出せなかったのですっかりご無沙汰いたしまして相済みません。おかげさまで毎日元気でご奉公いたしておりますゆえ、ご安心くださいませ。おばあチャンのお蔭で子供たちも大変元気な様子、喜んでおります。こちらはもうすっかり寒くなりまして耳が切れるようです。でも今日はまた風もなく暖かいお天気です。取り急ぎお伺いまで。お体充分お大事に。〔昭和17年10月27日〕

返事は大変おそくなって済みません。小包は八日頃でしたが受け取っております。沢山送ってくれてほんとにありがとう。それと染料はローダミン（ダルマの印入の長い缶）これが二十七円、ケズリ墨は一袋一円五十（運賃共）くらいと思うから知らせておきます。何かと大変ご苦労です。しばらくです。がんばってください。ただいま表記のところへ全部参りました。白水さんも一緒です。大変元気でがんばっておりますからご安心ください。襟章《えりしょう》も十日頃でしたか受け取っております。〔昭和17年10月27日〕

前原の吉積さんのところへは梨樹鎮でお便りは出しておりました。そのうちまた時候見舞いでも出しておきましょう。西瓜《すいか》の事は何も書いておりませんでしたよ。お前も書いて知らせたと思って忘れているのでしょうよ。うちの畠も大変良く出来ているそうですね。野菜作りもだいぶ上手になったでしょう。山崎さんもお帰りになるそうで奥さんもお喜びでしょう。蚊帳《かや》〔夏に蚊などの小さな虫の侵入を防ぐためのネット。麻などの目の粗い布を寝室の天井や長押《なげし》から紐《ひも》などを使って垂らして使われる。〕もなるべく早く送ってください。給油の順番が近づきつつありますから早く教えないと充分教える日にちがなくなりますから、近頃は何でも甘い

物があります。ほんとうに軍隊ならばこそと思っております。内地の子供たちより充分食っているでしょうよ。何一つ不自由な事はありませんから何も送らないでよろしい。胴巻きも不用です。送らないでください。では皆大事になさい。サヨーナラ。

おばあチャンお変わりありませんか。私も毎日大変元気です。今日は初めての降雪で一面真白くなりました。でも大した寒さではありません。誓文晴（せいもんばれ）も間近です。寒い事でしょう。体を特に気をつけて、お大事に。サヨーナラ。八面通にて。

ヒロ子チャン　オ元気デスカ　サムクナリマシタデショウ
アスワ明治節デスネ　学校モ式ガスメバ　オヤスミデショウ
今日ハ私ノトコロデワ初雪ガフリマシタ　イチメン真白デス
キミヨシクンヤヨシヒロチャント　ナカヨクシテオリマスカ
モウスグオ正月デスネ　カラダヲダイヂニ
オベンキョウナサイ　サヨーナラ

ヒロ子チャン　サムクナッタデショウ
セイモンバライモ　キョウデオワリデスネ
サムイサムイマンシュウデ　ヒロ子チャンヤ
キミヨシクンヤ　ヨシヒロクンノコトヲ
マイニチ　オモイダシテオリマスヨ　キョウワ
エンゲイカイノ　オモシロイシャシンヲ　オクリマシタ
カラダヲダイヂニナサイヨ　サヨウナラ

松島屋の生野さんからも手紙を戴いております。昨十七日花田洋服やの奥さんから沢山の慰問品を頂戴いたしましたからよろしくお礼を申し上げてください。私も早速出して置きます。こちらももうすっかり北満州らしい雪につつまれ、毎日が雪に暮れ雪に明ける酷寒期に入っております。地面は凍結し五寸釘一本打ち込むことは出来ません。先日の同じ写真が出来ましたので近日中送ります。取り急ぎご通知まで。僖萃。

毎日寒くなったでしょう。この便りの着く頃はおじいチャンの命日頃だと思います。満州から順正寺へお参りいたしましょう。それとその頃、泉という人がうちへ来てくれますから、私の事をよく聞いておきなさい。一緒にいた人です。ではご通知まで。

福岡県食肉卸商業組合事務所（伊藤半次名刺）

　第三内務班長、藤原伍長殿です。大変お世話になっている。こちらのお話を聞いておきなさい。メンソレータム大一ヶ、仁丹大瓶一ヶ、上履用アサ裏を一足（あればゴムウラ）、油の多いクリーム大一ヶ。大学目薬（ほか何でもよし）二ヶ。朝の飯のおかずになるような塩辛い物、塩昆布のようなもの何でもよし。前の切昆布もおいしかった。面倒ながら送ってくれ。別に不自由なものはない。特に必要なものがあるときは知らせる。甘い物は時々頼む。一緒に沢山送る事はいらぬ。少しずつでよい。

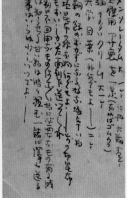

　時期は不明ですが、伊藤半次の名刺にメモが書かれていました。家族の元へ戻ることができないため、戦友から自分のことを色々と聞いて欲しいと何度となく知らせてきています。この名刺は、戦友に託した家族への伝言だと思われます。

　泯子チヤンお元気ですか。私も毎日大変元気です。いつもいつもあなたの事を思ひ出しています。寒くなった事でしょう。体に気をつけなさいよ。サヨーナラ。

　今日十二月八日、畏くも〔おそれ多くも、もったいなくも〕宣戦の大詔〔天皇が広く国民に告げるお言葉のこと〕渙発〔詔勅を広く国の内外に発布すること〕せられ、米英両国と干戈を交うる〔交戦する〕に至り、早くもここに一周年を迎えました。さて北満の兵営では戦友諸君と意義ある一日を幾多英霊に対し謹んで敬弔の誠を捧げると共に、ご遺族の方々並びに不幸病を得て、しかも再起奉公を誓いつつある幾多

勇士に対し、満腔の同情の意を表しております。昨日から降り出した雪で一面銀世界となり、大変な美しさです。零下二十七度まで降っております。毎日大変元気でご奉公いたしております。ご安心なさい。滋子や公喜、允博、皆変わりありませんか。お正月も間近でさぞかし楽しみにしている事でしょう。私も今日は外出せず班内で休んでいます。ではお大事に。〔昭和17年12月8日〕

厳しい軍隊生活が始まった！

大林義雄氏（第2大隊本部 兵長）

　私が八面通駅に到着したのは、昭和17年12月10日午前9時頃だったと思う。すぐに迎えの軍用トラックに乗せられ、ふた山越して満州第3019部隊に着いた。同勢約130名直ちに各中隊に配属、私は第2大隊本部指揮班第2分隊に配属された。班長は山本伍長、班付下士官は天田伍長、貝島伍長であった。

　古年兵は、938部隊（斐徳の野重15）よりの転属者が多く、なかでも関西人が多かったので、その言葉の違いで大いにまごついた。ソヤサカイニホカセ、ホンマニオモロイ、ブチワレ、アホカイナ、ウチョーイワンワ、アカンユータレなど関東人には耳慣れない言葉の連発で、非常に困ったものである。

　そして厳しい軍隊生活が始まった。

　1か月くらいたって、第2次初年兵が大量に入って来た。その頃、それまではランプ生活であったが、やっと電気が点くようになった。日中は演習、当番、衛兵、不寝番、使役などで追いまくられ、夜間は軍人勅諭〔明治憲法下で、天皇が直接下した告諭のこと〕の勉強、各操典の自習である。

思い出深い営庭の工事、植樹、土塀作り

　なかでも思い出深いことは、営庭の工事、植樹、土塀作りなどで、これは各中隊競争してその出来ばえを自慢しあったものである。中には公園のような立派な庭を作った中隊もあり、兵隊の中にはその道のプロが沢山いたことからも、なるほどとうなずけた次第である。

　植樹の時は、古年兵が国境付近まで演習に行って、帰りに白樺その他格好の良い木をトラックに積んで営庭に植えたりした。また、珍しく雨が降り続くと代用ゴム長靴が支給されたが、我々自動車班は車輌がよごれて、その手入れに大変な苦労をした。

　冬場には近くの河原で厚氷を割って、自動車のボディにシートを張って、その水を汲み上げて、風呂用の水を運んだことも何度かあった。入浴当番のときは、まず自分たちが入り、それから週番士官に報告、その後中隊全員が入る。後片付けをして中隊に帰ると大体午後9時の消灯ラッパが鳴る頃であった。そっと内務班に入り就寝する。

初年兵は辛いよ

　勤務につかない時は、これまた大変であった。検査、検査でやり直し、衛生検査、被服検査、とくに編上靴の手入れ、兵器の手入れはうるさかった。戦友の分まで面倒をみなければならなかったので、初年兵にはつらい仕事であった。2年兵になれば少しは解放されるが、初年兵が入らないと同じことになる。

　分課ごとの演習が始った。我が自動車班も基本操縦から始まって、応用操縦、道路行進などとエスカレートしていった。厳しい演習ではあったが何ぶん足があるので、八面通街、梨樹鎮、十文字峠（ソ満国境）など、各方面に行動できたのは楽しかった。また、八面通に兵士寮が竣工して、映画や演劇が行なわれた。我が部隊は「勝利の影」を演し物にして、拍手喝采を受けたことも楽しい思い出の1つである。

　いよいよお正月も近まりました。おばあチャンその後お変わりもございませんか。お伺いいたします。こちらもいよいよ寒期に入りまして、昨今零下三十一度まで降下いたしまして、ちょっと寒さを感じました。でも今年の冬は二度目で幾らかなれたせいか平気ですよ。ますます元気ですからご安心ください。先日から澄子さんが何かと慰問品を沢山送ってくれましたので、おばあチャンからまたよろしく申し上げてください。允博チャンが一番大きくなっているように目につくのじゃないかと楽しみに来るべき日を待っております。もういよいよたいした事はありません。先般出る時は允博も腹ばいえりをしていた時でした。過ぎてみれば早いもので、おかげさまで今では若い兵隊君のお蔭でこれという苦労もせず元気です。ではお大事に。

　福岡ホテルの長尾さんの奥様からお便りを戴きました。亥太郎さんも二国民の軍となって軍人会で鍛

われておられるそうです。私が帰ったら剣術防具を二組買って伊藤さんからけいこをつけてもらうと言って張り切っておられるそうです。関東軍の腕前を見せてやりましょうかね。アハハ……。亥太郎さんが一度も便りを出さないので伊藤さん気を悪くしてやしないかと言ってはおりますがと奥様のお便りでした。亥太郎さんもお前が知ってるとおりの主人ですからね。先日便りのお礼を出していたので、また奥さんからお祝品のお礼が書いてありました。お前からまたよろしく。ではまた。〔昭和17年12月18日〕

ヒロ子チャン　オゲンキデスカ　サムクナリマシタネ
マイニチガクコウヘ行ッテオリマスカ
モウスグオ正月ニナリマスネ　オトウチャンモ　マイニチタイヘンゲンキデス
キングノ十一月号ノ表紙ニ　私ノアツカッテルモノガ　ツイテオリマス　ミテゴランナサイ
ナンデショウ　オヘンジクダサイ　サヨウナラ

お正月も大変元気で無事に過ごしました。ご安心ください。私も何やかやと新兵君の教育で忙しい日常です。大いにがんばってやっております。それと忙しいのに大変でしょうが小山町の荒井表具材料店へ行って、前に私が玩具の絵を書いておったような風雅な紙を（新聞紙広さにして六枚分）買って大至急送ってください。あなたが見計らって同じ紙でなくてもよろしい。薄水色か肌色のようなきれいな紙なら何でもよろしく。それと同時に私の書いた玩具の絵を、きじ車、コケシ、ツバキの花の扇面に書いたものもあったと思いますから一緒に送ってください。その時、しきしに書いたのを何でもよろしいから四、五枚送ってください。但し松尾先生の分は送らないでください。何分大至急に着き次第送り出してください。

今日は取り急ぎ忙しいから失礼します。しきしに書いたのは気陽さんの字を書いたのでよろしく。私の書いた馬の絵は送らないでください。

おばあチャン、泫子チャン、公喜、允坊君、おめでとう。お元気ですか。私も大変元気です。お正月を迎えました。ご安心ください。満州も今日元日雲一つない晴天の良いお天気ですよ。サヨーナラ。正月二日画。

お便りありがたく拝見いたしました。なつかしいニュース、戦友たち

は取り合いで大喜びです。皆さんも大変お元気で何よりとお喜び申します。今日は正月二日です。銃後の皆様方のお陰で私たちも大変元気で良いお正月を迎えております。取り急ぎお礼まで。サヨーナラ。ではまた。

　おばあチャン、お変わりもございませんか。お伺いいたします。私も大変元気です。斐徳におる時のお正月とまた違って、今年は大変楽な良いお正月を迎えました。内地もだいぶ寒い事でしょう。こちらは相変わらず毎日零下三十度平均です。見渡す限りただ真白何ものもない、寒いばっかりです。うちの美しいお風呂場、毎日思い出しますよ。どうせ西公園のお山の賑やかになる頃でしょうと思います。お大事に。〔昭和18年1月〕

　ヒロ子チャン　オモチヲイタダイテ　マタトシガフエマシタネ　モウスグ二年生ニナリマスネ　マイニチゲンキダソウデ　私モ大変ヨロコンデオリマス　キミヨシチャンモゲンキダソウデスネ　ヨクオベンキョウヲスルノデスヨ　サヨナラ

　今日十三日、與市さんから便りを戴きました。緑川太一氏に便りをいたしておりましたら返事がありました。木水さん宅からも便りがありました。よろしく。今晩は今から映画（決戦の大空へ）〔1943年〔昭和18年〕9月16日に公開された日本の戦争映画。予科練に憧れた地元の少年の成長をテーマにしたもので、撮影は土浦海軍航空隊や土浦市内でも行われた。昭和18年〔1943〕に公開されると、主題歌の『若鷲の歌』とともに大ヒットして予科練の名を一躍有名にした。この映画を見て予科練に憧れ、志願した少年も多かったという〕があります。ただいま夕食を終えたばかり、みんな戦友たちは映画観覧の呼集を待っている。小生も待ちながら大急ぎでこの便りを書いている。二、三日中に正月二日に撮った写真ができるので送る。今度はどんなのができるだろうか。うまくできましたらおなぐさみ。ではまた。

　昨二十四日、和良さんから便りを受け取りました。今日はすみ子が博多へ行って帰ったとありました。それと隣組から慰問袋を戴いております。十三日の日でした。お礼は早速出しました。よろしく言ってください。あんたのかぜ引きはなおりましたか。やっぱり薬は給油でないと駄目でしょうね。送られるものなら……。無理をしないように大事に。私も近頃さっぱり外へ出ないので運動不足のようですが大変元気ですからご安心ください。ただいまも外は零下二十四度です。〔昭和18年1月25日、夜〕

　一日の便りは写真と紀元節に受けました。皆の元気な姿を見、ほんとうに嬉しく拝見した。前の写真に比べて子供たちの大きくなっているのに驚きました。特に滹子チャンはほんとうにお姉チャンになりましたね。公喜は相変わらず大頭だね。允博はどの写真もブルドックのようだね。障子の破れるのも無理はない。も一人のお方は相変わらず○○ですね。今日は休みです。今隣の室で当番兵のやるピンポンの音が笑ひ声と共に美しくピンポンピンポンと聞こえて来ます。今日はこれで。サヨーナラ。〔昭和18年2月2日〕

公喜君　允博チャン　オゲンキデスカ　私モタイヘンゲキデス
今日ワ　セツブンデ　オ豆ヲイタダキマシタカ
私モオ豆ヲイタダキマシタヨ
サヨーナラ　二月節分画　〔昭和18年2月3日〕

　決戦下第○回目の紀元節を元気で迎えました。みんなの元気な姿を想像いたしております。今日は初年兵諸君へ絵を書いてやり、のんびりと意義深い祭りを迎えております。外は相変わらず雪です。では、お大事に。サヨーナラ。紀元節、赫山人。〔昭和18年2月11日〕

ヨシヒロクン　オシヨウガツノ
オモチヲイタダイタンデ
トテモ大キクナリマシタネ
オカアチャンニ
ダッコシテルオシヤシンハ
タイヘンヨクデキテオリマスネ
オボウシモ　ケープモ
タイヘンヨクニヤイマスネ
オリコウチャン　サヨーナラ
八面通より
〔昭和18年2月12日〕

白水さんともお別れして約一ヶ月になります。ただいま奉天におられます。奥様にもちょっとお便りと思いながら、私がしばらく隊をはなれていたのです。便りもしておりません。ではまたサヨーナラ。

今日秀子サンから便りを戴きました。登紀子チャンもずいぶん大きくなっておりますね。先日送ってくれた写真、毎日出してはながめております。四日に送ったと言う小包はまだ受け取りません。もう近々来るでしょう。おばあチャンもお元気でしょうか。近頃、元気なおばあチャンの顔が見たくてなりません。〔昭和18年2月16日〕

小為替〔旧制の郵便為替の一つ。為替振出請求書を必要とせず、為替金と為替料とを郵便局の窓口に出せば小為替証書が交付された。昭和26年〔1951〕に廃止〕着きましたか。こちらも相変わらず毎日寒い風と雪より何ものもありません。でも毎日大変元気です。ラジオ電蓄は達者ですか。現在六百円から七百円くらいするとの事です。大事にしてください。なつかしいメロデーが聞きたくなりました。

〔昭和18年2月17日〕

おばあチャマ、その後は大変ご無沙汰いたしまして相済みません。お変わりありませんか。いつもご健在で非常に喜んでおります。私もただいまますます元気ですからご安心ください。ただいま夕の食事を済ましたばかりです。なつかしい内地からのラジオ洋楽の音が聞こえて来ますが、ほんとにうちの電蓄を思い出します。私のただいま勤務しているところはピンポン、新聞、ラジオ、将棋色々あります。今も珍しい支那音楽が聞こえます。西公園のお山の賑やかになる頃は好きな電蓄がいじられると思います。では充分お体に気をつけてください。さようなら。ではまた。

公喜チヤン允博君お元気ですか。おばあチヤンやお姉チヤンの言いつけをよく聞いておりますか。箱崎の放生会も終わりましたね。満州から毎日始まりから終る日まで思い出していましたよ。サヨーナラ。

〔昭和18年2月22日〕

いつもお便りありがとう。秀子サンの髪ですって。喜平さんはあんな髪はお嫌いだそうです。やっぱり好きな人はどうしていたって好きだそうです。ご心配なく、モダンは性に合わない方で、年とったお方がどうも合うとかって杖立が待っていますが、その時にと思ってつとめて倹約しておりますよ。保険金もずいぶん沢山でご苦労様、察しております。杖立の分と思ってただいま五、六十円は貯金があります。必要でしたらすぐ知らしてください。送ります。毎日大元気です。サヨーナラ、ではまた。〔昭和18年2月23日〕

しばらくご無沙汰しまして相済みません。皆大変元気だそうで安心いたしました。実はあまり便りがないので病気でもしてるのではないかと心配いたしておりました。私も毎日非常に元気ですから安心なさい。それと早速ですが、前に送った時計ですが、完全に修理ができて使用出来るようでしたら大至急送ってください。ただいま職務の都合で大変必要を感じておりますからお願いいたします。何かと忙しいでしょうが、おばあチャンによろしく申してくれ。

おばあチャン、すっかりご無沙汰いたしました。毎日大変元気です。ご安心ください。近頃私も絵の仕事が多くて、本月初めから毎日必要な絵を書いております。ずいぶん腕が役に立ちますよ。いよいよ春になりますね。彼岸も間近くなりました。悪戯坊主で毎日ご苦労様です。充分お大事になさいませ。サヨーナラ。

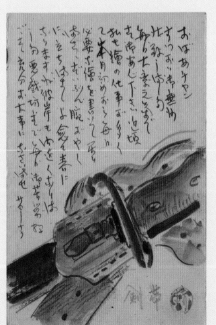

毎度何かと手数をかけて相済まん。扇面唐紙（せんめんとうし）、色紙は全部受け取った。大変早く着いた。善太郎君もビルマ行きとはご苦労だ。喜平さんは近々お帰りになるほうですから、宮野君もさだめし苦労をしておられることと思う。ここ二日ほど非常に暖かい日が続きます。内地はもう陸軍記念日が近づき、やがて暖かい西公園の山々は春を歌う頃となります。月日の立つのは早いもの、いよいよ給油の日が近づきつつあります。サヨーナラ。〔昭和18年2月19日〕

允博チヤン　オゲンキデスカ
兄チヤンヤお姉チヤント　ナカヨクアソンデオリマスカ
コノエハ私ノフユノオボウシデス　オシャシンデミタデショウ
サヨーナラ

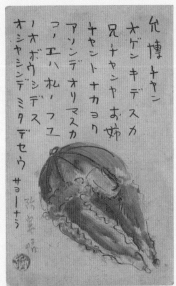

　三日のお便り受け取りました。皆元気で何より。小為替着きました
か。お知らせください。公喜や允博がずいぶん悪いらしいが、おば
あチヤンがご苦労様です。よろしく申してください。今太宰府の梅が
盛りでしょう。思い出しますね。毎日事務所の仕事で忙しいでしょう。
配給などだそうですが大変でしょう。儕苹さんからの給油の件です
が、多過ぎるくらい回しますからご安心くださいとの事です。ではサ
ヨーナラ。

　何かと忙しくてご無沙汰した。毎日大変元気です。安心なさい。
今日土師君へお返事を出しております。毎日夢を見るって……お察
しいたします。事務所もだいぶ忙しいようですね。無理をしないよう
充分気をつけてください。儕苹君は若い人は嫌いですって。ご存知
の通りメッキの必要なし。ではまた。

滋子チヤン
大分暖クナリマシタデショウ
私のところもオ昼ハいくぶん暖いようニナリマシタ
デモ夜ハ雪ガヨク降リマス　マダ一面銀世界デス
スグ陸軍記念日ニナリマスネ　毎日大変元気デス
サヨーナラ。〔昭和18年3月5日頃〕

公喜チヤン　允博君
毎日　お姉チヤンたちと仲良く遊んでいるんでしょう
おばあチヤンの言いつけを　よく聞くのですよ
サヨーナラ

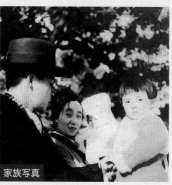
家族写真

キミヨシクン　イワタヤヘ
オカーチヤンヤ　オバーチヤント
イツテオリマスカ　オモチヤハ
イマ　ナンカイニアリマスカ
キョウワコンナエヲ
オモイダシテ　カキマシタ
デワオゲンキデ
サヨーナラ

　皆お元気ですか。今日は祭日ですから八面通の街まで二里近くのところを歩いて遊びに出ました。大変暖かい日です。私のおるところは前のところと違って山の中ですから大変不便です。切手一枚買うにも街まで行かねばなりません。写真をとらんばっかりに行きました。月末出来ますから送ります。ではまた。

　しばらくでした。お元気ですか。大変暖かくなった事でしょう。ここ北満にも春らしい気持がなんとなくするようになり、永い間の雪曇りもさよならのようです。今日も珍しく美しい空模様、水色の雲にはかすみのかかったような春の気分が一杯です。思い出す生の松原〔福岡市西区姪浜の海岸。元寇防塁跡がある。神功皇后が新羅遠征のおりに松を植えたといわれている〕糸島街道の春、内地の美しさを思い出しておりますが、あの菜の花咲く道、糸島バスにゆられるのはいつでしょうか。なつかしく想像しております。本日十五日、時計と菓子無事受け取りました。箱が破損し時計が見えておりました。よく落ちずに来たものと不思議なようでした。それとまた前に言ったようにお菓子は絶対送らないようにしてください。毎日大元気です。ではご通知まで。

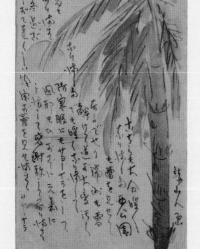

　こちらもだいぶ暖かくなりました。西公園も蕾を見せているでしょう。満州も雪解けで道が大変汚くなりました。でも暖かくなりまして、いよいよ防寒服にもサヨナラをしております。風邪もひかずに元気に一冬過ごしまして感謝いたしております。やがて美しい鈴蘭が蕾をみせます。サヨナラ。赫山人画。

春は三月の雪解けも早過ぎ、また嫌な雨期がやって来た。近頃二、三日おきに雨です。内地も暑くなったことだろう。こちらも一雨ごとに暖かくなり鈴蘭や迎春花〔黄梅。中国語でインチュンフォアーという〕の花がうつくしい蕾を見せている。絵のようなつつじは早くもきれいに咲いているよ。野山も日一日と緑が粧いをこらし、ホンノリと薄緑の美しさを眺めている。ではまた。北満のツツジ。

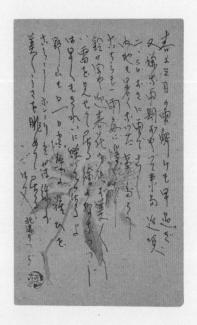

二十七日の便りを受け取りました。皆大変元気で何よりです。おやつのキャラメルで大喜びだったそうですね。慰問品で松屋へ行ったとか、そんな心配はご無用。何不自由なく毎日元気でやっている。こちらも雨期になり雨がよく降る。今日もシトシトと降っている。一雨ごとに野山も花もきれいに咲き、鈴蘭やインチュンホアーがきれいに咲き、朝夕特に美しくなりました。畑も大変色々植えているようだね。ずいぶんお百姓の真似事も上達したんじゃないかね。早く腕前を拝見したいものだが今日はこれで。サヨーナラ。

十日の便りは拝見した。皆大変元気で何より。電蓄も節電であまりつかっていないそうですね。達者で何よりだ。一昨日、信サンが便りをくれました。相変わらず岩戸村で働いておるそうですね。そのうちまた来ましたら、あんたからよろしく言ってくれ。それと増江保子サンと言うお嬢サンは町内の方ですか。大名四学年四ノ組でいつも便りをくださいます。先日も写真を送ってくださいまして、大変喜んでいますってお礼を言ってください。私の陸軍記念日に写した写真を本日送りますから受け取ってください。ではまた。

皆元気ですか。ここ北満もすっかり春らしくなりました。内地も暖かくなり西公園やチューリップ園も賑やかでしょう。おばあチャンもお変わりありませんか。暖かくなって悪戯坊主がますます元気でお骨折りでしょう。充分大事になさるよう伝えてくれ。毎日大変元気でご奉公しておる。昨日は慰問演芸が来て、久し振りで美しい舞踊を見る事が出来まして、目の正月をしました。映画も

右の写真の裏

半次（八面通にて）

近頃たびたび見ることが出来ます。大きな映画館が出来ていつも上映しておる。だがだいぶ遠いのでね。一里半くらい歩いて二山越えねばなりません。それでもやっぱり皆大喜び、別にこれと言って慰安のない我々にとって何よりの楽しみです。うちにおる頃は二、三分歩けばどんな映画でも見れるありがたさがつくづくわかりますよ。

　私の友だちで山下と言うのがこちらにいます。岩田屋の店員でお母さんも現在岩田屋に務めておられます。親一人子一人で二人暮らしだったとの事、私が大変仲よしですって。もし買い物にでも行ったら尋ねてみなさい。なかなかお母さんも良いお方です。今私がこの手紙を書いておるとちょうど帰って来まして飯を食っておる。なかなか面白い男でオーイドーナ博多のオイサンで、これが呼言葉、博多弁丸出しです。隊で博多っ子ただ二人です。大変仲よくやっておる。そのうちまた二人で写真でもとって送ります。今日はこれでサヨーナラ。僖苹　れい子殿。

　唄の文句にあるような、春よ三月、雪解けにいよいよなりました。暖かい日はもう雨だれの音を聞いております。軒（のき）には二尺から三尺くらいのつららが美しく並んでいます。ちょうど内地の正月頃のようですよ。毎日元気でがんばっておる。泫子チャンも春休みでしょう。よく勉強しておりますか。前の休みにまた写真をとりました。三十日に出来ますから送ります。白水さんがただいま酒保の係でおられます。おかげさまで甘い物が特配で戴けますから楽しみです。その点心配ご無用、あまり無理して送らないようにしてください。子供たちに気のどくです。羊羹（ようかん）などとっても良いのがありますよ。現下の内地の子供たちの事を聞くと軍人の我々何不自由なく何でも甘味品など沢山戴けますのには感謝いたしておるような次第です。今度帰ると種々切り詰めた情勢に驚かされ、まごつくんじゃないかと案じておる。ではお元気で、サヨーナラ。〔昭和18年3月28日〕

　暖かくなりましたね。お元気ですか。泫子チヤン、すぐに公喜チヤンのお誕生日だね。天長節〔第二次世界大戦前における天皇の誕生日の呼称。明治6年［1873］に国の祝日とされ、昭和23年［1948］に「天皇誕生日」と改称された〕、またドンタク〔博多どんたく。毎年5月3〜4日に福岡市で行われる年中行事。市民が仮装姿でしゃもじを叩いて町を練り歩き、舞台や広場で踊りを披露する〕もすぐですね。私も天長節は山遊びに行くつもりです。柳の新芽や草の芽が少し出ています。大変元気です。サヨーナラ。

　皆変わりなくお元気ですか。明日は公喜のお誕生日、天長節です。隊も休日で外出できます（モンペサン）〔昭和19年［1944］1月に公開された映画。日本の公開間もなく満州でも公開されていたことがわかる〕映画を見にでも行ってみようかと考えて、この便りを書いている。窓越しに春の暖かい陽ざしが今指先から葉書を美しく照らしている。毎日大変元気です。ではまた。〔昭和18年4月27日〕

木水さんのお悔やみをようやく出しました。実はそれについて承知して置いてください。あまりおそくなったので実はお前に木水さんの家の事など近況を伺ったところ、前に死なれた通知は出したと言って来ましたが、どんな都合かそれを知らせた手紙が私のところに落手（らくしゅ）しておりませんと言って、つい本日知りましたので早速お悔やみを出しましたと言って封書で香典三円封入して送りましたから、先方からもし礼にでもこられましたら前の通知が届いておらなかったそうで、ついこの頃知らせましたと言っておいてください。そうしないとまた帰ってから都合が悪いと思って、急に思い出しておそくはなりましたが、出さないよりよいと思って、都合よく書いて前の知らせだと言う葉書が不着でただいま知りましたと言うことに書いておりますからそのつもりでおいてください。うまく書いておりますからその点お含みおきください。こちらも日中は大変暖かくなり、暑いような気がします。毎日大変元気です。杖立での給油が待ち遠しくてなりませんね。ではお元気で。サヨーナラ。〔昭和18年4月28日〕

公喜チャン　キョウワオモイダシテ　コンナエヲ
カキマシタ　オゲンキデスカ　オセックデスネ
コイノフキナガシガ　タクサンオソラデ
オヨイデルデショウ　私ノトコロデワ
ミルコトガデキマセンヨ　節句画
〔昭和18年4月28日〕

お便りありがとう。大変暖かくなり、草木の新芽も毎日毎日目に見えて大きくなっています。大変元気です。ご安心ください。小鳥もあまり寒かったので暖かくなるまで私のところでやすませていました。小鳥へ一日も早く帰るよう言い含めておきました。寒い寒い北満もすっかり春になりました。もうお天気の良い日は上半身素肌です。ヒロ子の手紙も拝見しました。大変上手に書けるようになりましたね。公喜も澄子サンの宅から一人で帰って来るとか驚きました。あの時迄は自転車の前にチョコリンと乗っかっていたのに、早く悪戯坊の顔が見たいものです。〔昭和18年4月30日〕

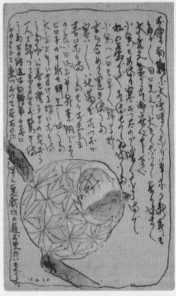

その後は皆元気ですか。私も相変わらず元気でいる。今日は大変寒くて零下十三度降下しておる。昨年から見ると気候になれたせいか余程温かく感じます。やがて防寒外套（がいとう）に身をうずめてしまう日が近づきました。北の便りが着く頃、本田と言う人がお前のところへ寄ってくれます。九三八の頃から一緒に起居を共にした戦友です。熊本の人ですが、博多へ下車してわざわざよって種々私の事などお話してくれる事と思うから、よく元気でやっている模様など承ってください。私のことについてはずっと今日まで一緒に

いた人ですから、よくご存知です。では取り急ぎご通知まで。さよなら。〔昭和18年5月1日〕

ヒロ子チャン　タイヘンオゲンキデスネ

フサコチャント　オオホリコウエンエ　エンソクニ　ユキマシタソウダネ

オオホリモ　イマ　キレイデショウネ

オバアチャンヤオカアチャン、キミヨシクン、　ヨシヒロクント　ミンナデユキマショウ

デワマタ　サヨウナラ　〔昭和18年5月2日〕

18.5.4

　　おばあチャン、お元気ですか。日に増し暖かくなりました。毎日元気でやっております。ご安心ください。今まで雪ばかりでしたのがポツポツ雨を見るようになり、今日も夕方から急に突風です。今窓硝子に打ちつける玉の雨をじいっと見入っております。そして机の上の朱肉壷でこんないたずらをしました。まだまだ雨が降りそうです。時候の変わり、充分お大事になさいませ。佐様《さよう》奈良《なら》。喜平。〔昭和18年5月4日〕

　　今日は大詔奉戴日《たいしょうほうたいび》〔大東亜戦争〔太平洋戦争〕完遂のための大政翼賛の一環として1942〔昭和17〕年1月から終戦まで実施された国民運動。大東亜戦争〔対米英戦争〕開戦の日〔1941〔昭和16〕年12月8日〕に「宣戦の詔勅」が公布されたことにちなんで、毎月8日に設定された〕、朝から春日和の暖かい良いお天気です。それと今日梨樹鎮で手紙を出した事のある（大牟田）人、田島さんが帰りましたから、お前のところへ寄ってくれる事になっている。実は写真を一枚と滋子たちへと思って森永のキャラメルの大箱を五ヶお前へ渡してくれるように頼み、種々話もしてくれる事になっている。博多駅で下車して岩田屋から急行電車で大牟田へ帰ると言っている。田島君へも餞別としてキャラメル五ヶ、俺が渡しておるから、うちへはぜひ行くから、何でも話を聞いておきなさい。ずっと今まで

半次（執務室にて）

一緒に寝ていた仲良しです。おとなしい大変良い人です。田島君もまだ顔も見ない三歳になる子供さんがあるんだ。奥さんがさだめし喜ばれる事と思っている。私のことについては、みごと一番よく知っている人だ。斐徳の頃から一緒だったんだ。取り急ぎ今日はご通知まで。お星さんもずいぶんお待ちの事と思う。ここしばらく、ではまた。〔昭和18年5月8日〕

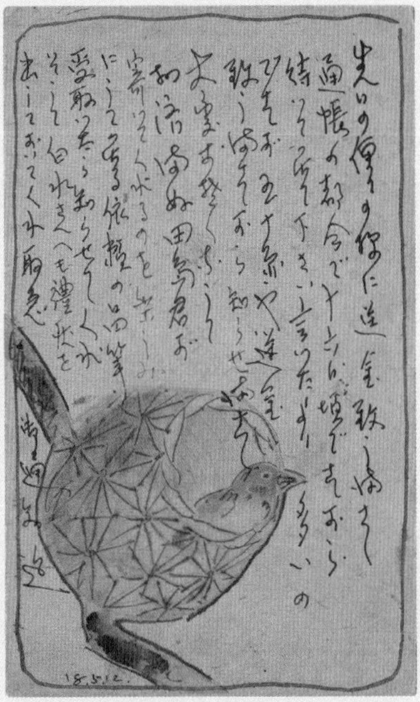

先日の便りのように送金いたしました。通帳の都合で十六日頃ですから待っていてください。言ったより多いのですが、五十円也送金いたしますから知らせます。大変おそくなって相済まぬ。田島君が寄ってくれるのを楽しみにしている。依頼の品など受け取ったら知らせてくれ。そして白水さんへも礼状を出しておいてくれ。取り急ぎご通知。〔昭和18年5月12日〕

皆大変元気だそうで何よりだ。子供たちも格別元気とのこと、公喜や允博の悪戯姿が眼に見えるようだ。それにつけおばあちゃんのご苦労のほど案じております。おつかれが出ないよう、お前からもよろしく申してくれ。浤子も元気で通学しておりますか。もう誕生日も間近だね。店の事から色々、お前も骨折りのことと思う。充分察している。ここに先日の手紙を承知し、為替（五十円也）にて送金する。足しにして使ってくれ。貸家の件はどうですか。都合よく借り手があれば貸して今しばらくよろしく頼む。大変おそくなって相済まぬ。母上によろしく。禮子殿　伊藤半次出。〔昭和18年5月13日〕

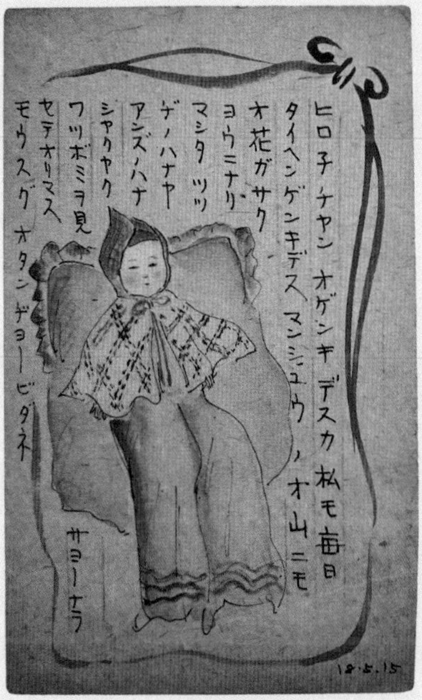

ヒロ子チャン　オゲンキデスカ　私モ毎日タイヘンゲンキデス
マンシュウノオ山ニモ　オ花ガサクヨウニナリマシタ
ツツヂノハナヤ　アンズノハナ　シャクヤクワ　ツボミヲ
見セテオリマス　モウスグ　オタンジョービダネ
サヨーナラ　〔昭和18年5月15日〕

十二日の便りは受け取った。家も大変都合よく決まったとか、何よりと喜んでおる。先日の送金が着いただろうか安心しておる。留守中何かと家のことにもご苦労のほど察しておる。母も澄子のところへ手伝いとか、なかなか心配だと思っておる。お前からよろしく伝えてくれ。家のことは竹田君には話をしておるそうだね。なかなか人という者は当てにならないもの、それがほんとうなんだよ。充分考えてしばらくよろしく頼む。もうたいして永いことはないようだから公喜たちも大変元気だそうで兵隊さんが大好きとか、遊びに出るにも帰っても敬礼だそうで皆さん元気な様子が浮かんでくる。時候が悪くなるから充分体を大事に子供たちは注意してくれ。日増しに暖かくなり絵のような猫柳が新芽を美しく伸ばしておる。では、サヨーナラ。〔昭和18年5月18日〕

　おばあチャン、お変わりもございませんか。お伺い申します。私も大変元気でご奉公いたしておりますのでご安心ください。近頃澄子さんの宅へお手伝いなどでお忙しい様子とか、無理をなさらぬよう充分お大事に。こちらも非常に暖かくなり、寒くなく暑くないという良い時候になりました。こんなつくしが美しく伸びております。では今日はこれで、サヨーナラ。北満のつくし。〔昭和18年5月23日〕

　田島、西原両君が立ち寄ってくれたとのこと、安心した。送金し為替も無事受領いたしたようだ。もう着く頃だと近頃いつも思い出していたところだ。白水さんと二人の写真も着いたそうだが、彼氏はどうもエチオピヤ人のようだね。実物はただただおやさしいのですがね。田島、西原両君にはまた俺から便りを出しておく。それといつか話していた泫子や公喜たちの靴、あるところに依頼してみたが本皮の立派なのがある。値段は一足十五円から二十円くらいする。でもなかなか丈夫なものだ。そのうちまた子供たちの足の型でも取って送っておいてくれ。買っておく事にする。昨日、幸田本店金物屋とも悔やみ状を出した。また今度も博多の山笠時分じゃないかとも思っておりますが、今度は増田さんのところでなく秀子サンのところへ寄れるようになります。ではまた。〔昭和18年5月27日〕

　おばあチャン、お元気ですか。満州も大変暖かくなりました。今日は喜んで戴きたい事があります。私が松尾光華先生のところへずいぶん通いましたね。あれがやっぱりこうして軍隊へ来ても大変おかげがあります。隊である仕事をしましたところ、それが連隊長殿に大変お気に召して賞詞を受けました。そのためまた中隊長殿も非常に喜ばれまして、昨日は特別に褒章休暇（ほうしょうきゅうか）を一日戴きました。街へ行って映画見てゆっくり一日休んで帰りました。毎日こうして何をやっていても一生懸命努力しておりますからご安心ください。まずはお知らせまで。〔昭和18年5月27日〕

　しばらくでした。皆お変わりありませんか。私も毎日大変元気です。ご安心ください。おばあチャンへ知らせておりますとおり、松尾先生のところで教わったことがずいぶん芸は身を助けるとか、おかげさまでちょっとした仕事でしたが、やった結果が連隊長殿のお気に召して賞詞を賜りました。毎日そんな仕事ばかり近頃やっておりました。昨日はただ一人外出許可を戴きまして映画見物をしてのんびりと雲雀（ひばり）の鳴き声を聞き、わずかに残る雪の山を2山越して帰りました。すべてこうしたこともお祖師様のおかげと感謝いたしております。ではまた。

公喜チャン　オシヤシンガツキマシタネ
コノエハ　私ノナツノオボウシデス
モウスグ暖クナリマスネ

ヒロ子チャン今日はあなたのお誕生日だね。海軍記念日で箱崎の浜も賑やかでしょう。学校も式があってお休みでしょう。公喜チャンや允博チャンもお元気ですか。私も毎日元気です。サヨーナラ。
〔昭和18年5月28日〕

しばらくでした。皆元気ですか。私も毎日大元気です。ここ北満の昨今一雨ごとに水田に蛙の鳴く声も賑やかになり、夕暮れはなんとなく内地の田植え時分のような感じがする。昼は大変暑くなり襦袢一枚でも暑くてならないようになった。今日はまたお前のところに行ってくれるひとがあるから知らせる。休暇で帰られた人だ（古田見習士官）。来られたら良く話を聞いておきなさい。そして何か依頼の用件でもあれば頼むがよい。またこちらへ帰られる。朝夕大変本部で一緒で、お世話になっているからよろしく言ってくれ。

毎日大変元気で忙しい様子、いつもの便り、何より嬉しく拝見いたしておる。子供たちが特別悪戯坊の様子、何より結構だ……と言うと、おばあチャンはお困りでしょうけど。子供は悪戯の出来る時が何より丈夫な時、通常の件に関しては心配無用。周船寺方面へ色々買い物に行ってるようだがご苦労のほど察しております。充分大事にしてください。ではまた。

二十五日と二十七日の便りは受け取った。家のことも貸すようになったそうで結構だ。竹田屋へは種々お世話になっていると思い、ついこの頃便りを出しておいた。九二七殿へも便りした。家の件は斐徳で空いたと知った。そのままどうなったかと心配していた。油工場給油の件は配給になりましょう。家の件は変わったことがあったら時々知らせてくれ。何と言っても別に収入がないのだから気にかかっている。都合良い借り手であれば結構だ。美事よろしくやってくれ。〔昭和18年6月5日〕

公喜や允博も大変悪戯をしているそうですね。元気が良すぎるくらいのときが一番良い。絵具と一緒にまた何か送ってくれたそうで楽しみに待っていよう。この頃は二週間くらいで着いているようだ。中洲はまた焼けたそうだね。生田など前にも焼けた事があるようだが、相変わらず中洲はよく焼けるところだ。日蓮様の秘妙符（ひみょうふ）もありがたく頂戴した。こちらへ来てお祖師様のおかげと思うようなことが度々不思議な事がある。信仰を忘れてはいけない。ではまた。〔昭和18年6月5日〕

　今日は竹田君の叔父さんから、前に出していた見舞いの礼状がきた。あちらも初孫さんのお節句で皆さんお喜びの事と思っている。何か祝いの物を差し上げたとの事、礼を言ってありました。ここ満州も朝から今日は雨降りだ。あつくなるにつれ近ごろよく雨が降る。毎日大変元気です。滋子たちも皆元気ですか。梅雨期だから特に皆からだに気をつけてよろしく頼む。おばあチャンも元気ですか。お前からよろしく。サヨナラ。乱筆にて失礼す。〔昭和18年6月14日〕

白水茂氏 ⇒ 伊藤禮子様へ

（満州国牡丹江八面通軍事郵便気付第3109部隊　山本隊）

　お守りありがたく頂戴いたしました。いつもお心にお掛けくださりありがたい事です。またたびたびのお便り感謝いたしております。ご主人もいつも元気です。隣り同士ですが行く末は大した物、顔合わせぬ日は何だか淋しい（さび）ようです。いつも絵を書いていただいております

　それにもう1つ淋しいのは松井君と別れたこと、いつも思い浮かべております。早く皆様と話ができる日待っています。山笠近くまたお盆ですね。満州はいよいよ夏です。町の方には早病気流行し始め私共外出できません。お互いに体には充分注意の上ご奉公いたします。今日は日曜めずらしく快晴気分晴々とし、午後は1本のサイダーを2人で飲み合ってゆっくり話すつもりです。今日の午後をご想像くださいませ。伊藤君絵にする事でしょー。まずはお礼まで。

　七日の便りは受け取りました。永い間には色々変わった事がありますね。斐徳にいた藤浦さんも帰ったそうだがうらやましいね。手紙の模様では防空訓練または大掃除常会当番、何やかやと忙しそうですが、まあ皆元気だそうで何よりで嬉しく元気が出ますよ。こちらもボツボツ時候が悪くなってきたようだから特に体に気をつけておる。その点心配なく、毎日大元気です。滋子のお友だちのベビーチャンがほしくなってるようだね。もうそろそろほしくなる頃だもの、澄子サンはもうよろしいのですか。おばあチャンによろしく。〔昭和18年6月15日〕

おばあチャン、お元気ですか。一昨日の秀子サンよりの写真とお便りを受け取りました。大変元気だそうで何より結構と存じます。その後はお変わりなくお元気ですか。おかげさまで私も毎日非常に元気ですからご安心ください。周船寺や竹田君の叔父さんにもだいぶご無沙汰しておりますが、お変りないでしょうか。おついでの節、あなたからよろしく申してくださいませ。時候の変り目、充分お大事になさいませ。

演習訓練を積み重ね、力強い部隊に成長

水町平吉氏（第5中隊　少尉）

　昭和18年6月頃だったと思うが、大雨でムーリン河が氾濫（はんらん）して八面通の街が水浸しになった時である。部隊から警備派遣のため、私は1個分隊（分隊長 長島末吉軍曹、後日沖縄で戦死准尉）を指揮して八面通の街に行った。街は水浸しで、住民たちは高台に避難して茫然（ぼうぜん）と水の流れをみている。

　街のかたわらを流れるムーリン河は怒濤（どとう）のごとく荒れ狂って流れ、上流から大木（直径3尺くらい）がどんどん流されていた。ふと、前方をみて驚いた。約50メートルくらい前方の変電所の建物が濁流（だくりゅう）に巻かれて、中から奥さんらしい人が赤ん坊を抱いて助けを求めていた。咄嵯（とっさ）のことでどうしたらよいかと一瞬迷ったが、長島軍曹が落ちついたもので「小隊長‼　イカダで助けましょう」と提案した。

　早速周辺の板切れや太い棒をつないで、速成のイカダを作った。私と長島軍曹、そのほか泳ぎに

自信のある者5、6名はすぐフンドシ1本となり、少し上流からイカダを取り囲んで建物に向って泳ぎ始めた。なかなか進まなかったが、どうやらたどり着き、奥さんと赤ん坊を木箱（これも長島軍曹の提案でイカダに積んでいった）に入れて、無事助け出すことが出来た。本当によかったと時々思い出される。ちょっとした人命救助である。この時、水に浸った米がしばらく部隊の給食に廻った。

　その他にも色々なことがあった。悲しい事件としては、ある中隊の初年兵が、飯盒の蓋を失くして見付からず、それを苦にして便所で縊死。また、ある中隊の兵隊は脱走事件（手分けして探し発見した）を起したり、流行性出血熱（ダニより感染する）の発生により犠牲者の火葬を行ったりした。

　また、楽しい思い出としては、休日の外出、部隊演芸会（内地より慰安演芸団が来た）、中隊対抗の相撲大会、部隊対抗の剣道大会、釣大会、スキー訓練などであった。中でも休日の外出が一番楽しかった。

　日曜日の朝9時、各中隊前で週番下士官の服装検査を受け、飛ぶようにして衛門を出る。すぐ近くの福禄村に行く者、てくてくと歩いて八面通の街に行く者、河や沼に釣りに行く者など色々で、外気の自由を存分に吸い、飲んだり、食ったり、または慰安所に行ったりして英気を養い、ぐったり疲れては帰ってくるのであった。

　しかし、衛門に入るときは服装を直し、颯爽と歩調を取って入る。中には帰営時間（午後5時）間際に衛門に飛び込む者もいた。すぐ、次の外出日が待ち遠しくなる。

　その他にも八面通では色々のことがあった。零下30度のきびしい冬季演習、流汗淋漓の夏季演習、連隊本部無線教育室の火災、スパイ騒動（部隊周辺の山にノロシが上がった）による非常呼集、東部ソ満国境の対戦車壕構築作業など、考えれば限りないぐらい沢山の出来事があった。

　このようにして八面通では連日猛烈な演習訓練を積み重ね、練度も高まり、全将兵の気持ちもひとつにいたして、部隊としてどこに出動しても充分役に立つ力強い部隊に成長していったのである。

　おばあチャン、お変わりなく大変お元気の様子嬉しく存じております。泫子と周船寺へお出でになりましたそうですね。あちらも皆おばさんもお達者ですか。今度僊苹が帰りましたら、永い間の骨やすめにユックリ上京して秀子サンのところへでも遊んで戴きたいと考えております。では何卒お大事になさいませ。サヨーナラ、母上様。

　山笠も早すぎて毎日相変わらず暑いことでしょう。私も毎日大変元気ですからご安心ください。近頃ちょっと忙しかったので失礼した。皆元気ですか。ではお大事に、サヨーナラ。

　名物山笠も過ぎまして毎日暑いことでしょう。〇年前の15日、今日あらたに思い浮かべて感慨無量です。私も毎日元気で感謝いたしております。充分お大事になさいませ、僊苹。

十七日の便り受け取った。子供たちも至極元気な様子何よりと嬉しく思っている。それにしてもずいぶん歯が悪くて困ってる様子、充分大事に治療をするように。私も近頃すっかり悪くてこまっている。別に痛んではいないが胃を悪くしているので食事など特に注意している。朝は欠食の時が多い。だが何でもない。体は大元気だ。むしろ食はない方が良いようだ。ずいぶん暑くなったことだろう。こちらも非常に暑く今もペンを走らす。机の上に焼きつくような午後の陽が照りつけている。歯の悪いのは大変体にさわるから充分用心をしなくてはいけない。歯はなかなか油断できないから心配している。では充分大事に、サヨーナラ。

　泓子チャン、お元気ですか。私も毎日毎日大変元気ですよ。すぐに夏休みですね。裏の畑にたくさん野菜を植えてるそうですね。お母さんもみんなお上手になったでしょう。早く見たいものです。ではお大事に、サヨーナラ。

　キミヨシクン　オゲンキデスカ　ヨシヒロチャンモ　ゲンキデスカ
マイニチ　オイタヲシテ　クロンボウニナッテルソウデスネ
ヘイタイサンヘ　シツケイシテイマスカ　サヨウナラ

　泓子チャンお元気ですね。私も毎日大変元気で黒ン坊になっております。おばあチャンやお母チャンの言いつけを守って、公坊や允坊と仲よくよいお姉チャンになるんですね。サヨーナラ。

　泓子チャン、おげんきですか。あつくなりましたね。まんしゅうも暑くなりましたよ。もうすぐに夏休みになりますね。公喜君、允博君と仲よくしてしっかりべんきょうをするのですよ。ではお大事に。サヨーナラ。

　大変暑くなりました。お変わりありませんか。私も毎日大元気です。日中は相当の暑さになりまして上半身素っ裸です。長い間の冬籠りでいくぶん白かったんですが、人一倍黒ん坊には早くなるほうで、もうずいぶん黒くなっちゃいました。そのうちまた、くも助〔江戸時代、街道の宿駅や渡し場などで、荷物の運搬や駕籠かきなどを仕事としていた無宿の者のこと。名称の由来は、浮雲のように行方定めぬというところからとも、客を取ろうとクモのように巣を張っているところからとも言われている〕のような写真を送りますから坊主たちに見せてください。哈爾浜へ来てる慶枝さんから便りが来まして、面会に来るから都合の良い日を知らしてくださ

いと言ってきたので、今日返事を出しました。ただいま身体検査があり、終わったところ、夏やせする小生がどう間違ったか先月よりまた肥えていました。ではまた、サヨーナラ。

ミンナゲンキデスネ
フサ子チャンモ　アソビニキテルデショウ　ナカヨクスルンデスヨ
モウスグナツヤスミデスネ　デハ　サヨーナラ

今日は房子チャンがお手紙をやりました。公喜チャンのお父さん元気ですかっていって、大名国民学校へ毎日行っています。これも兵隊さんのおかげです。いつも中島の風呂に入って允博チャンやら洤子チャンと遊んでいますって、大変お上手に書けています。よろしく言ってください。和良さんから写真週報がきております。よろしく。二、三日前から百二十度、三十度〔華氏表記〕という暑さでも、毎日元気です。サヨーナラ。

今日は命日ですが、秀子サンたちがお参り〔壽賀子［次女］の命日［昭和15年8月2日］〕に来ているんじゃないかと思っております。おばあチャンもお変わりありませんか。案じております。見覚袋の中には公喜や允坊のおみやげがぐっすり入っているんですか。では取り急ぎお伺いまで。お大事に、サヨーナラ。

いつもお便りありがたく拝見いたしておる。すみ子ちゃんが亡くなられたそうでお気のどくな事です。登紀子チャンもだいぶ大きくなっていたでしょう。柴藤君へは礼を出しておく。東京行きの件はやっぱり皆で杖立行きの方が良いと思う。もういよいよお盆だね。一昨日は壽賀子の三年の日でした。相変わらず毎日暑い暑いの連発です。非常に元気です。ご安心ください。サヨーナラ。〔昭和18年8月4日〕

公喜チャンお元気ですか。私も毎日大変元気です。お姉チャンや允博チャンもお元気ですか。お手紙くださいね。サヨーナラ。

キミヨシクン　オゲンキデスカ　マイニチアツイデショウ　アセモガデキテヤシマセンカ
オトウチャンモ　マイニチゲンキデス　サヨーナラ

公喜君　允博チャン　オゲンキデスカ

キョウハ　アナタノスキナ　ヒコウキノハガキヲオクリマス
オネエチャント　ナカヨクスルノデスヨ　サヨウナラ

　毎日お兄チヤンと仲よく遊んでおるんでしょう。房子チヤンのところへお兄ちゃんと行ってるそうですね。用心して行きなさいよ。私も毎日元気ですよ。安心なさい。サヨーナラ。

ヨシヒロクン　マイニチ　アツイデスネ
オバアチャンヤ　オネエチャン　オカアチャン　ミンナ　ゲンキデスネ
私モアツイノデ　マツクロニナツテイマス　ミンナ　オネエチャン兄チャント
仲ヨクシテチョーダイ　サヨーナラ

　白水サンから便りがあったそうですね。ちょっと淋しくなった。なんと言っても同郷の者というとなつかしくもあり、またお互いに力強いものです。先日知らせた岩田屋の山下がまだおりますから、これも小倉時代の戦友です。今度、山下も上等兵になりましたよ。お母さんに会ったら伝えてください。大塚さんが注文にお出でだそうですね。柴藤ではうまくできるでしょうか。気に入るようにできればよいですね。どうか大塚さんのご主人に私からよろしくと伝えてください。もしお出でになったら、こちらも八月中旬になり、急に朝夕寒くて毛布一枚では寝られぬくらいになりました。毎日が大変元気です。ではまた。

　毎日暑いでしょうね。今学校はおやすみでしょう。満州も日中はトテモ暑いのですが、朝と夜は寒くて襦袢一枚ではもう内地の十月頃のような気がします。毎日元気ですか。国のために働いています。では、サヨウナラ。

　おばあチャン、そのあとお変わりもなくお元気ですか。すっかり暑くなりましたね。忙しかったお盆前のあなたのお姿をなつかしく思い出しております。もうすぐお盆になりますね。近頃レイ子も大変歯痛で弱っているようですね。私も昨年の暮に金かんが一ヶ取れて以来、また下のが取れそうで気になっておりますが、至極体は大元気ご安心ください。ではお大事になさい。

　おばあチャン、すっかりご無沙汰いたしました。お変わりもありませんか。僑莘も毎日大元気です。いよいよお盆も間近になりました。暑い暑いもここしばらくですね。充分お大事になさいませ。皆元気な様子何より嬉しく存じております。では取り急ぎお伺いまで。

いよいよお盆前になりますね。忙しかった当時を思い浮かべて、おばあチャンやお前の汗だくの姿を想像しておる。毎日大元気です。ご安心ください。サヨーナラ。

絵葉書受け取りました。皆元気の由、何より。早お盆も終わり、いくぶん涼しくなりましたか。こちらから順正寺へもお参りいたしております。この頃は西瓜の出盛りでいくらでも喰えます。野菜類も今が盛りで何でもあり、新鮮なものが毎日喰える、カボチャなどはずいぶん大きくて尺四丸くらいのは普通です。公喜が悪戯のナキムシ。泫子もおばあチャンと周船寺に行ったそうですね。おばあチャンもお元気の由、何よりと喜んでおる。戸次君や重兵衛兄も○○の様子。戸次君は中隊名がわかったら知らせてください、便りを出すから。何やからずいぶん多忙な日常を想像しておる。充分体に気をつけて、サヨナラ。

キミヨシクン　マイニチゲンキデスカ
タイヘン　オカアチャンムシ　ダソウデスネ
ナキムシニナルト　ヘイタイサンニ　ナレマセンヨ
サヨウナラ

いよいよお盆もおわりましたね。母も皆大変元気な様子、何よりです。まだまだ暑い事でしょう。こちらはもう夜は寒くて毛布一枚では寒気を感じます。朝夕内地の9月末頃のような気候になりました。毎日大変元気です。近頃いろんな都合で忙しくてご無沙汰ばかりで誠に相済まぬ。白水様のお母さんがお出でになったそうで、話しましたら非常に喜んでおられました。例の話も誓文晴でしょう。そのときはぜひ母を上京させましょう。そう言っておいてください。允博も大のいたずらッ子とか、信さんの事も読んで一人でフキ出しました。早く見たくてなりません。ではお大事に。

キミヨシクン　オハガキアリガタウ
ハガキヲヨンデ　オコッタソウダネ　ゴメンナサイ
ナキムシデナクテ　アンシンシマシタ
ショウネンコウクウヘイニ　ナルソウダネ
デワ　サヨウナラ

れい子殿、お便りありがとう。しばらく留守をしていたので失礼した。同封の写真は先日末送っていた

ので、もう着いている頃だと思っていたのに、福島県へ行ってまた帰ってきましたので改めて送ります。おかげさまで毎日大変元気ですからご安心ください。しかし相変わらずの夏やせで少しやせてきましたが体は異常なし。子供たちも皆元気だそうで何より嬉しく存じますとともに、おばあチャンやお前のご苦労のほどを察し感謝いたしております。

　裏の隆介のところも野菜畑できれいでしょう。なかなか上手になったことでしょう。こちらも今は新鮮な野菜が沢山食えるようになりました。しかし町で売っているのはかなりの値段で胡瓜は一本小さいのが七十銭くらいしますが、私たちは満人の畠からチョイチョイしっけいしては塩もみの漬け物にしたりしているんですが、朝は胡瓜や大根なっぱ漬ばかり食っている。うちで食ってた塩もみ胡瓜がなつかしくなります。

　ところで油工場も給油がないのでお休み続きでほんとにお察しいたします。こんな時局ですからお互い一生懸命お国のため努力いたしましょう。もうたいして給油もおそくはないでしょうからがんばってください。おばあチャンもお元気でしょうか。ほんとうにご苦労様です。前からおばあチャンへ特に体を大事にしてくださいってよろしく申してください。

　今日はこれでサヨーナラ。暑いから充分お大事になさい。僖苹。

　東京の方へも近頃ご無沙汰しておりますから、早速お礼かたがたお伺いしておきます。こちらも日中は暑いが朝夕は特に冷えます。もうすぐ秋の候に入ります。暑いのもしばらくです。お便りありがとう。毎日大変暑いそうで皆の日常を察しております。私も毎日大元気。さて裏の事もあのまま異常なく何よりです。隆介も出て行ってかえって本人もその方が今よかったと思ってるでしょうから、畑の南瓜造りは大変お上手のようだね。九百匁とはたいしたもんだよ。早く裏の南瓜にありつきたいものですが。では、サヨーナラ。

　お盆が過ぎいくぶん涼しくなったそうだね。皆元気で何より。高田君も来てくれたそうで色々と話も聞いた事でしょう。手提げならびに見覚袋を送ったそうで待っている。どんな袋だろうかと、何やかと買い出しに忙しいそうだね。一日一度代用食、馬鈴薯、南瓜とはちょっとこたえます。こちらも毎日曜の昼は食パンです。その内一週三、四回くらいは大豆飯、またはアズキ飯、これには性来好きでない方、ずいぶん食いなれてはおるがやっぱりうまく食べない。公喜や允博は大変な悪戯坊主で何より結構。それにしてもおばあチャンがさぞお骨折りのことと思います。ではお大事に。

　その後皆お元気ですか。小生毎日相変わらず大元気です。ご安心なさい。送付の小包は二十日に受領しました。■■への布、なんとなつかしさ、この上なく毎日取り出してはながめたいよう。カバンもおかげさまで種々こまかい品が整理がついて上等です。高田さんのところは時々お楽しみの様子……お察しと思います。半月ほど留守していたのでご無沙汰。ではまた、サヨーナラ。

白水茂 ⇨ 伊藤禮子様へ
（満州国牡丹江八面通軍事郵便気付第3109部隊　山本隊）

　拝啓　長らく失礼いたしました。その後皆様ご壮健お過ごしですか。今年は内地も大変な暑さのご様子、満州は早くも秋風身にしみ、虫の音など淋しさ感ずる頃となり内地が思い出されます。ご主人様も元気でご奉公張り切っておられ、まず安心、苦に楽に語り合いが1つの楽しみ。夕日西に入る頃、兵舎の一角に語り合いをご想像ください。喜平君は近く出張で便りがしばらくないと思いますがご心配なきよう。まずは延引ながら尋ねかたがたご通知まで。皆様のご壮健お祈りいたします。

　半次が手紙を出せなくなる状況を、戦友の白水氏が禮子宛に知らせています。その際、半次ではなく「喜平」の名を使っていることから、半次が戦友に頼んで送ったと推測されます。

　四日の便りは本日十一日受け取りました。毎日大変元気でがんばっている。安心してください。允博も元気になったそうだね。何よりです。白水さんからの便りで出張としてありましたそうだが、我々砲兵の実弾射砲演習の為、十日間ばかり演習に出ておりました。四日の日に無事帰りました。来月五日頃また博多から門司くらいのところへかえることになりますから承知しておいてください。近くへですからご心配なく。それと送金も大変おそくなりましたがこれと同時に送金いたしました。種々の都合で三日の隊定のが十二日にもおくれて相済みません。

　それとこの煙草は一個、東京の白水幸子様宛で送ってください。白水さんのです。一個は私のです。お手数ながら、上等兵の襟章を二組前のように送ってください。そのうちまた写真でも写って送りますよ。また何か小包を送ってくれたそうで、ほんとうに百観音でもこれから送らないでよろしい。腹巻などももうこの冬、是非必要になるまではいらないと思います。どんなにおそくても正月前には帰れそうですからご安心のほど。ほんとに当てにならないので笑ってやしませんか。でも正月前には間違いないようです。帰りは今度は小倉でなく東京の方へ帰るから秀子さんのところへ寄ってお世話になると思います。では今日はこれでさようなら。儁萃　れい子様。

　おばあチャン、近頃はすっかりご無沙汰いたしまして相済みません。お変わりもなくお元気と承り何よりと嬉しく存じております。私も毎日非常に元気ですからご安心ください。手紙が来ないので禮子が心配しているようですが、忙しかったり不便な事で出せなかったりしますからです。ご心配なく。公喜や允博が大変悪戯だそうでお骨折りでしょうが、体に充分気をつけて病気などせぬよう、お大事になさいませ。ではまた。

伊藤禮子殿　伊藤半次出

　その後は大変ご無沙汰いたしました。毎日大変元気ですからご心配なく。同封の写真は八月のなかば頃とったものです。早く送りたく思っていましたが送れませんでした。なんだかおかしな写真で、まるでビルマかどこかで象使いでもやってるような気がするようです。北満での感じは全くありません。もう今日この頃ではすっかり寒くなりまして、今朝夜明が気温は零下2度にも下がっている。内地も早冬支度でしょう。何かとお忙しい事でしょうと思っている。こちらは日増しに野山の草木は赤くなり、冬への大行進を続けている。ではまた。

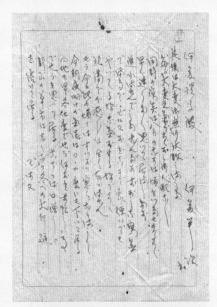

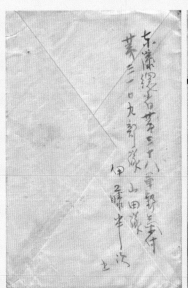

半次（八面通より）

　泫子チャン、その後はお元気ですか。寒くなりましたね。私も大変元気ですから心配なく。おばあチャンやお母チャンの言い付けをよく聞いて元気で勉強をしてくださいよ。今日はこれで、サヨーナラ。
〔昭和18年10月10日〕

　キミヨシクン　オゲンキデスカ　コノゴロヒコーキヲ　タイヘンウマクツクルソウデスネ
　ノコヤ　キリヤ　ナイフデ　オテテヲキラナイヨウニナサイヨ
　デハ　キョウハコレデ　サヨウナラ　ダイスキナ　キミヨシクンエ〔昭和18年10月10日〕

（満州国牡丹江八面通軍事郵便気付第3109部隊　山本隊）

　お便りありがとうございます。ご多忙中、たびたびあの暑かった大陸の夏にも早くも秋風吹き始め、1週間前より凌ぎよくなり、朝晩は寒い日などあります。ご主人とも毎日のよう顔合わせ先日など3日見ないと淋しいようです。あちらの方ですね。伊藤君には不自由はさせないですが相手が出来ぬので、いつも1人でチビリチビリで気の毒ですよ。儀助煮も待ってるようですが、私には残念というところです。不思議とアルコールに縁のない男です。兄も先日お召しを受け東京の母も今博多に帰っている頃です。相生町です。東京は1人で淋しがっていることと思います。何かにつけ女の仕事も重大となってきました。その後、子供様たち壮健ですか。

　大詔奉戴日の便りは受け取りました。皆大変元気で何より。允博も丸々と肥えて象のようとか誰かににている……。親の生んだ亀の子とかいう象に似ておりや。結構結構、須﨑裏の双葉山〔第35代横綱〔1912年2月9日～1968年12月16日〕。本名は穐吉 定次。大分県宇佐郡天津村布津部〔現：大分県宇佐市下庄〕出身〕一行、毎日近所は賑やかでしょう。双葉は松島屋に泊まっているそうだね。誓文払い頃、来ればよかったに。ではお大事に、サヨーナラ。〔昭和18年10月17日〕

　泓子チャン、たいへん、お元気だそうですね。運動会で白が勝ったんですね。泓子チャンは白組だったのでよかったね。今日、赤木ノブ子サンと言うお友だちからお手紙をいただきましたのでお返事を出しました。私がたいへんよろこんでたと言ってください。そして先生のおしえをよく守って勉強をするのですよ。サヨーナラ。

　おばあチャン、その後はお元気ですか。近頃は大変ご無沙汰ばかりで相済みません。おかげさまで僖平も毎日非常に元気でご奉公いたしております。ご安心ください。子供たちも大変元気だそうで何よりと安心いたしております。和良さんもまた近くなりまして、結構ですね。おばあチャンからよろしく申し伝えてください。本日写真を送りましたから受け取ってください。ではまた。今度の写真はまぶしくてずいぶんしかめておりますよ。皆で笑われることと覚悟しておくりました。

　近頃ちょっと忙しくて思わぬご無沙汰で相済まぬ不悪、いつもお便りを戴きほんとに嬉しく拝見いたしております。山﨑さんも小倉へおいでになったそうで奥様もお喜びでしょう。しかし病気をもってのお帰りですからね。なかなかこちらで出た病気は全快しませんそうですからね。それと本山熊衛伍長は前の隊で

しばらく俺の班長だった。そのうち手紙でお見舞いを出しておきなさい。そのとき、ただいまますます元気で九月に進級し上等兵で大いに張り切ってやっておりますと言って、お世話になっておりますからちょっと葉書でもよいから知らせておきなさい。〔昭和18年10月24日〕

　昨日二十三日、中島町の増江保子サマと増江達哉さんから慰問の便りを受け取りました。私からもお返事を出しておきますからよろしく言ってください。木水数三さんからもお便りを戴きましたから何分よろしく言ってくれ。美代子からも馬出の父からも昨日便りがありました。皆元気で働いておる由、喜んでおる。返事が沢山たまっておるので何から書いてよいかわからないので思い出し思い出し書きました。演芸会の写真も出来ましたから早速送ります。おばあチャンによろしく。ではまた。

　おばあチャン、お元気ですか。大変寒くなりました。こちらは昨朝方は零下八度まで下がりました。内地もだいぶ朝夕冷える事でしょう。充分お大事になさいませ。ただいまこちらは内地の十一月頃のような気がいたします。では充分お大事に。サヨナラ。

　お変わりなくお元気ですか。誓文晴も間近く寒くなりましたことでしょう。私もおかげさまで大変元気ですからご安心ください。澄子サンや和良サンもお元気ですか。よろしく言ってください。近頃ご無沙汰いたしておりますから。ではお大事に、サヨナラ。

　その後は大変ご無沙汰いたして相済まん。すっかり寒くなりましたね。皆元気だそうで何よりと嬉しく存じます。それにつけ何かとご苦労のほど察しており感謝している。日曜ごとに郊外に買い出しに行ってるそうですが、ずいぶん忙しい事と思う。糸島街までと言えばほんとになつかしく行き来した当時を思い出している。誓文晴い頃には給油できるようです。いつもの買い出しでさぞ骨折りのことと思う。半分でも手伝ってやりたい気で一杯です。善助さんの奥さんは亡くなられたとか。永い間にはずいぶん変わったことができますね。取り急ぎお返事まで。お大事に。

　大変寒くなりました。皆お元気ですか。相撲はもう終わりましたでしょう。中島子供常会より便りを受け取りました。よろしく申してください。毎日大元気です。一昨日、朝は零下十一度まで降がりました。真っ白な霜（しも）は雪のようです。おばあチャンもお変わりなくお元気ですか。僖苹もおじいチャンの命日は順正寺へお参りできますから、二日の記念日は杖立で僖苹（きへい）さんがよろしくとのことです。ではお大事に。

おばあチャン、大変寒くなりました。お元気の由、何よりと喜んでおります。れい子がお店へ出ているので、さだめしご苦労様と存じております。充分体を大事にしてくださいませ。早くご心配かけずにゆっくりやすんでいただける日の来ることを待っております。大変私も元気ですからご安心なさいませ。何一つ不自由なく過しておりますからご心配なく。ではまた。

満州の冬は辛い。だが楽しいことも……

大林義雄氏（第2大隊本部　兵長）

　冬季の準備である。驢馬の嘶きとともに大車に石炭を積んだ行列集団が部隊に入り、中隊ごとに大きな石炭の山が出来、ペチカの修理も終って冬を迎えるのである。

　満州の冬は辛く痛い。酷寒零下30度と言われるだけあって、油断して皮膚を晒すとすぐ凍傷にかかる。顔に当る寒風は針に刺されたように痛い。水気のあるものはすべてカチカチに凍る。防寒具を完全に着用すると身体の動きが鈍くなる。ちょっとでも駈け足をすると息が切れる。本当に辛いと思った。

　しかしまた一方、こんな楽しいこともあった。冬季、部隊のすぐ近くの福禄山一帯を部隊全員（約1,200名）で取り囲み、各自が空缶を棍棒で叩きながら獲物を追い出して捕える巻狩り。また、三峰山と部隊の間の窪地を取り囲んで雉を追い出して捕える雉狩り。その時は150羽くらいの収獲があり、夕食の膳を賑わしたこともあった。

　また、夏の暑い盛りに近くの河を塞ぎ止めてかいぼりをし、私は1メートルくらいの大ナマズを河の中で見つけて組みつき、悪戦苦闘のすえ捕え、魚の大きさで部隊1となり賞品（清酒1本）をもらったこともある。

大変寒くなりました。皆お元気ですか。私も毎日大元気です。こちらもいよいよ雪に明け雪に暮れる酷

寒期に入りました。今日など零下二十度です。河の水も表面三寸〔1寸は約3センチ［正確には3.03センチ］〕くらい凍結しております。近頃ちょっと忙しくて失礼した。不悪お許しのほど、ではまた。

いよいよ十二月二日の記念日も間近くなりました。いつもお便りありがとう。毎日大変元気です。ご安心のほど、もういよいよ帰れるようになっておるのです。あと何日、何日、と戦友たちと楽しみにしているのです。実は十一月初旬に帰れるようになっていたので、お父さんの命日〔曾祖父・伊之吉命日［昭和7年11月29日］〕に間に合うと楽しみにしていたのですよ。何れにしても今のところではお正月は皆で楽しく出来そうです。この便りが着く頃にはこちらを出るようになるんじゃないかと思います。送ってくれた袋の中には、もう公喜や允坊へのおみやげに買った羊羹がぎっしり入っておりますよ。允坊が早く見たくてね。あまり小さい時だったので顔もよく覚えておらないよ。いずれにしても給油の日もあと数えるほどです。永い間苦労につぐ苦労、ほんとによく察しておりますよ。でもお互いに元気なのが何よりの嬉しさです。お正月前でだいぶ寒くなったでしょう。こちらも毎日雪で一面銀世界です。零下二十五度くらい下りますが、風がない日は手袋なしでも平気ですよ。今度帰ると冬ん坊の喜平君も股火鉢〔火鉢にまたがるようにしてあたること。行儀の悪い行為〕はいらないつもりですがね。ではお大事に、かぜをひかぬようにね……。
〔昭和18年11月26日〕

大変ご無沙汰いたして相済まん。実は桜木町のお父さんの勤めておられるところにいつも来るものがあるでしょう。あれが全く駄目になったのです。それで前に川端へ秀子と千代さんが行ってたようなところがあるでしょう。それがまた休業です。写真も先月からできてるが送れなかったので明日送ります。毎日大元気です。こちらも今日は大変気温が低下しましていよいよ明日から冬服です。だいぶ寒くなりましたよ。皆元気ですか。それのみ毎日心配いたしておる。おばあチャンや子供たちもお変わりありませんか。時候の変わり、充分体に気をつけてください。歯の方はどうですか。いくらかよくなりましたか。考えている。今日はおじいチャンの命日ですよ。サヨーナラ。

おばあチャン、お変わりありませんか。寒くなりましたので、いかがかと毎日案じております。公喜や允坊がずいぶん大きくなってるでしょう。ときおり思い出しては一人嬉しさを感じております。何分寒くなりましたので、特に体をお大事になさいませ。いま順正寺へこちらからお参りいたしました。ではまた。

今日、柴藤君から手紙を受け取りましたが山本君も応召だそうですね。あちらも善太郎君がいなくなるとだいぶお困りでしょうね。それとまた写真を送ってくれるとかって毎日楽しみに待っております。小包も送ってくれたそうでありがとう。何様品不足で不自由なおり、あまり送らないようにしてください。私は甘いものなど何でも隊で配給〔民需産業が次々と軍需産業へと転換されたため、生活物資は極端に不足し、昭和

15年［1940］頃から米は配給制、衣服や砂糖などは切符制になった］になります。シスコなど毎日戴けます。あまりそんな事は心配しないで子供たちにでもたまの配給品はやってください。私はなにもほしいものはありません。私など軍人のありがたさ何一つ不自由なくむしろ内地の人々より何でも充分戴いているつもりです。ご安心ください。毎日大変元気で張り切っております。ではまた。〔昭和18年12月2日〕

お便り拝見しました。例年より寒いそうですね。子供たちも元気で何よりです。泫子へもちょっと書いて出しております。なかなか二年三年と言えば遊ぶのでいっぱいでしょうよ。そう言うお母さんもそうだったでしょう。あまり無理を言わぬようによろしく勉強させてください。そういうところが一番子供の教育のむつかしいところ、母親の躾（しつけ）、ますます責任重大というところご苦労様。こちらも割合に寒く、昨日など夜明け

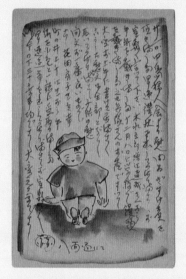

けから降り出した雪で二、三時間のうちに三寸くらい積もって真っ白です。まだまだ良い季候になりません。やっぱり今月末から五月にならねば春らしくなりません。でも日中は暖かです。お神様の事もよく当たっております。最初はその通りでしたがただいまでは全く心痛無用になりました。ご安心ください。サヨーナラ。

二十一日、中島婦人会より慰問品ぎすけ煮を頂きました。早速礼状を出していますがよろしく言ってください。木水五郎、増江達哉さんから手紙を頂きました。十二月八日に学校で饅頭を戴きました。これも兵隊さんのお蔭ですって大変お上手に書けています。こうした慰問は全部とじて取っております。子供の慰問文が一番よいものです。花田房子サンと幸町の井上千江サンから手紙を小包と一緒に受け取りました。早速返事を出しておりますがよろしく。昨今零下三十度平均です。大変元気です。

陣中便り帳

サムクナリマシタ　オゲンキデスカ
ワタシモタイヘンゲンキデスヨ
ヨシヒロクント　ナカヨク
アソンデイマスカ　コチラワ　マイニチ
ユキフリデスヨ　サヨーナラ

お便りありがとう。今年はいくぶん暖かいそうで何よりだ。こちらはいよいよ酷寒で零下三十度から三十五度に下がっ

ており、例年にない大雪です。深い雪で食い物に困る狼が兵舎裏まで毎夜のようにやってきて鳴いておる。昨夜もあるところから隊への帰り途、自動車でずいぶん長い途を狼を追いました。車のヘッドライトで美しく照らしてはっきりと初めて狼を見ましたが、とてもきれいです。見覚袋の中味は何ですかって公喜や允博たちのものだけ、誰かには、おあいにく様。南瓜の種とはなるほどうまく当てました。ではまた。
〔昭和18年12月14日〕

　残の島（能古島）の人で東野数雄という人がお前のところに立ち寄ってくれますから、よく話でも聞いておきなさい。そのとき俺の今度写って送った写真を渡しておいてください。こちらで焼き増しを十枚頼んでいたのですが、東野君が帰る日まで間に合いませんから本人に貰って行くように言っておりますからやってください。お前のところにはまた出来たらすぐ送ります。それと飯塚の荒木という人も来るでしょうと思います。演芸会の写真に一緒に写っている人ですから、もし来られたらその時の話でも聞いておきなさい。ではまた。

スキーの思い出

寒郡義一氏（第2大隊本部 上等兵）

　凍りついた雪の上をスキーがつるつると滑った。関東軍のスキー部隊編成のため、第2大隊本部より、将校1名、下士官1名、兵隊2名と選抜されて、私は毎日兵営から八面通に通ずる起伏した丘陵でスキー訓練を続けた。

雪の冬期演習（連隊写真集）

　零下30度という酷寒であっても、浅雪で覆い切れない雑木林の間をぬって、転んでは起き、また転んだりしていると額から汗が流れた。のぞむ道路には黒い服と帽子をかぶった土民が馬車を引いて、ときおり手に持った糸のついた棒を「ピュー、ピュー」と鳴らせて馬を走らせて行く。土塀で囲まれた福禄村から淡い煙が立ち昇っている。それは我々の郷愁を呼び起さずにはいられなかった。

伊藤公喜君　允坊チャン　マイニチオゲンキダソウデスネ　モウスグオ正月デスネ
オネエチャンモ　スグ　フユヤスミニナリマスネ　ミンナデナカヨク　オ正月ヲムカエルノデスヨ
サヨウナラ　〔昭和18年12月14日〕

キミヨシ君　オゲンキデスカ　モウスグオ正月デスネ　サムクナリマシタネ　カゼヲヒカナイヨウニ
ヨシヒロクント　ナカヨクシナサイヨ　サヨウナラ

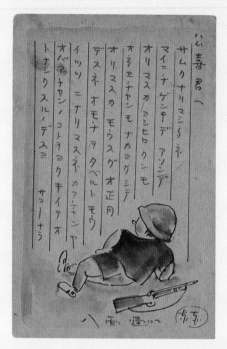

公喜君へ　サムクナリマシタネ

マイニチゲンキデ　アソンデオリマスカ

ヨシヒロクンモ　オネエチャンモ　ナカヨクシテオリマスカ

モウスグオ正月デスネ　オモチヲタベルト

モウイツツニナリマスネ　カアチャンヤオバアチャンノコトヲ

ヨクキイテオトナシクスルノデスヨ　サヨーナラ

洸子チャンお元気ですか。今冬休みでしょう。よくお勉強をしてみんなで仲よくお正月を迎えるのですよ。サヨーナラ。

洸子チャンお元気ですか。この頃全く便りが来ませんから心配です。お返事くださいね。サヨーナラ。私も毎日大変元気ですからご安心ください。おばあチャンへよろしくね。

おばあチャン、お元気でしょうか。お正月も近くなりました。毎日大変元気でやっておりますのでご安心ください。この四、五日雪降りで渡満以来、初めて見るような大雪です。公喜や允博が相変わらずの悪戯でお骨折りの事と思います。どうぞお体を大事にしてください。ではまた。

皆元気ですか。この便りの着く頃は松の内でしょう。あと四、五日でお正月です。隊でも餅搗きが終わりました。一昨日は朝五時半頃から夕方六時まで一日中十二名で六十五臼を搗き上げ、全部私一人でまぜ方をやりました。その一臼も三升五合という大きなものでずいぶん骨でした。でも空臼搗きをやらせるのでみんな大笑いです。ねじ鉢巻きでつかれも忘れて子供のようになり大喜びです。朝昼夕方一回ずつの休みに一臼ずつ大根餅して食っちゃって、一斗五升十二名で食ってしまって夕飯が食えなかった。ではちょっとお知らせ。

公喜チャンお元気ですか。私も毎日大変元気です。今日はお餅をたくさんつきました。允博チャンと仲良くお正月を迎えなさいよ。お姉ちゃんも、サヨーナラ。

おめでとう。お元気ですか。元気でお正月を迎えました。土師さんもお帰りになったそうでお母さんもさだめしお喜びの事でしょう。土師君にあんたからよろしく言ってください。こちらのお正月も別に変わった事もありません。でもお餅はたんまり戴きました。お酒も少々戴き黒豆から小鯛煮付物何でも一通りは全部地方と同じようになかなか行き届いております。何不自由なく良いお正月を迎えましたから、ご安心ください。ではまた。

写真が着いたそうですね。どうも相変わらずで恐れ入ります。実物はまだまだおやさしいのですがね。まだ一面雪で外へ出るとまぶしいのでついしかめてしまいました。毎日が大変元気で張り切っております。油工場はどんな具合ですか。給油が待ち遠しいでしょう。では今日はこれで、サヨーナラ。おばあちゃんによろしく。

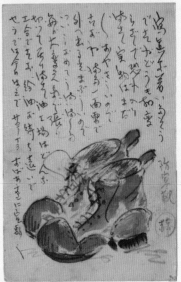

大変元気でお正月を迎えたとのこと、嬉しく安心いたしている。允坊や公喜もお餅が大好きらしいね。でも二度でなくなるとは心細いことだ。そちらもだいぶ寒くなったそうだね。しかし内地の寒さくらいこちらに比較すれば話にもならないよ。しかし風邪をひかぬように大事にしてください。歯もだいぶ悪いので困るでしょう。抜歯も充分用心してやるんですよ。私もだいぶ悪くなっているが痛んで困ることはないから心配なく。では今日はこれで、サヨーナラ。

二十八日付の便り受け取った。皆大変元気で何よりです。お正月前は何かと一人で忙しかった事と当時を思い浮かべてご苦労のほど察しております。いよいよ西公園の賑やかになる頃になっちゃった。ご苦労だが今しばらく頑張っておってください。公喜が非常に大きくて元気者だそうで嬉しくなってきます。おばあチャンもお変わりありませんか。杖立行きに務めて貯金をしてくれるそうで感謝いたしております。実はお正月前に少しばかりですが五、六十円送金しようと思っていたんだが、つい忙しくて今まで出せませんからそのうち送ります。正月もまだ一回も今日十二日まで外出しておりません。大変元気です。

（昭和19年1月12日）

その後は失礼した。皆大変元気で何より。允博はまたことさら悪戯で毎日大笑いですね。子供は悪戯の出来るときほど心配なしだ。土師君や照雄君もお嫁さん探しで、いずれもおめでたい事で結構です。末子サンが気に入れば良いですが、内地も一番寒いおり、おばあチャンもお元気ですか。私も毎日相変わらず非常に元気ですからご安心ください。本日少しですが小為替にて五十円也同封しましたから小使いにでもしてください。ではまた。〔昭和19年1月31日〕

滋子チャン、お元気ですか。私も毎日大変元気ですよ。昨日は大昭奉戴日〔太平洋戦争開戦の詔勅が出

された1941年2月8日を特別に記念する日。1942年1月2日の閣議で決定され、同年1月8日を第1回とし、以後毎月8日を大詔奉戴日とすることになった〕でした。こちらは沢山な雪でした。二尺余り積もりましたよ。零下三十五度まで下がりまして今までにない寒さです。昨日増江保子サンからお手紙を戴きましたので、お返事を出しました。ではお大事に、サヨーナラ。

キミヨシクン　オシャシンハ　タイヘンヨクデキマシタネ
オショウガツモ　オネエチャンタチヤ　ヨシヒロチャント
ナカヨクアソビマシタネ　サムイデショウ
サヨーナラ　〔昭和19年2月12日〕

　日本の子供と満州の子供が握手している絵を描き、子供たちが大人たちに「仲良くするように」と呼びかけています。きっと半次自身も争いのない世の中を願っていたからこそ、こんな絵が描けたのだと思います。

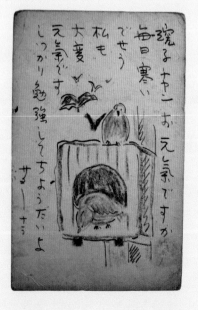

　滋子チャンお元気ですか。毎日寒いでしょう。私も大変元気です。しっかり勉強してちょうだいよ。サヨーナラ。

　お便りありがとう。皆元気で何より嬉しく愉快にご奉公いたしております。ご心配なく。たくさんの写真で心配したんですか。まとめて一緒に送ったまで、別に変わりなく毎日大元気です。今月末、剣術試合があるんで毎日声をからしてエイヤーで猛訓練をやっている。そのためかこの頃夜のよく眠れる事、時折は子供たちの夢でもと思うが夢も見ない。こうして毎日大元気です。ご心配なく、ではまた。

おばあチャン、お変わりありませんか。私も何ら変わり
なく毎日大変元気ですからご心配なく。秀子サンが帰郷し
たそうですね。皆変わりないそうで何よりと存じます。一
緒に沢山の写真を送ったので色々心配してるそうですが、
何事もないのですからあまり取り越し苦労をなさらぬよう
に。取り急ぎお返事まで。ではお大事に。

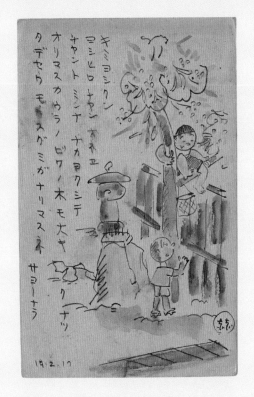

キミヨシクン　ヨシヒロチャン
オネエチャント　ミンナ　ナカヨクシテオリマスカ
ウラノビワノ木モ　大キクナッタデショウ
モウスグ　ミガナリマスネ
サヨーナラ　〔昭和19年2月17日〕

　昨日小倉の増田さんから便りを戴きました。写真を送っていたのです。大変喜んでおられるそうです。
留守宅へもご無沙汰いたしておるからよろしくとのことです。私がだいぶ肥えてるからでしょう。栄養甲一
上としてありましたよ。東野君が来てくれたとのこと、こちらの模様をよく聞いたでしょう。宮野、山本両
君の初軍隊での労苦を察しておりますが、実に可愛そうな気がいたします。今日も仕事をしている窓越し
に隣部隊の馬術教練をながめておりますが、過ぎし北方でのなつかしい思い出にふけっております。今、
外は激しい吹雪で先が見えないようです。ではまた。

　おばあチャン、大変ご無沙汰いたして相済みません。あなたもほんとにお元気の様子、大変嬉しく存
じております。いつまでもほんとにご苦労をかけて相済みません。早く喜んでいただける日を楽しみに私
も万事何事にも気をつけてしっかりやっておりますからご安心くださいませ。店も都合よくお貸ししてくだ
さった様子、何かにつけ一番ご苦労様です。ではまた、お大事になさいませ。

　おばあチャン、お変わりもございませんか。私も毎日大元気です。ご安心ください。満州もいよいよ雪
解けの季節になりまして大変しのぎやくなりました。おかげさまで体はいたって元気で達者なほうですから
ご心配なく。何かにつけ毎日お忙しくお骨折りのことと存じております。何卒充分体に気をつけてください。
どうだろうかと忘れた事とてありません。ではお大事に、サヨーナラ。

ヨシヒロクン　オニイチヤント　ナカヨクアソンデイマスカ　サムクナッテキマシタネ　ゲンキヲダシテ
オネエチャンタチト　ミンナナカヨク　アソブノデスヨ　サヨーナラ

昨日は陸軍記念日で私共も遠い満州で皇居を遙拝し祝杯をあげました。博多でも例のように朝早くか
ら小銃機銃の音も激しい市街戦の演習があったことでしょう。こちらでも午前中かなりきつい演習がありま
した。私はただいま内勤で出なかったのですが、内地もだいぶ暖かくなったことでしょう。

お元気ですか。私も大変元気で毎日お国のために働いております。いくぶん暖かくなりました。日中は
雪が少し解けてきましたよ。陸軍記念日も過ぎまして内地も暖かくなったでしょう。病気をしないようにお
母チャンやおばあチャンの言いつけをよく聞いて、みんなで仲良く勉強をしてくださいよ。サヨーナラ。

公喜君、お元気ですか。大分暖かくなりましたね。私のところも雪が少しずつとけております。日中は
大変暖かくなりました。允博チャンやお姉チャンと仲良くしておばあチャンやお母チャンの言い付けをよく
聞くのですよ。サヨーナラ。

お便りありがとう。皆大変元気とのこと、何よりだ。昨日写真は送りました。今日また白水さんと一緒に
写りましたので送りますよ。公喜や允博が喜ぶ日、さして遠くはないでしょう。もういよいよですよ。災難と
か何とか別に気づく事もありませんよ。ただ九日の日に本部に勤務するようになりました。それからまた毎
日机にかじりつき、ペンや筆を握るくらいの事でたいした心配するような仕事は何もしておりません。今年
になってずっと正月から室内住まいで近頃暖かくなりましたので外へ出たくなりました。近頃大変信仰して
るようだね。だがあまり代人とか無理に考え過ぎると取り越し苦労をしますよ。ただ専一自分の題目修行に
留め、人にあまり頼りすぎるのもどうかと思う。そのあんたの気持ちは充分案じております。ではお大事
に。

大変ご無沙汰しました。暖かくなったそうだね。チューリップ園、西公園、杖立思い出しては一人なつ
かしさがまして来ます。特に、また給油ほんとにお願いいたしております。おかげさまで毎日元気旺盛です。
今年になってずっと内勤ばかり、また今月九日から部隊本部へ勤務を命ぜられてますます元気で机にかじ
りついてやっております。ご安心ください。おばあチャンに心配されないようよろしく言ってください。こ
ちらも四日ほど前から大変な吹雪で二尺くらい積んで一面ただただ真っ白になり、ただいま雪どけでドブド

ブです。もう少しも寒くはありません。内地で言う忘れ雪とでも言う最後の雪らしいですね。

桜の西公園もつつじの模様に衣装替えですね。ほんとうになつかしく思い浮かんできます。悪戯坊主たちとの行楽が待ち遠い思いです。お揃いの写真が出来たら送ってくださいよ。中洲もずいぶん淋しくなったそうですね。提灯やランプで歩いてるとか、まるでうそのようですね。川渕の福助も昔の夢、ほんとうに当時がなつかしいです。今日はちょっと忙しいので。また、サヨーナラ。

皆大変元気とのこと、何よりと喜んでおります。私も非常に元気です。今月十二日よりある当番長として部隊長始め各将校の方々と接する多忙な軍務に元気で精励しております。一生懸命がんばっていますゆえ、ご安心ください。公喜もずいぶん口がきけすぎるそうですね。允博のケチン坊は誰に似ているんでしょうか。この小鳥に聞きましたら泫子チャンのお母さんと言いましたよ。私の机の上まで飛んできました。この小鳥、またそちらへ飛ばせます。零下三十度の北満まで来たわけですね。帰ってきたらなんというか聞いてご覧なさい。こちらの事をよく話して聞かせておりますから、後まだ四羽いますからぼつぼつ飛ばせて帰します。ではまたサヨーナラ。

前に大牟田の田島さんに依頼したと同様、また諸藤という人が寄ってくれますから来ましたら話でもよく聞いてくれ。子供たちのおやつも少し頼んでおるから来たらやってください。浜口町の人で高田という人も来る事になっているから知らせる。大牟田の諸藤という人はあまり道がわからないと思うから岩田屋まで送っていってください。ではまた。

半次と戦友

泫子チャン、お元気ですか。公喜チャンや允坊もお元気ですか。今度はもう三年生になるんでしょう。幼稚園へ行ってたのもこの頃のような気がします。先生のおしえ、またおばあチャンお母チャンの言いつけをよく守って一生懸命勉強するんですよ。私も毎日大変元気でお国の為に働いておりますから安心なさい。今日はお写真を送ります。なんだかずいぶん恐い顔になっちゃった。これは陸軍記念日にうつったの

です。おばあチャンや、みんなで見てください。こんなに元気です。では今日はこれで。サヨーナラ。父より。浤子チャンへ。

　十七日の便りは拝見した。浤子宛に写真を送ったので着いたことと思う。毎日大変元気です。こちらこそ何かと忙しい日常のお前たちのことを無事な事かと案じている。彼岸と言えばほんとうに美味しいぼた餅が思い出されるよ。おばあチャンの上手な腕前がなつかしく想像されます。今年は婦人会の組長さんですが、それはそれはご苦労様。何をやっても勝つためのご奉公、充分体に気をつけてください。取り急ぎお返事まで。サヨーナラ。

　降り続いたいやな雨もからりと晴れ、今日は野山の若葉もひときは目立って美しい。例年より半月ほどおくれて十日から夏服に着替えております。毎日大変元気です。子供のおやつも大豆とはずいぶん変わったもんだね。明日は日曜だが隊でも昼は食パンの代用食、通常毎日一回はアヅキまたは大豆飯です。ただしパンは日曜だけ、ご承知のとおり豆飯嫌いの小生だったが、もう今では何でも平気ですよ。ご心配なく、今お昼の豆飯を食い終わったところだよ。サヨーナラ。

　ふるさとの　顔をしかめた大豆の飯　済まぬとぞ思う　今日この頃

　お正月の写真がやっと出来たので送ります。どうもおかしな出来具合(できぐあい)でね。困ります。実物はまだまだと思ってはおるがこれがほんものらしい。お粗末ですが送ります。毎日大変元気ですから、ご心配なく。おばあチャンや、皆お変わりなく何よりです。ではお大事に。

泓子チャン、おてがみありがたう。三年生になりましたね。よいかばんをかってもらったでしょう。先生やおかあチャンやおばあチャンのことをよくきいていっしょうけんめいべんきょうして、きみよしよしひろチャンとなかよくするのですよ。サヨーナラ。

伊藤半次　伊藤禮子様

　皆お変わりありませんか。私も相変わらず毎日元気です。写真のようにエイヤーで張り切ってご奉公いたしております。おばあチャンへもよろしく申してください。いつの写真もシカメちゃって笑われますね。細い眼がますます細くなりますよ。○年もの軍隊生活それはずいぶん苦しい事もまたあります。でもまた軍人ならでは味わえぬ楽しみもあるものです。

　公喜や允博の教育上大なる経験も得ました。またよくあるべく努力いたしております。ずいぶん勝手者の儔苹君も精神的多分に変わり得た事をつくづく反省いたしております。ご安心のほど、公喜のお誕生日の天長節も間近くなりましたね。内地はもうすっかり暖かくなったことでしょう。こちらもだいぶ暖かくなり草の新芽がちょっとくらい美しく出ております。枯れ木、枯れ草の野山が緑の装いをこらすも間もありません。では今日はこれまで。儔苹、皆お大事に、サヨーナラ。二十日夕暮。禮子様、おばあチャンへ。

〔昭和19年4月20日〕

　昨日花田の奥さんよりお便りを戴きました。また何か玉屋より慰問品ご発送くださいました。早速便りは出しておりますが、受け取ればまたすぐお前にも知らせますから、そのつもりでいてください。私も毎日大変元気ですからご安心ください。今日はまたこちらは大変暖かい日よりです。明日は休日ですから外出いたします。また写真を写りましたから出来次第送ります。何と忙しいでしょう。寒くなりますゆえ体を大事になさい。ではまた。

　前に知らせていた、四日の小包は二十二日に受領いたした。大変珍しい物で楽しみにして頂いているよ。何様、今の品の不足のおり、あんな良いものをよく手に入れましたね。察しております。戦友たちに少しわけてやりましたら皆「ほう、こんな珍しいものがよく手に入りましたね。奥さんずいぶんむりをしてありますよ」なんど言っては喜んでお茶をすすりました。いつも何かと心づくし感謝しております。毎晩お茶をすすっては少しずつ戴いております。今も机の上では湯飲みの中からばん茶の香りでプンと鼻をついている。皆元気な姿を想像しながらペンを走らせております。もうすぐに日夕点呼のラッパが鳴るころです。外はこのごろ星も出ずちょっと先も見えない真っ暗闇です。ではまたお大事に。

　二十六日の便りは本日三日に受領いたした。実は見習い士官の方の事ですが、あんたに知らせてかえって心配かけたね。ごめんなさい……。実は大の仲よしで本部で毎日ふざけている人ですよ。二十四

連隊にいた人で中洲近所のことなんかよくご存知です。実は堅く約束していたのですが、帰ってきて私のところへ（伊藤上等兵君に誠に相済まん事をした。実は直方の父が病気で思うように行けなかった。ほんとに上官の私が約束を破って許してくれと行って帰られた。二十九日の日でした）そんなふうですから、私からあんたにお詫びをする。

　いずれにしても私ももう順番が来ているのですが、しばらくかかりそうですから、そのつもりで。今の私の仕事はちょっと頭を使っておりますが、体の方はまるで殿様のような日常を送っている。楽なものです。少しも心配いりません。その点心配しないでくださいよ。今度帰って話をすると、あんたが羨ましいような事ばかりでしょう。

　洗顔用石鹸は今五個ばかり持っている。洗濯用は少し不足です。それにしても余分二ヶほどある。何一つ不自由な事はない。一日おきに饅頭は大きいのが二ヶずつ戴けます。別に甘い物はキャラメルやヨーカン、カリン糖など一週二、三、四食べる。ほんとに子供たちに分けたいようです。でも兵隊全部そうではありません。私はね、現在の仕事の都合でこのツマラン顔がきけるの。ビールは一週日曜日に二本なんてどうです。でも給油……の方だけは駄目。れい子がいないのでね……笑っちゃ駄目。永い間、軍隊生活をするとほんとに人間が変わってくる。少しボケて帰ってくるでしょうから、その点お含みのほど。山の神のありがたさがほんとに身にしみますよ。同時に種々考えてみるとボヤーッとしていれないね。帰ったら全力を揚げて動くことだね。サヨーナラ。給油の節は東京までぜひ来ること。秀子サンのところまで途中少し見物して帰りましょうよ。

　おばあチャン、お元気ですか。子供たちもおかげさまで大変元気の様子。それにつけおばあチャンのご苦労のほどお察しいたして感謝いたしております。喜平も毎日大元気ですよ。ご安心ください。裏庭の枇杷（びわ）もすっかり色づいていることでしょう。こちらも一雨ごとに草花が美しくなっています。ではお大事に。

　公喜君、允博チャン、お元気ですか。裏のお庭の枇杷がだいぶ大きくなったでしょう。今日はこんな事を思い出して絵にしました。お写真を一緒に入れておきます。見て頂戴。サヨーナラ。
　父ヨリ。公喜、允博君。

浤子ちゃん、毎日おげんきですか。私もげんきですよ。公喜チャンや允博君みんな仲良く遊んでいますか。裏のお庭には何かお花が咲いていますか。きれいなてっぽう百合もまだありますか。枇杷も大きくなったでしょう。満州のお山も色々のお花がたくさん咲きましたよ。サヨーナラ。すずらんをおし花にしておりますが、そのうち送りましょうね。

「黄昏の歌　星の瞬く夜のしじまに　風は女と踊っている」

　十九日付の便りは受け取りました。皆元気だそうで何よりと喜んでおる。務めでずいぶん忙しい事と思っておる。充分体を大事になさい。今後の方針など種々考えておりますが、何様、私も自分一人ではこちらでどうすることも出来ません。やはり二人で話し合いの上でないとね。

　今度帰ったら大いにがんばって力のある限り奮闘する考えです。何といっても商売ですよ。こちらで職業のことはずいぶん色々軍の世話であるにはあります。満州電業やあるいは満州航空株式会社、あらゆる口が何十とありますよ。収入方面のことも内地の倍ぐらいには楽になるようです。しかし生活費は物価高ですからね。その方面のことは充分研究いたしております。

　昨日二十八日、すみ子さんから飴玉や、ぎんなんの実など沢山送ってくれました。よろしく言ってください。今日、小倉の増田さんから葉書を頂戴いたしました。今度写真ができたら送りたいと思っております。福岡ホテルへは出しております。木水さんへは早速出しますから奥さんのお名前を知らせてください。至急に頼む。木水さんへはお便りを出しておりましたから、ちょうど十八日前頃には着いていたとは思っております。では今日はこれで、サヨーナラ。僮莘。

　ついこの頃竹田屋のおじさんからお便りを戴いております。おばあちゃんからよろしく申してください。公喜と允坊が同じくらいだそうですね。私はなんだか允坊はまだ赤ん坊のような気がします。おばあちゃんのご苦労をしみじみ感じてます。ではまた、サヨーナラ。

　おばあチャン、お変わりありませんか。私も大元気です。ご安心ください。お盆も間近くなりましたね。今度のお盆は去年の春でしたか提灯の骨を送って砂糖か飴玉がきたとか言っておりましたね。あそこからお参りするでしょう。暑いので充分お大事になさいませ。私の事は決してご心配なく。ではまた、サヨーナラ。

　毎日暑いでしょう。お変わりなく元気で何より結構です。こちらもただいま最高度の炎熱期です。したがって全身まるで黒ん坊。毎日大変元気ですからご安心ください。さて私もおかげさまで兵長〔軍隊の階

級の1つ。伍長の下、上等兵の上に位置する。自衛隊にはこれに相当する階級はない〕の階級を与えられまして金筋〔軍人や警官などの階級を表示する金色の筋のこと。襟章で赤地に横に金筋1本が兵長。赤地に星1つが2等兵、2つが1等兵、3つが上等兵〕になりましたから喜んでください。何をやってもまじめに一生懸命努力いたしております。おばあチャンへも伝えてください。ますます勝つためにがんばります。今日も休みで午後皆で相撲を取ったり、またはリレーをやったりしてますます体力を練っています。ではまた。

満州で撮られた最後の写真（前列中央が半次）

写真が着いたそうですね。昨日休みにまた五名で一緒に写りましたから送ります。毎日お店の仕事が忙しそうですから体に気をつけてください。○年も過ぎましたがほんとに給油もなく油工場も休みで済みませんね。お察しいたします。よそへの配給ばかりですって、配給たびごとに思い出すでしょう。そのうちお鉢が回り過ぎるようになるでしょう。そして毎日配給（給油）があるようになったら断ってはいけませんよ……そのうちまた昔のように工場が始まる日が楽しみですよ。ではお大事に。

おばあちゃん、お変わりありませんか。私もおかげさまで毎日大変です。ご安心ください。滋子も夏休みなりましてますます皆でお手を取っている事と存じます。酷暑のおり、充分体に気をつけてくださいませ。ではお大事に、サヨーナラ。

滋子ちゃん、お元気ですね。私も毎日元気ですよ。あと五日で学校が始まりますね。大変黒ん坊サンになってるそうですね。私とどちらが黒いかしら。病気をしないようにお母ちゃんおばあちゃんの言い付けよく守るんですよ。そして一生懸命勉強してくださいよ。それからみんな仲良くするんですよ。サヨーナラ。

血液検査などみんなやったそうですね。そして滋子も坊主たちもO型だそうで何よりだ。私もO型、よく揃ったもんだよ。なかなか親子とも同じものは少ないそうだよ。まだ内地は暑い事だそうね。もう四、五日で滋子も学校が始まりますね。よく勉強していますか。お体に充分気をつけて勉強させてください。ではまた。

多少涼しくなりましたか。箱崎の放生会も後二週間ですね。泓子も今日から学校が始まりますでしょう。元気で勉強しているでしょうか。おばあチャンもお変わりありませんか。私も毎日相変わらず大変元気でご奉公しておりますからご安心ください。写真が出来たので送りました。だいぶ夏やせしてるんですが、もうぼつぼつ肥えて来ます。この押し花は営庭の草原で手帳にはさんでいたんですよ。桜に似た美しい花ですよ。ではまたお元気で。儔萃　禮子様。

手紙と押し花

おばあチャンお変わりありませんか。まだまだ暑いことでしょう。もうこちらはすっかり秋の気候に入ったようです。陽がおちるとピヤピヤと寒さを感じます。夜明けはほんとに冷えます。毛布三枚くらい着なければ冷えます。おかげさまで毎日大変元気です。一昨日日曜に一人で写真に写りましたので、またでき次第送ります。では充分体に気をつけてください。お大事に。ではサヨーナラ。

葉陰の大塚さんよりお便りを戴きました。よろしく申してください。明日は休みです。写真ができて来るので送ります。すっかり秋になりました。朝夕寒さを感じます。内地はまだ暑いでしょう。もうすぐ放生会になりますね。暑さもここしばらくですから充分体に気をつけてくださいよ。おばあチャンへもよろしく言ってくださいね。ではまた、サヨーナラ。

今日は信さんの便りを受け取りました。元気で働いておるそうですね。時々遊びに寄ってるそうですね。お帰りなったら自転車を拝借したいとか書いていたようですが、はっきりわからないのでそのままにしておきます。坊主の小さい自転車もあるでしょうね。今どきあんな品物はどうしたって手に入らないでしょう。まあしばらく大事にしておきなさい。公喜はもう乗れるくらい大きくなっているでしょう。そのうち坊主たちの写真でも出来れば送ってください。ではサヨーナラ。

オゲンキデスカ　モウアスカラ学校デスネ　今日ハメズラシイオハナシヲシラセマス

私ノ隊ヘ熊サンガ三匹モオ山カラ　ドウミチヲチガエタノカ　マヨイコンデキマシタ

一頭ツカマヘテオリマス　ソシテ　ウタレタ熊サンハ　モウ兵隊サンノオナカヘハイリマシタ

私ハ熊ノスイモノヲタベマシタ　オハナシオワリ　デワミンナナカヨクシテチョーダイ

サヨーナラ　アシタオシャシンヲオクリマス

熊汁で舌鼓

大林義雄氏（第2大隊本部　兵長）

　私が炊事当番をしていたとき、面白いことがあった。ある夜、部隊に熊の親子が3頭飛び込んできた。最初不寝番が豚（満州の豚は黒い）だと思って追い出しにかかったら、向かってきたのではじめて熊だとわかり、大騒ぎになった。みんなで一番大きい熊を追い廻し、連隊本部の便所に追い込んだ。便壺に落ちたところを小銃で射殺した。臭い熊である。他の2頭はその騒ぎに紛れて姿を消してしまっていた。

　翌日、私がその熊を料理したが、部隊全員に1頭の熊汁では間に合うわけがなく、仕方なく黒豚を6頭つぶして混ぜ合わせたこともあった。

　熊騒動が終わって、まもなく動員下令となる。私はその前に動員の選抜に漏れて残留組に入っていたので、戦友と別れる日が近づいて来ると、なんとも言えない淋しい気持ちで胸が一杯になった。

　お便りありがとう。大変元気です。アナタ……の便りで、アナタも非常にアナタ……のことが思い出されてね。アナタもアナタの許へ行けるのをどんなにか待っているでしょう。宝塚劇場は朗らかでよかったですね。でも虫がおこりますね。提灯の骨の代り飴玉の来たところへアナタも行かれるそうですから充分お大事に。おばあチャンもよろしく申してください。ではまた。

　検閲から逃れるために自分と妻を「アナタ」と変えて表現しています。「禮子の便りで、私も非常に、禮子のことが思い出されてね、私も、禮子のもとへ行けるのをどんなに待っているでしょう」と妻に対する深い想いをストレートに伝えています。

想定外の沖縄への動員下令

耳に入るのは悲惨な暗いニュースばかり

八面通大演習（各部隊の合同演習）が、戦局の急転悪化により中止となった昭和19年6月頃、全将兵の耳に色々な情報が入り、盛んにあれこれと取り沙汰されるようになった。それは、アッツ島の日本軍玉砕、タラワ、マキンの日本軍守備隊玉砕、クエゼリン、ルオットの日本軍玉砕などで、まことに悲惨な暗いニュースであった。しかし、部隊内の空気は部隊長始め1兵に至るまで全将兵張り切って、その意気たるやまことに盛んなものがあった。いつ動員が下っても即座に対応出来る態勢が整い、各人には自信に満ちた輝きがあった。

予想もしなかった沖縄への動員下令

その頃、各中隊はもっぱら洞窟陣地の構築演習や、車輌の難路行軍、火砲の人力搬送など繰り返し訓練を重ねていた。従って、将兵は皆な南方のどこかの島に行くのではないかと想像はしていた。比島（フィリピン）か、台湾か。それが沖縄とは一体誰が考え及ぶことができたであろうか。

真夏の暑い盛り、各中隊はいつものように営外に出て演習訓練に励んでいた。観測は標定作業に、通信は架線に、放列は難路行軍に汗を流していた。そして水町平吉少尉は火砲2門を指揮して、兵営から約1キロ離れた窪地に入っていた。今日の演習は難路行軍である。道路上で火砲を牽引車（六屯）からはずし軟弱な地盤の窪地に乗り入れ、分隊毎に入力搬送をやった。火砲（約三屯）の車輪がもぐらないように材木をつぎつぎ当てがいながら前進する。

うまくいったので今度は急坂に挑戦した。約20度くらいの傾斜である。距離は60〜70メートルくらいあった。火砲の脚部を閉じてロープを巻きつけ、ロープを引張る者、火砲に取り付く者、火砲が後退しないように歯止めを持って車輪を監視する者など、総勢30名余の力を集めて引っ張り始めた。

水町少尉は、坂の途中から軍刀を抜いて全員に気合いを入れ、およそ坂の半分くらい登ったところで部隊から伝令が飛んで来た。「演習を中止して、直ちに帰隊せよ」との伝言を受けたのである。誰しも予想はしていても、それが事実となると一瞬緊張するものである。待ってました！と思う者があれば、厭だなあ！　と思う者があるのも事実である。8月21日、その日、動員が下ったのである。

しかし、部隊内は案外平静であったが、それからが大変であった。早速出動準備にとりかかった。各中隊の人事係准尉は動員の人選にとりかかり、出動組と残留組とに区分けした。健康体で、よく動く者は大体出動組に入った。兵器係は兵器弾薬その他、被服係は装備（夏物）その他の準備で目の廻るような忙しさであった。

出動部隊の編成

出動部隊の編成は、つぎの通りである。

部隊長・神崎清治大佐、連隊本部指揮班長・山田正雄少佐外163名

第1大隊本部大隊長・滝沢幸助少佐外98名

第1中隊中隊長・日出間房寛大尉外124名

第2中隊中隊長・浜田清盛大尉外122名

第3中隊中隊長・中村利雄中尉外120名

第2大隊本部大隊長・山本段大尉外108名

第4中隊中隊長・宮本博中尉外124名

第5中隊中隊長・金子晃中尉外114名

第6中隊中隊長・森川茂吉中尉外134名、総人員1,117名

火砲、各中隊4門、計24門、弾薬1門当り1,000発、計24,000発で、1会戦分の準備であった。

動員下令の受け取り方は、将兵によって千差万別であるが、ほとんどの将兵は喝采を叫び、手を叩いた。それほどまでに気合いが入っていたことは事実である。しかし、出動組と残留組とがはっきりした時、部隊内にいささか異様な雰囲気が流れたことも事実である。

いざ出発！　よし！やるぞ!!

いよいよ出発である。当日、神崎部隊長は営庭に整列した全将兵に向って、「平素の訓練の成果を十分に発揮するように」と力強い訓辞を行なった。その一言は全将兵の胸を衝き「よし！　やるぞ!」との気概が満ち溢れていた。

しかし、残留組の気持ちは、いかようであったろうか。

動員が下ってから出発までのわずか10日間は、あわただしい期間であったが、その間に出動組と残留組との別れは、暇をみてあちこちで行なわれた。ここで別れたらもはや二度と再び逢うことはあるまいとの気持ちが、お互いを強く固くひきつけた。

輸送関係の都合で部隊は2つに分れ、本隊は9月1日、後続隊は9月5日に八面通駅を発って征途についた。当日は残留組が衛門の横に整列して、出動組の勇姿をいつまでも見送っていた。留守部隊は残務整理を行い、まもなく全員、隣りの第1014部隊に編入され、新しい希望をもって出発したのだが、昭和19年12月、東安省密山の新設部隊に転属となった。

忘れられない白い顔の少女

鈴木勝男氏（第5中隊　上等兵）

　久し振りの外出だった。腹一杯食べたし、外の自由な空気も充分吸ったし、帰営時間に遅れないよう急いでいると「チョッ、チョッ」と独特の掛声と、鞭の音をたてて馬車がやって来た。まだまだ兵舎は遠い。〝乗せてもらうよ〟と飛び乗ると荷台に少女が乗っていた。「オヤ」と思うほど色の白い娘だ。同年兵と二人で、手真似で話しかけたが下を向いて答えない。鞭を振っている父親や、積んである荷物の色とは対照的過ぎるほどの白さに心を惹かれた。

　やっと福禄村の1つ先の村に帰ることを聞きだした。兵舎が見えて来たので降りしなに父親にタバコ、少女に2人の甘味品の残り全部をやった。この次の外出日には沢山の土産を持って訪ねていこうと2人だけの約束をした。

　しかし、次の外出日はなかった。部隊に動員が下令されたかである。今でもあの時の少女の顔の白さが、たぶん胸でも患っていたのだろうと思うほどに、その白さが懐かしい印象として思い出される。

山本澄江さんの証言

山本段少佐（第2大隊長・沖縄で戦死）夫人

昭和18年12月4日、父に連れられて千葉県からはるばる粉雪の舞う八面通の駅に降り立ち、こんな淋しいところにと心細いかぎりで、胸がいっぱいでした。

八面通での生活はわずか10か月足らずでした。馴れない東満の冬は、暖かい房総に育った私には、ただただ戸惑うことのみでした。そんな生活の中で、まず当番の北又さんと小山さんのご親切に助けられて、また第1大隊長・滝沢幸助少佐（沖縄で戦死）の奥様のご親切で、ペチカ（暖炉）の焚き方を覚えました。

ある日、官舎の裏の山に山本と散歩しながら登った時、雪の下から真先きに春を告げるかのように咲き出す濃い紫の花、「インチュウホォワの咲く頃に　お嫁に行きます　隣村」と歌にあるような、愛らしい短い花首をつけてたった1輪、雪の中からポカリと咲き出した花に、美しい3人のクーニャン（娘）が駆けよって来たあの時の光景が忘れられません。

河の氷が溶ける頃になると、ライ魚やナマズが水の中から跳ね出してくるとのこと。四斗樽に入れて縄をかけて天秤でかついで官舎に運んでくれたあのグロテスクなナマズ。樽の中で泳いでいるのを見ただけで、食べた覚えはありません。

山本は朝出て行く時、今日も当番が来るが当番は自分の当番で、お前の当番ではない。公私の別をはっきりとわきまえないといけない。自分は平素粗食に馴れるようつとめているが、兵が来たときは、我が家はできるだけもてなしてやって欲しいと、いつも言っておりました。生死を共に出来るのは、親子ではなく、夫婦

でもなく、大事な兵士だからだと、遠くを見つめてつぶやいていたことがありました。

また、こんなこともありました。冬季演習で10日も留守して、帰って温い夕食をしているとき、突然、将校たちが話していましたが「飯盒の弁当を食べていると、歯がボロボロになってしまう。凍った飯をかじるからたまらない」と。しかし、不思議に自分の飯盒の中は凍っていないなぁ！　と考えておりました。

小山さんが来たときに、その話をしましたら、「奥さん！　隊長の飯盒は自分たちがかわるがわる懐に入れて温めているので凍りませんよ」と。まことにありがたいことと心より感激いたしました。山本が言った生死を共に出来るといったわけがよく解りました。

満州での生活は、戦争の最中というのに、いとものんびりしていて、官舎にいる若い将校さんの生活は明るく楽しいように思われました。

日出間中尉（第1中隊長、のち大尉。沖縄で戦死）が、日躍日の昼下り一升壜をかついで、下の町に和服姿で降りて行くのを見ましたときに、思わず私が「南方で苦戦をしているのに、同じ軍人がお酒をかついで歩いていては、日本は負けるかも知れませんわ」とそっと申しましたら、山本に大変叱られまして、「許してやれ、彼は独身で、いつどこでどうなるか解らないからなぁ！　日出間は実にいい男だよ!!」と言って、後姿を見送っておりました。

真赤な大きな夕日に向って町に降りて行く日出間中尉の後ろ姿は1つの絵となって、おりにふれ私の頭の中に浮かび、誰にも語ることも出来ず、私の心の引出しの中にそっとしまい込みました。ただいま、その引出しの中から心の絵を大切にとり出して、皆様にお目にかけるような気持がいたします。さぞ、立派な最期であったことでしょう。

当時31歳の山本の姿は、そのまま30年後の今も年齢を取っておりません。私にはそれより他に思い出すことが出来ません。

今、ちょうど、我が子が父の年齢になりました。幸福な結婚生活をさせて、自分を大切にし、二度とない人生を無駄にすることのないよう、私どもの分まで幸せになって欲しいと願わずにはおられません。永くもあり、短くもあった30年、沢山の方々が、戦後それぞれ異なった生き方をして来られたことと存じます。何のための戦いであったかと思うとき、それは無であり、夢であったとしか思えません。生きるも天然、死するも天然、どちらにしても戦争という悲しい昭和史のうちに生きた人々の姿と思われます。

〔野戦重砲兵第23連隊抄史（昭和51年6月5日発行）より〕

第5章

激戦地「沖縄」へ転戦

昭和19年（1944）秋⇨昭和20年（1945）6月18日（那覇郵便局気付 球第3109部隊 荊木隊）

沖縄から届いた3通の手紙

「野戦重砲兵第23連隊抄史」という貴重な資料によって、半次が所属していた部隊が沖縄戦で最も過酷であったと謳（うた）われる首里攻防戦を戦い、米軍を最後まで苦しめ勇猛果敢に戦った砲兵部隊であったことがわかりました。

沖縄からの最初の手紙に登場する「渡辺少尉殿ほか班長諸氏」と行動を共にしていたとすると、生き残りの方々の手記などから半次のおおよその行動がわかります。部隊が沖縄に上陸し、過酷な状況下で沖縄戦終結の直前（5日前）まで懸命に戦っていたことを思いますと「何としてでも家族に会いたい」という想いで、亡くなるその瞬間まで、必死に「生き抜いていた」のだと感じずにはいられません。

以下に沖縄から送られてきた半次の手紙に続き、「野戦重砲兵第23連隊抄史」に記された生き残り兵の証言を引用させていただき、これまで語られることのなかった第32軍・直轄砲兵部隊「伊藤半次の沖縄戦」をご紹介します。

なお冒頭でもお断わりしましたように、証言は原文のままですが、読みやすさを考慮して、適宜、見出しや小見出しをつけさせていただきました。あしからずご了承ください。

しばらくでした。皆元気ですか。私も毎日大変元気です。ご安心ください。誓文晴の季節も早過ぎましたね。それにこちらではまだまだ暑くて日中は裸で充分です。お話のようにお芋に黒砂糖の多いのには細い目をまんまるくなしたよ。送って上げたいようです。そのうちなんとかなるでしょう。どこへ行っても畠という畠、全くお芋に砂糖キビばっかりです。お砂糖はいやになるくらいなめております。どんな家に行っても黒砂糖が茶菓子替わりですよ。砂糖の出来るのも毎日見ております。渡辺少尉殿ほか班長諸氏も皆元気で到着ご安心ください。ちょっとひまのおりお手紙をお願いいたします。おばあチャンへもよろしく。寒くなるでしょう、充分体に気をつけてくださいよ。ではまた、喜平より。サヨーナラ。

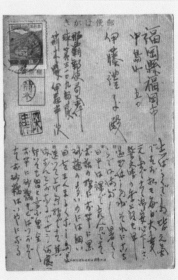

　おげんきですか。公喜君も允博君もみんな仲よくしていますか。だいぶ寒くなったでしょう。私も大変げんきですよ。増江サンにも所を知らせてちょうだい。お手紙をくださいよ、待っておりますよ。サヨーナラ。

ヨシヒロクンワ　グンカンノハガキ
オニイチャンハ　ヒコーキノエデスヨ
コノツギワ　ナンノエヲオクリマショウカネ
マッテイテチョーダイ
オニイチャン　オネエチャント
ナカヨクスルノデスヨ
サヨーナラ　（陣中だより　19年11月25日）

　文意や日付から推測すると、3通とも昭和19年10～11月に出されたようです。次男允博宛の手紙を最後に半次の消息は途絶えます。その後も便りを出したのかもしれませんが、沖縄から船で運ばれる間に、米軍の攻撃を受けたのか、支給されるはずの葉書や便箋がなかったのか、あるいは、戦況の悪化により、陣地構築が急務で、便りを出す余裕がなかったのかもしれません。いずれにしても、もっと伝えたかった想いが沢山あったのは間違いありませんが、結果的に家族の元に届けられた沖縄からの便りは、3通のみとなりました。

　「軍隊生活で心身ともに鍛えられておりますから、今後の私に期待していてください」〔昭和17年9月13日〕、「いずれこちらで何か大きな商売でもやりたいと考えております」〔昭和17年9月27日〕、「今度帰ったら大いにがんばって力の限り奮闘するつもりです」〔昭和19年〕など、老舗提灯店の店主として、また一家の大黒柱として、父として、希望にあふれる未来の展望を描き、愛する家族と暮らす平穏な日々を夢見て、沖縄戦終結の5日前まで懸命に生き抜きましたが、昭和20年6月18日に沖縄本島小渡（現糸満市大度）で無念の最期を遂げたのでした。

　ところで、手紙にもたびたび登場する戦友の白水さんから、禮子に宛てた、こんな手紙が残されています。

　「案じておりましたがご主人の立ち寄られたとのこと、どんなにかよろこばれたこと、安心して征かれたことと存じます」

この白水さんの手紙から、転戦の際、半次が妻禮子に博多で会えたことは間違いないようです。「野戦重砲兵第23連隊抄史」および沖縄からの手紙から、班長諸氏と動いていたことを考えると、半次は先発隊で行動し、9月22日夜半博多に到着してから、9月25日の朝、博多を出港するまでの2日間を家族と過ごしていたことになります。

お互いどんなにかこの日を待ちわびたことでしょう。そして、出港するまでの時間を、家族とどう過ごしたのか。二人が楽しみにしていた温泉には行けたのか、物心ついて、初めて会う父親（半次）に息子允博（私の父）はどう接したのか、そんなことを色々と想像します。

そんな中、「あなたのおじいちゃんは、私たち家族を家（福岡）から近いところで守りたいから沖縄に行くんだ！ と話していたのよ」と、子供の頃に祖母（半次の妻禮子）が話してくれた言葉を思い出しました。当時は、手紙などで機密情報（転戦先）を知らせることはできませんでしたので、祖母が私に話してくれたことは、博多に立ち寄ったときに聞いた話に違いありません。禮子が半次の口から、おそらく直接聞かされたことだったのでしょう。

そんなつかの間の再会の後、訪れる運命を知る由もなく家族と再び離れ、後ろ髪を引かれる思いで博多から沖縄へと向かって行ったのでした。

「野戦重砲兵第23連隊抄史」から、輸送船においての被害率は60％もあり、敵機の空襲と潜水艦による雷撃、そして機雷による被害などの恐怖のなか、無事にたどり着ける保証のない命がけの航行であったことがわかりました。（詳細は160ページ）

沖縄から届いた手紙は、わずかに3通。それまでの明るい絵などもなく、慌ただしく書いたと見られる文字で、家族に無事を知らせる内容でした。過酷な状況が予想される沖縄への船出を見送った家族は、沖縄からの手紙（既製の絵葉書に切手を貼ったもの）を受け取り、どんなに安堵したことでしょう。

第32軍・直轄砲兵部隊「伊藤半次の沖縄戦」

戦況は悪化の一途　沖縄を最後の拠点に

　昭和17年（1942）6月、日本軍はミッドウェー海戦でアメリカ軍に大敗を喫し、太平洋水域の制海権をほとんど失ってしまいました。この海戦で、多くの航空母艦を失った日本は、空母に代わって島嶼に飛行場を建設し、地上基地から航空作戦を行う構想に転換します。

　昭和18年（1943）9月に大本営が「絶対国防圏」を設定するや、サイパンなどマリアナ諸島の陸軍航空部隊を支援する中継基地として、沖縄を"不沈空母"と位置づけ、沖縄県内で日本軍の飛行場建設を始めます。しかし、米軍の機動部隊が同年10月10日に沖縄を空襲して以来、戦況はさらに悪化の一途をたどります。

　このため、本土防衛の最後の拠点を沖縄とし、昭和19年3月に南西諸島に沖縄防衛のため、第32軍を創設し、翌昭和19年10月に沖縄へ兵力を送りこみます。そんな状況下、半次が所属する野戦重砲兵第23連隊は、第32軍の大きな期待を担って、10月22日〔もしくは11月6日〕に沖縄へと転戦しました。

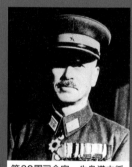

第32軍司令官　牛島満中将

第32軍の陣容（1944年10月頃）

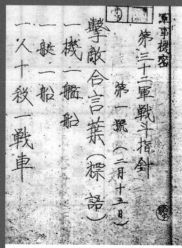

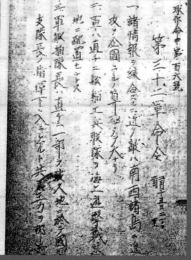

牛島満が軍民へ示達した「戦闘指針」の原本

八面通を発ち、釜山鎮に到着

小栗義男氏（第2大隊本部　上等兵）

　その朝の八面通駅頭には、見送る者と見送られる者、打ち振る手と手の中に何か暖かく流れるものを覚え、瞼（まぶた）の裏が熱くなるのを感じた。

「諸君、お元気で、再び会う日を待っているよ」

　親愛なる清水軍曹だ。彼の目にも、進藤上等兵のそれにも、何かキラッと光るものがあった。軍装に身を固めた兵士たちと、測り知れない運命を乗せた軍用列車は一路南へ南へと疾駆（しっく）した。車窓にくり広げられてくる想い出の満人集落、広漠たる原野、インチューホワ（迎春花）（げいしゅんか）の花咲く野辺に、若鳩のように飛んで行った外出の朝の思い出、雪の野にくり広げられた雉狩（きじが）りの追憶、長い在満の思い出が一時に我々の脳裡を次々とかすめては、通り過ぎていく。

　しかし、当時すでに在支米空軍は数次に亘（わた）って、満洲における重工業地帯を空爆しており、列車輸送とて一刻の安堵も許されなかった。車中においても対空監視班が編成され、有線によって連絡を強化し、厳重な監視が実施された。

　長途4日、満州、朝鮮の旅も恙なく釜山鎮（ぶさんちんきゅうしゃ）厩舎（つつが）についた。釜山鎮は南下部隊、転属部隊で喧噪を極めていた。その日より乗船の日までの13日間、焼きつくような太陽の下に、あるいは夜露に濡れつつ、深更まで兵器、弾薬、糧秣（りょうまつ）などの積み降ろしの荒仕事に従事した。

　身心共に疲れ切ってくたくたになったが、その間において、輸送船団の実情に応ずるため、釜山船舶

司令部付某大尉より「輸送船遭難対策普及教育」を受け、退船諸訓練を実施した。入水遊泳、梯子の昇降、救命胴衣、救命綱の装着法、退船の要領など、それだけのことを短期間に兵隊たち一人ひとりに修得させることは、非常に困難が伴った。中には遊泳すら不可能な兵隊もいたからである。

　こうした雑然とした中にも日課を終えたひと時、厩舎附近の埠頭に潮風を身に浴びながら散策、または釣りをすることができたことは、引き締められたような兵隊の身心をときほぐしてくれた唯一の清涼剤となった。

　埠頭には夥しい兵器弾薬、その他の資材が集積され、厩舎内には兵隊が氾濫していた。私は、そこで北支へ派遣される同郷の新兵さんに会うことができ、久し振りに郷里の様子をことこまかに聞くことができた。こうした短時日ではあったが、この釜山の港の生活は長く懐しい思い出となった。

"魔の海洋"を無事南下して博多港に着く

　9月22日夜半、勝利丸に乗船をはじめ翌朝いよいよ港を離れた。果てしない海洋に打ち続く金波銀波は、おりからの朝陽に映えてそれは壮麗な眺めであった。だが、この海洋にはすでに米潜水艦が跳梁し、朝鮮沖近海斉州島付近にも出没していた。輸送船団の航海は当時最も危険な状態にあった。

　こうした魔の海洋南下の第1日も恙なく、その日の夕刻博多港に着くことができた。3年振りに見る内地の姿だった。薄暮の中に浮ぶ九州の島々、港の灯、抑え難い郷愁が胸にたぎった。僚船9隻の輸送船団は25日の朝博多を出港したが、護衛艦を伴わない夜の航海は全く危険下にあったので、船は伊万里、天草、牛深に泊して4日目、鹿児島湾に入った。

　その頃、南西諸島近海に米機動部隊出没の情報が頻りに伝えられた。そのたびごとに湾内に遊戈する幾10隻かの船舶はそれぞれ散解し、避難の態勢をとった。我が方における飛行機は少なく、敵機動部隊の跳梁する悪条件を侵して、10月9日我が輸送船16隻、護衛艦11隻は舳艦相含んで、一路目的地を指して鹿児島を出港した。

輸送船の被害率は、なんと60％

　敵機の空襲と潜水艦による雷撃、そして機雷による被害、これらは海洋を行く輸送船団の一大恐怖であった。そして、これらによる被害は必ず予想しなければならなかった。釜山鎮において普及教育を受けた時耳にしたことは、輸送船の被害率は60％であり、被害の内訳として潜水艦の雷撃が68％に上り、残りは空襲と機雷、それに座礁だということであった。

　もちろん敵襲に際しては、種々の措置対策が講ぜられていた。船団の周辺には海軍の艦艇が護衛し、その砲門は空を睨み、多くの爆雷が積載され、各砲兵隊の砲門は甲板上から湖を見下ろし、船舶に設備されているあらゆる火砲は最大限に整備されていた。

　各輸送船には対空監視班、対空射撃班、対潜監視班、その他防火班衛兵などがおかれ、輸送指揮官統括のもとに、警備司令がこれを指揮していた。また最悪の場合に応ずるため、船団の散解、ジグザグ航行などの方法がたてられていた。

　危険海面にさしかかった場合には、将校も下士官、兵も退船の服装を整えて、甲板上と船艙内に各

半数ずつ、寝もやらず待機していた。それゆえに、対潜監視班の責任は船上諸勤務中最も重大だったのである。

　監視の兵隊は終日眼鏡を双手に、定められた監視圏内の海洋に浮かぶ一物をも見逃がすまいと見守っていた。「一体この輸送船団の幾隻が目的地に着くことが出来るんだろう」、そう思うと淋しかった。

我々は陸上部隊だ。海上では死にたくない！

　我々はサイパン島へ行った船団の被害の模様も大体聞かされていた。

　「我々は陸上部隊だ。海上では死にたくないのだ」

　この気持ちは兵士たちの共通の思いであった。

　やがて不気味な夜がきた。波頭が船首に砕けて、ザアーと散ってゆく。その波のまにまに無数の夜光虫が妖しく美しい光を放つ。隣影も僚船も見えない。ときおり護衛艦の投ずる爆雷の轟音が物凄く響いてくるのみである。そのたびごとに警備司令から、警戒監視の厳しい命令があった。緊張裡（きんちょうり）に、時は一刻一刻と過ぎてゆく。

　やがて待ち遠しい夜が明けた。兵士たちの目は疲労と睡眠不足のため充血していた。中には船酔いのため全く食事をとらず、気力のなくなった者もぼつぼつ出てきた。

米軍の「10・10空襲」を危うく回避して鹿児島湾に入港

　それから幾時間島影を見ぬ航海を続けたであろうか。突如として船団の進路は半輪の状態に指向された。

　「何だろう？」皆、不安と疑惑の目を見張った。

　この日、米第58機動部隊の艦載機は南方への主要幹線補給路である沖縄本島、奄美大島、宮古、石垣の線を通らず南西諸島に対して大挙初空襲を敢行した。いわゆる「10・10空襲」〔沖縄本島で初めての本格的な空襲で、那覇港を中心に市街地の9割が焼けた。「沖縄戦の始まり」である〕の当日だった。奄美大島の手前40キロの地点において、危うく虎口（ここう）を脱した船団は一路九州に向かった。

　佐世保の軍港にほど近い崎戸に待避し、状況好転を待って南下、10月16日再び鹿児島湾に入港した。立ち昇る桜島の噴煙と黒色の熔岩（ようがん）の流れが、恰も一幅の名画のごとく目の前に迫ってくる。

　乗船以来1か月近く、高浪にもまれつつ、夜を日につぐ船上諸勤務に、あるいは諸訓練に、兵士の身心の疲労は極度に達していた。加うるに人間と軍用資材がギリギリにすし詰にされた船中生活の労苦は想像以上のものであった。汗と油と汚塵（おじん）で船内は悪臭を放ち、水もなく食器も寝具も不潔を極めた。病人が出たり、伝染病にかかったり、港から内還された将兵もいた。こうした苦痛の生活は、陸影に対する強烈な思慕の情をそそった。（りくえい）

　その日の午後、山麓に青バスの通る桜島に上陸を許可され、洗濯と入浴と若干の体養が出来得たことは、八潮路（やしおじ）遠く征途につかんとする兵士にとって、このうえもない慰安となった。

鹿児島港を離れて沖縄を目指す

　10月20日、秋晴れの空に麗容薩摩富士の見送りを受けて、我々は鹿児島の港を離れたが、これが内地の最後の見おさめとなった兵士たちが、如何に多かったことであろうか。貴重なる将兵の生命と、莫大なる戦用資材の運命を双肩に担って、再び緊張裡に諸々の勤務が継続されていった。船団は漸く危険哨戒面に差しかかる。

　「洋上に浮遊するどんな一物でも見逃してはならない。島影に浮ぶ黒点、帆掛船、実体の明瞭でないもの、異常な波柱、それらは特に監視を充分にして逐一報告せい」

　その日の対潜監視班係将校である野口中尉（沖縄で戦死、大尉）は、監視兵に向って更に続けた。

　「いよいよ危険哨戒面だ。今まで教育を受けて学んだことは、みんな現在直面しつつある実戦に役立たせるためだ。たとえ潜水艦が魚雷を発射しても、早期に雷跡を発見したならば遭難を免れることは可能だ。これまでもそうした例は幾らもある。すべて異常な徴侯を発見した場合は、逸早く警備司令に報告することだ」

　艦橋には警備司令の深山大尉が、勝利丸の運命を一身に担ったかのような緊張の面持ちで各勤務者よりの報告を徴し、必要なる命令を発している。輸送指揮班・館山中佐の姿も時々見受けられる。やる方ない憂悶の航行が続いて、西方に屋久島がはっきり眺められる頃だった。

すわ、潜水艦か！

　左前方に警戒を続けていた護衛艦から、突如チカチカと白い発火信号が上った。すると、突如船は船首を翻して反対側の方向へ、フルスピードで走って行く。左方の艦艇からも火花が上った。やがて船体

をゆさぶる轟音が伝わった。

　すわ、潜水艦か？　兵士たちの関心は一斉にそこに注がれた。ズズーンとなおも轟音が響く。潜水艦を発見した護衛艦が爆雷を投下しつつ、これを追っているのだ。不気味な緊張の一刻一刻が過ぎていく。そして間もなく、潜水艦は去った。緊張がやわらいだ。

　それ以後も、この敵潜の出没は繁しかった。サイパン失陥後久しい間、制空海権を米国に握られ、孤立無援の中に敢闘を続けていた大宮、テニヤン両島の陥落が報じられたのもちょうどその頃であった。

　船艙内においても、甲板上の舷側でも、兵隊たちは九州で入手した西日本新聞、鹿児島日報などに見入っていた。そこには「10・10空襲」や台湾沖航空戦の詳報が記載されていた。兵士たちは憤怒と屈辱感の中に、ある一種の畏怖の念を感じていた。

　「神聖なる皇土は、今外国より屈辱を受けている。これが日本の現実の姿なのだ」

　「しかし、日本は敗れることはない。民族的団結力は世界一だ」

　「日本は必ず焼土戦術に戦い抜くだろう。この戦に敗れる時は、大和民族が地球上からなくなる時だ」

　こうしたことを気強く語り合う兵士たちの集いもあった。識者たちは寧ろ敵の来冦を望み、近海戦法に出るといい、天佑神助は必ずあり、精神は物量を凌駕するといった。あるいは最近の日本軍の攻勢に対して、ガダルカナル島転進以来忍苦の時を稼ぎ、その総反攻が開始されたともいった。しかしながら、我々は厳しい現実の前に、粛然とした哀しさに鎖されてゆくのをどうすることも出来なかった。鹿児島出港以来、恐怖の海洋に航行を続けること2昼夜、不思議にも危難を免れつつ南下して行った。

あっ島だ、沖縄の島だ！

　10月22日の朝がほのぼのと明け染め、真紅の太陽が東の海に輝いてしばらくしてからのことであった。

明るい水半線上にほのかに夢の如く浮び上った島があった。

「あっ島だ、沖縄の島だ!」

誰かがこう叫んだ。デッキに群れ集った将兵の瞳は歓喜に輝いた。

「我々より先に行った船団も、後の船団も敵襲による被害の情報があったが、我が船団に一隻の被害も
なかったということは、実に奇蹟だよ」

小島軍曹（沖縄で戦死、准尉）が力強く語った。夢のように霞んだ島が、船が進むにつれて次第に大
きく水々しい緑の島に変ってきた。満1か月の乗船生活の痛苦に、身心は疲労し、身体は汚塵にまみれ、
神経ばかりがとみに苛立っていた我々にとって、この陸影に対する憧れはどんなであったろうか。

50余日の艱難辛苦の航海を経て那覇港に碇泊

その日の夕暮れ時、船は那覇の港に碇泊した。そしてその夜、沖縄上陸の命が下った。

八面通を出てから、実に50余日の艱難辛苦の航海であった。後続隊も同じような状況下で、若干コー
スは異なるが辛苦の末11月6日、恙なく那覇の港に入港した。

なお、連隊の行動に先んじて、9700部隊長（砲兵団長）、和田孝助中将（戦死後に大将）と共に、飛
行機で先行しておられた部隊長・神崎大佐は、部隊の本隊である我々の到着を一日千秋の思いで待って
おられたが、我々が港に上陸すると部隊長は連隊指揮班長・山田少佐（戦死後に中佐）を伴って、例の
大軀をゆさぶりながら埠頭に姿を現わされた。

空襲前の那覇港とその周辺

City of Naha, Okinawa
(PRE-WAR)

「おお、みんな元気か。みんなの無事到着を部隊長は祈っておったぞ」

傍(かたわら)の石に腰をかけた部隊長は、老顔に笑みをたたえながら、10・10空襲の状況を諄(じゅん)と語られたが、それは我々には何か凄絶(せいぜつ)さと悲憤(ひふん)だけを残すことになった。

すでに廃墟(はいきょ)と化していた那覇の町

南海の果てしなき紺青の海原に浮ぶ島々、緑に映える白い珊瑚礁(さんごしょう)、その中で一番大きな瓢箪形(ひょうたんがた)の細長い島、絵に見るような美しい夢の島と言われた、それが沖縄本島である。

沖縄は、遠く琉球王朝時代(りゅうきゅう)から独得(どくとく)の文化と風習を誇り守り育ててきた。そして、沖縄人は祖先崇拝の念が非常に強く、人情もまことにこまやかで、長く苦しい幾多の変遷(へんせん)を経て、いま貧しいながらもささやかな生活を送っているのであった。

この夢の島が一瞬にして修羅場と化し、10数万の尊い生命(いのち)が失われてしまう廃墟の島となってしまうことを一体誰が想像できたことであろうか。

周辺には、慶良間諸島(けらま)、久米島(くめじま)、伊江島(いえじま)など大小幾多の島が散在し、島嶼間(とうしょ)の連絡は、もっぱら"くり舟"がその役を担っていた。また、沖縄は漁業が盛んで、糸満漁夫の名声は広く世界に鳴り響いていたほどであった。

10月10日 空襲初期の爆撃

空襲後の西町・通堂町一帯

ところで、我が部隊は前述のようにはるばる満州の荒野から、約3か月の時をかけて、この美しい島に上陸したのである。しかも、それが玉砕(ぎょくさい)するためにとは、誰一人として感じていた者はいなかったであろう。

那覇の町はすでに10月10日、米空軍の5波におよぶ大空襲を終日受けて廃墟の町と化し、港湾も手ひどい打撃をうけ、あちこちに沈没した船の残骸(ざんがい)が見受けられた。また、波止場に陸揚げされていた物資も、そのほとんどが被害をうけ、まだくすぶりながら煙をあげて燃えていたのが印象的であった。

後日判明したことであるが、その前夜、米機動部隊の接近に気が付かず、軍司令官主催の宴会が沖縄ホテルで盛大に催されていた。宴会後各参謀は町に出て痛飲、大いに浩然(こうぜん)の気を養っていたのであるが、翌日二日酔いの頭上に痛棒をくらったのである。

守備軍の配置

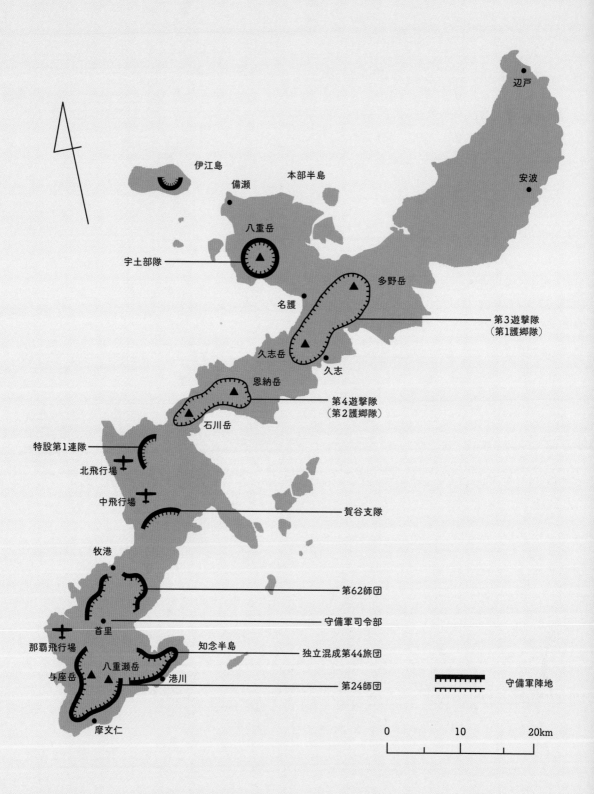

辺戸

伊江島
本部半島
備瀬
安波

八重岳
宇土部隊
多野岳

名護
第3遊撃隊
（第1護郷隊）

久志岳
久志

恩納岳
第4遊撃隊
（第2護郷隊）

石川岳

特設第1連隊
北飛行場
中飛行場
賀谷支隊

牧港
第62師団
守備軍司令部

首里
知念半島
独立混成第44旅団

那覇飛行場
八重瀬岳
港川
第24師団

与座岳
摩文仁

守備軍陣地

0　　　　　10　　　　20km

八面通以来の長途の旅装を解く

我が部隊の将兵は長旅の疲れをもいとわず、夜を徹し文字通り不眠不休、前後3日間の兵器、弾薬、その他物資の揚陸作業を無事に終えて、ひとまず島尻郡佐敷村国民学校に、八面通以来の長途の旅装を解くことができた。

我が部隊の守備陣地は、あらかじめ軍命令で、第1大隊は首里市を基幹とする中頭地区、第2大隊は島尻地区と指定されていた。これは、軍直轄砲兵として、米軍が嘉手納および港川附近に上陸しても、同時に対応できる態勢を考慮して定められたものである。

まもなく、各中隊はそれぞれ命令された地点に散って行った。連隊本部、第1大隊本部は前田高地に、第2大隊本部は港川の高地に陣地占領した。

その頃、沖縄本島の防衛態勢はほとんど出来上っていた。

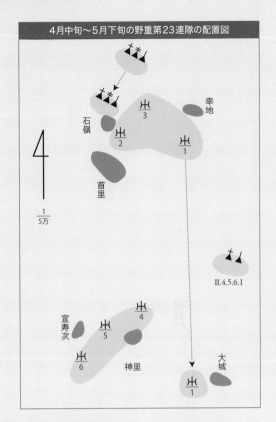

4月中旬〜5月下旬の野重第23連隊の配置図

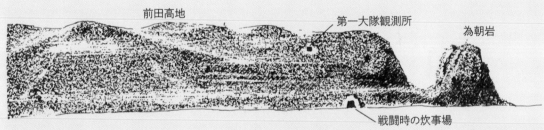

前田高地　第一大隊観測所　為朝岩　戦闘時の炊事場

前田小学校　民家駐屯　第一大隊本部　守備軍の配置

各中隊、さっそく陣地構築に取りかかる

各中隊は指定された地区において、それぞれ陣地構築を始めた。

第1大隊各中隊（第1、第2、第3）の放列は西原村に、第2大隊各中隊（第4、第5、第6）の放列は神里村に、それぞれ陣地占領して、直ちに工事にかかった。本部、指揮班関係は本観測所ならびに補助観測所、通信所および居室など、また各中隊放列は放列陣地（火砲1門ごとに隠蔽射撃壕）および居室などの構築である。

洞窟陣地の構築は満州でひと通り訓練し熟達していたので、その構築要領はお手のものであった。しかし、その作業も場所によって、硬軟の土質のため大きく左右されることになった。固い岩盤にぶつかると作業も遅々として進まず難渋した。また、軟質の地盤では落盤の危険性が多分にあり、絶えず注意をしながら作業をしたが、若干名の犠牲者がでた。

陣地の選定については、できるだけ固い地盤を選んだ。砲爆撃に充分耐える地盤でなければその効果がないからである。天然壕の活用は一番効果的であった。とくに病院関係は、ほとんど天然壕を利用した。幸い、沖縄には天然壕（鐘乳洞）が数多く散在していたため、生き残った者は、これによって助かったのである。

洞窟陣地の構築

少しでも頑丈な壕を作ろう

水町平吉氏（第5中隊 少尉）

第5中隊は、本隊よりも2週間以上遅れて11月6日那覇港に着いた。上陸後直ちに指定された陣地、神里（かみざと）に入った。行軍の途中でかじった砂糖黍（さとうきび）の味が、いつまでも忘れられない思い出である。

当初は全員、村の民家に分隊ごとに分宿して陣地構築を始めた。民家から陣地まで歩いて約10分である。後日、陣地内に仮小屋を建てて移動した。神里陣地はなだらかな丘陵地帯で、附近は畑であった。地盤は軟弱な粘土質で作業はし易かったが、こんな土質では艦砲1発で潰されてしまうという不安（かんぽう）が抜けなかった（事実、戦闘が始まったら、砲爆撃で簡単に潰されてしまったのである）。少しでも頑丈な壕を作ろうと思い、使用する杭木は国頭地区（くいき）（くにがみ）から、より太いものばかりを選んでトラックで運んだ。

米軍機百数十を撃墜破して、軍司令官の賞詞を受ける

元旦、2日には新年の挨拶がわりに来襲し、その後も連日のようにB24が1機または数機、沖縄上空に飛来し偵察するようになった。日を追うにつれ、敵機は大胆になり、地上の目ぼしい目標を襲撃するようになった。我々は陣地内でよく機銃掃射（きじゅうそうしゃ）を受けたものである。

1月半ば頃の作業中、落盤事故により大変元気のよい鈴木大三上等兵を失ったことは、まことに残念な出来事であった。他中隊でも同じような事故で亡くなった戦友が2名ばかり出たそうである。

1月21、22の両日にわたる空襲は、昨秋10月10日のそれに劣らぬほど大規模なものであったが、たびたびの空襲で技量がめきめきと上達した我が防空部隊は、米軍機百数十を撃墜破して、軍司令官の賞（しょう）詞（し）を受けたのである。

いよいよ戦機は熟してきた！

その頃、第32軍司令官・牛島満中将の巡視があった。陣地内をひと通り廻って、中隊全員に対して「頑張るように」との言葉があった。また付き添いの参謀から壕の砲口部を強化するようにと注意があったため、その補強作業に懸命になり、2月20日頃やっと完成をみた。

中城湾（なかぐすく）方向に向けて4つ、瀬長島方向に2つの洞窟陣地を作った。かかる状況のもといよいよ戦機は熟してきた。もはや米軍上陸は時間の問題であり、またいつ上陸してもすぐ対応できる態勢が出来あがっていたのである。我が部隊は初陣でもあり、将兵一同緊張のうちにも大いに張り切っていた。

運命の年（昭和20年）

　昭和20年は、沖縄本島にとって運命の年であった。1月の幕明けは、元旦、2日と連続して米軍の空襲を受け、今年は何か起こりそうな予感を兵士一同に与えた。

那覇市小禄

　その後、日を追って空襲は激しくなり、ここかしこに相当の被害が出るようになった。第32軍の心配は一般住民の処置であった。すでに米軍来攻は必至とみて、軍では昭和19年7月頃から疎開計画を立案し、1つは島外疎開、2つは島内疎開とに区分し、島外疎開に重点をおいて実施に入っていた。もちろん、疎開者は老幼婦女子に限られていた。ひとたび戦闘が始まれば、当然その渦中に巻き込まれ、右往左往して軍の作戦行動に支障をきたすのは明白である。

　万全の対策として該当者全員、島外疎開させるべきであったが、その余裕すらもなく、また輸送機関の準備も十分にできなかったので、止むなく島内疎開の2本立てにならざるを得なかったわけである。かくして決定した沖縄本島の疎開要領は、次の通りであった。

沖縄本島の疎開要領

一、凡そ戦闘能力ならびに作業力ある者は、挙げて戦闘準備および戦闘に参加する。

二、六〇才以上の老人、国民学校以下の児童ならびにこれを世話する女子は、昭和二〇年三月末までに、戦闘を予期しない、島の北部に疎開する。

三、各部隊は、所属自動車その他車輛、舟艇をもって、極力右疎開を援助する。

四、爾余の住民中、直接戦闘に参加しない者は、依然戦闘準備作業、農耕、その他の生業に従事
　　し、敵の上陸直前、急速に島の北部に疎開する。

五、県知事は、島の北部に疎開する県民のために食糧を集積し、民住設備を設ける。

　この5項目を軍の意図として、はっきり民間に示したのである。

　しかし、島民は容易に動かなかった。老人の中には死んでもかまわぬ、ここに置いてくれと懇願する者
もあった。かくして、戦闘開始までに疎開した数は約35,000名、北部国頭地区に移動した者約50,000
名に過ぎなかったため、犠牲者が多くなってしまった。

　しばらくの間、沖縄本島はこの疎開騒ぎで連日あわただしい動きをみせていた。

鉄血勤皇隊、ひめゆり学徒隊、白梅学徒隊などが結成される

　2月に入ると、満17歳以上満45歳までの男子約25,000名が、防衛隊員として召集された。中等学校
の男子生徒は鉄血勤皇隊を編成し、紅顔可憐な14、5歳の少年に至るまで、祖先墳墓の地を護るため、
銃を執って立ちあがった。

　また、かねてから万一の場合を憂慮し、看護教育を受けていた女子中等学校の上級生徒を中心に、
それぞれ軍の病院に配属された。これが、ひめゆり学徒隊や白梅学徒隊などの看護隊である。町にも、
村にも、今では屈強な男子は見られなくなった。日本本土の同胞にさきがけて、挙島戦闘配置に就いた
のである。

かかる状況のもとで、我が部隊は日夜陣地構築作業の手をゆるめず、ますます熱を入れて励んでいた。同時に、戦闘訓練をくり返し行ない、戦闘に対する自信を逐次深めていったのである。

本部関係および各中隊指揮班は、観測、通信に、各放列は、射撃、移動に実戦さながらの訓練を行ない、その練度を高めた。すでに軍においては、米軍上陸予想地点を嘉手納沿岸地帯、中城湾沿岸地帯あるいは糸満沿岸地帯とみて作戦をたて、戦備を固めていた。

我が部隊も、その3方向に対するあらゆる諸元を算定、調整して、いつでも直ちに射撃できる態勢になっていた。3月半ば頃には各陣地は完成していた。その頃の我が部隊将兵の士気はまことに盛んで、まさに天をつく勢いであった。初陣でもあり、満州で鍛えた腕を十分発揮しようという気持ちも手伝い、全将兵が張り切っていたからだろう。

嵐の前の静けさ

硫黄島の激戦をといたのもその頃であった。

嵐の前の静けさという言葉があるが、我が陣地ではまさにその通りで、陣地構築もなんとか完成し、戦闘準備も出来ているという安心感からホッとして一種の無風状態にあった。のんびりして、たわいのない話に花を咲かせていたものだ。

その時、米大輸送船団はウルシー、レイテ両方向より続々と沖縄に向かい接近中であった。3月23日、早朝より上陸を思わせるような、今までにない本格的な激しい空襲を受けた。全島一気に火を吹くような状態になった。

これが壮烈なる沖縄戦の序幕であったのだ。

沖縄本島南東部の港川で標的が炎上している様子

第1大隊放列に射撃命令が下る

　米軍上陸時における我が部隊の陣地は、次のように展開されたのである。

　連隊本部、および第1大隊本部（含む第1、2、3中隊指揮班）は北面して前田高地、放列は西原村に、第2大隊本部（含む第4、5、6中隊指揮班）は港川陣地、放列は神里陣地に布陣して、米軍がどの地点から上陸してもすぐ射撃できる万全の態勢になり、神崎部隊長は陣地間を往復して部下将兵を労い、かつ気合いを入れて士気を鼓舞した。

　満を持して待機していた第1大隊放列に射撃命令が下ったのは、4月4日であった。この時、主力をもって島袋付近に陣を構えていた独立歩兵第12大隊（賀谷与吉大佐）が米軍の先鋒部隊に打撃を加えつつ、一歩一歩計画的に転進を続けているのを掩護するため、我が15榴は火を吹いた。それによって賀谷支隊は無事歩兵第63旅団（中島徳太郎中将）に復帰出来たのである。

　同隊の勇士らは、「砲兵の協力さえあれば、米軍地上部隊の手並みは恐れるに足らない」といったそうである。制空権のない友軍の歩兵にとって、いかに砲兵の協力が心強いものであったかが想像できるであろう。

血みどろの凄惨な激戦

　続いて4月5日、第2大隊放列は第62師団（藤岡武雄中将）直協のため神里陣地から運玉森方面に進出してきた米軍第7師団に対し、猛烈な砲撃を開始した。連続射撃である。彼我の砲声は殷殷として天

にこだまし、まことに壮観をきわめていた。我が将兵の意気たるや、すでに米軍を呑んでいた。ここにおいて米軍の前進は一頓挫したのである。これが、我が部隊の戦闘の始まりであった。

　その時米軍は、すでに数個師団が嘉手納沿岸に上陸を完了し、一挙に北、中飛行場を占領、一部兵力を国頭方面に、主力は南進を始めていた。無血上陸で気をよくした米軍は、ここで初めて日本軍（第62師団）の頑強なる抵抗に遭遇して痛棒をくらったのである。

　その後、80余日にわたり日米両軍は多くの死傷者を出しながら血みどろの凄惨な激戦を展開した。沖縄本島は猛烈な砲爆撃のため、地勢はその姿を一変し、中南部の緑は完全に消え失せ赤ちゃけた地肌が戦場の足跡に残された。

　我が部隊は軍直轄砲兵として、戦闘初期より最後まで第一線の歩兵部隊に直協し、敵砲兵の制圧、敵戦車を破砕して米軍の進出を阻止、また、戦闘の推移により絶えず陣地変換を繰り返して射撃を行なったのである。

　この戦闘で日本軍の戦死者は軍人・軍属約94,000名、沖縄県民の死者は約10万名（一般住民合わせて約19万名にも及んだ）。米軍も約12,520名が戦死し、およそ36,600名が負傷したといわれている。

　その後、昭和47年5月15日に沖縄が返還されるまで、アメリカの沖縄占領は27年間続いた。

那覇市内をパトロールする米海兵隊員

生き残り兵が語る沖縄戦の実情

自らの手で自分の片足を切断した衛生兵
難波増夫氏（第6中隊　上等兵）

　我が中隊が沖縄での第1弾を発射するや、その直後に10数名の戦友が敵弾に散った。敵は発射した火砲の位置を誘導飛行機によって的確に摑んでいたのである。この時の戦傷者の中に、中隊ただ1人の衛生上等兵が含まれていた。彼は自分の重傷にもかかわらず、戦友の応急手当を施し、そのあとで自分の片足を自らの手で切断したのである。緒戦におけるこの惨状に将兵は大きなショックを受け、その悲惨さは今も忘れることはできない。

前田高地に敵弾が集中
中村清氏（第2大隊本部　上等兵）

　私は5号無線機を肩にして連隊本部の大岩中尉（5月20日首里で戦死）の指揮下に入り、前田高地へ向った。すでに米軍海兵隊は嘉手納飛行場を占領し、大挙南下しつつ、宜野湾村に進出して普天間から日本軍の強力なる陣地、嘉数と前田に向って総攻撃を開始していた。

　前田高地から西原部落周辺の戦闘が手にとるように見える。飛び交う弾丸も首里方面に集中する。ヒュルヒュルと無気味な飛来音を残して前田台上を通過する。敵戦車の動き、歩兵の動きの中にときおり友

軍の砲弾が炸裂して黒煙を上げる。思わず万歳を叫ぶ。浦添村の敵戦車の動きが止り、歩兵が散りゆく姿も肉限で見える。

　その頃から前田高地に敵弾が集中する。

　ブスブスと嫌な音を残して破片が突きささる。キャベツ畑は無惨にも葉が飛び散り、その葉の中に数名の戦死者が横たわり、その鮮血は台上を赤く染め、前田高地一帯の地形は一変し、一木一草に至るまで焼き尽くされていた。

　山野に護国の神と散りゆく数も次第に増えていった。池の中にも無数の戦死者が明日の勝利を信じて浮いている。誰も葬ることすら出来ず、南海の戦場に散華せる戦死者に、ただただ明日は我が身と誰しも思っていたことであろう。

米軍の砲爆撃で火砲が次々と潰される

　このような悲惨な戦場での状態が、その後約2週間続いた。その間、我が部隊は、絶えまなく猛射を繰り返し、敵砲兵の制圧、戦車を破砕して敵の進出を阻止した。しかし、米軍の熾烈な砲爆撃を一手に受け、1門1門と火砲を潰されていった。とくに第1大隊各中隊放列は敵主力に近接していたので、その損害はまことに甚大であった。

　全面的に制空海権を握っていた米軍は、絶えず低速の観測用飛行機（我々はトンボといっていた）を飛ばして日本軍の陣地をしらみつぶしに標定して、艦砲、迫撃砲の射撃誘導を援けていた。トンボがぐるぐる廻っている下は、必らず砲弾の集中を受けた。とくに砲兵陣地に対しては執拗に砲弾の雨を降らせた。砲兵の目である観測所は真先きに狙われ、徹底的に砲弾に叩きのめされた。つづいて放列にも、そのオハチが廻ってくるという状態であった。

相継ぐ将校の死

その頃である。4月下旬から5月上旬にかけて、第1中隊長の日出間房寛大尉が、前田陣地で射撃の指揮をとっている最中、敵砲弾の集中を受けて壮烈な戦死を遂げたのは。

また、第2中隊長の浜田清盛大尉が後退せず観測壕の中で部下3名と共に自決、第3中隊の村上滋中尉（陸士56期）が放列で火砲の暴発事故をうけて戦死と、将校の戦死があいついで起った。

前田正面の戦闘は次第に不利となり、連隊本部、第1大隊本部は石嶺陣地に、前田高地寸前に進出していた第1、第2、第3中隊放列は残存火砲を旧西原陣地に転進を余儀なくされた。しかるのち、前田高地防衛に協力敢闘した第2大隊は、依然として健在であり、神里陣地より出入して（陣地変換）我謝北方ならびに翁長附近の敵戦車群および敵砲兵を制圧していた。しかし、米軍の反撃を受けて損傷する火砲も数門でてきた。

総攻撃開始！

5月4日午前4時50分、友軍の砲兵数百門が一斉に火を吹いた。総攻撃開始である。米軍を一気に上陸地点の海に突き落そうとの気概をこめて始まったのであるが、わずか2日間の戦闘で失敗に帰してしまった。一応成功するかに見えたものの、圧倒的な物量を誇る米軍の抵抗に阻止されて、もろくも挫折した。

我が15榴はこの時とばかりに、あらかじめ指定された日標（前田、棚原、仲間の敵第一線陣地歩および翁長附近の敵戦車群）に対して1門150発の連続射撃を行なった。砲声殷殷としてまことに壮観であった。ために火砲は熱くなり、砲手は火傷しないよう工夫して射撃を続けた。この時の射撃が、我が部隊最高の戦闘になった。

総攻撃失敗以後は、じり貧の状態に追い込まれ、残弾も少なくなり、その後は1日1門10発程度しか射撃できなくなったのである（それは前述の如く、満州から来る時に1門1,000発だけで、その後は1発も内地から補充されていないからであった）。

この時に、我が部隊にとって一大悲劇が起った。石嶺の連隊本部の壕が敵艦砲の集中射撃を受けて崩壊、荊木中尉（荊木中尉こそ、半次からの手紙〈満州、沖縄〉にしばしば見られる検閲印〈荊木〉の主であり、沖縄からの手紙には「荊木隊」と記されていることから、半次もこの総攻撃に参加していたと思われる）ほか約30名の将兵が生埋めになってしまったのである。

石嶺の陣地、崩落
中村清氏（第2大隊本部 上等兵）

私は5月のはじめ、綱田伍長、鈴木、古市、岩木と共に前田高地から応援のため石嶺の壕に入った。壕内は絶えず落下する敵艦砲弾で地震帯の中におるようにゆれ動いていた。誰言うとなく、5月3日を期して友軍が大挙して沖縄本島に逆上陸を敢行し、また友軍機が米軍陣地を爆撃するとの噂が乱れ飛んだ。

私は、通信用アンテナ設置のため壕外の高台に登った。噂が本当なのか、見渡す沖縄の戦場は不気

味なほど静まりかえり、やはり日本軍の逆上陸に対応するため、米軍が移動しているのかなと思った。

　来た！　北方より飛行機の大編隊だ。我々は空を仰いで思わず万歳を大声で叫ぶ。ところが悲しいかな、我々の大きな期待を背負って飛んで来たのは、敵のグラマンP-51の編隊であったのだ。

　重い足を引きずり壕内に戻ると同時に、轟音と共に土砂が降りかぶり、硝煙の臭いがぷんと鼻をついた。見ると真黒い大きなものがころがっている。艦砲の主砲だ。ぞっとした。これが不発弾でなかったら、石嶺の陣地は木端微塵になったことだろう。しかし、どこからこんな物凄い奴が飛び込んできたのだろうと、壕内の将兵は信じられない表情であった。私はまた壕外に出て見た。ばらばらと石が落ちてきた。

　その時、山部隊（第24師団）と称する1人の将校が兵たちを休息させていただきたいと言ってきた。私は「中に将校がいるから聞いてください」と話した。その瞬間また爆発音とともに物凄い爆風が壕内に吹き込んだ。外にいた私は便所の横に叩きつけられた。

　将校は顔色を変えて外に飛び出してきた。ここにいた兵たちはどこへ行ったかと誰彼なく尋ねていたが、先程の直撃弾で外の兵士たちは一片の肉も残さず、瞬時にして吹き飛ばされたことを知り、へなへなと地上に座り込んでしまった。

翌日の朝、通信連絡も終り小用のため岩木と交替、綱田伍長、鈴木、古市の2名は疲労のためぐっすりと眠っていた。私が壕の入口まで来た時に、歩哨が今集中砲火を浴びて危険だ、壕外に出ないようにと注意してくれた途端、また爆風で私は歩哨と共に地上に叩きつけられた。

ふっと気が付き、壕内が心配になって私は急いで戻った。そこに見た光景は、無惨にも壕の入口まで完全に土砂に埋もれた壕の姿であった。私は恐いやら、悲しいやらの何とも言えない気持ちで、ただただ茫然として潰された壕を見守っていた。

直ちに救出のため、多数の我が部隊将兵が石嶺陣地に駆けつけてきたが、雨のごとく降りそそぐ敵砲弾の中での救出は思うにまかせず、わずかばかり手を付けただけで断念せざるを得なくなった。

私は状況報告と連絡のため、ただ1人軍装もつけずに火の海と化した首里を経て、雨乞森（第2大隊本部）へと急いだ。たしか5月6日のことだったと思う。

その時、すぐ近くの壕内にいて奇跡的に助かった神崎部隊長は、その状況をみて連隊本部を直ちに雨乞森に移すことを決心し、残存将兵に転進を命じた。すでに過半数の将兵を失った連隊本部の歩みには力が無く、部隊長の面上にも数々の苦悩が刻み込まれ、おのずからそのやつれが目立って来た。

第2大隊は健在とはいえ、第1大隊が諸戦から奮戦で逐次その戦力を消耗し、今は数門の火砲が残っているに過ぎないからであった。部隊長としては、今後の戦闘をどう展開するか、また部下によい死に場所を与えることが出来るか、自分の死ぬ時期、場所はと、色々と思い悩んでいたことであろう。

（昭和50年頃になり、この石嶺陣地がそのまま放置され多数の戦友がまだ眠っていることが判明し、野重23会が発掘を行ったことが「野戦重砲兵第23連隊抄史」に記載されている）。

弾薬不足で射撃が思う存分にできない

総攻撃中止命令によって、各部隊はそれぞれ旧陣地に復帰した。その損害は、まことに甚大であった。第24師団の戦力は著しく減少し、軍砲兵隊は弾薬の大部分を射耗し、約5,000名の将兵（精鋭中の精鋭）が死傷した。

我が部隊にとって、弾薬不足のため射撃が思う存分出来ないことはまことに残念至極、砲兵としての存在価値はまるでなくなったようなものであった。その後の戦闘は、そのような状態で毎日弾薬を気にしながら射撃をすることになったのである。

5月11日、全線にわたる米軍の総反撃に対し、我が部隊は第一線歩兵に協力して前田、経塚附近の敵戦車群を叩いた。友軍歩兵の目覚しい果敢な抵抗も、空と海からの強力なる援護の下に進攻する米軍の勢いには抗しがたく、じりじりと後退せざるを得なくなった。

一進一退をくり返す死闘が約2週間続いた。米軍は新手を投入しながら、天久台、前田、仲間、棚原の高地を陥しつつ、逐次首里に迫って来た。

その間の出来事である。我々が左翼の戦闘に重点指向している時に、米軍は右翼の運玉森高地の東側斜面から与那原に侵入して、西側鞍部を占領してしまった。そのため、我が第2大隊本部の観測所である雨乞森高地が危機に瀕した。まもなく高地は米軍に包囲され、馬乗り攻撃をかけられた。その脱出を援護するため、第5中隊放列に射撃命令が下った。

敵砲兵と激しく撃ち合う

水町平吉氏（第5中隊　少尉）

　5月18日、私は神里陣地で射撃の指揮をとっている時、中隊長（金子晃中尉）から雨乞森の観測所（第2大隊本部）が米軍に包囲されて危機に瀕している。

　直ちに火砲1門を真境名に陣地変転し、その脱出を支援するようにとの命令を受けた。早速第1分隊長代行・武藤猛伍長（分隊長・長島末吉軍曹は緒戦で負傷していた）に陣地変換の準備を命じ（弾薬50発）、その日の夕方真境名部落に陣地進入した。

　その陣地は民家（空屋）の庭先で、道路面より約3尺下った窪地であり、周囲は木で覆われ、右手に大きな岩があった。垣根を壊して進入したので、ちょっと手間どったが射撃準備を完了して待機した。

　翌朝、あらかじめ指示された諸元（方向、低、距離）で射撃開始、たしか距離は3,000メートル前後であった。2回ばかり方向と距離を修正して、後は連続射撃に入った。

　20発を越す頃から敵の砲弾が陣地の近くに炸裂し始めた。榴弾である。

　敵砲兵との撃ち合いとなった。元気のよい若い武藤伍長（下士候出身）は張り切って、大きな声で、撃て、撃てと号令をかけている。砲手は手馴れたもので、無駄のない動きで射撃を続けていた。

　弾丸砲手が大きな声で、33発（1発つめるごとに数を言う）といって弾丸をつめた瞬間、敵の榴弾が火砲右手の大きな岩に命中した。運悪く砲弾の破片は全部砲側に流れた。私は火砲の斜め右後方約6メートルの位置に立っていたが、猛烈な爆風を受けて後方に飛ばされ、一瞬気を失ったが、ふっと気が付いて砲側を見て驚いた。砲手が全員倒れている。

目を覆いたくなる惨状

野戦重砲兵第23連隊が使用していたものと同型の95式糎榴弾砲

　私は思わず駆け寄って武藤伍長を抱き上げた。頸がもろに飛んでいた。1番砲手の石川一夫上等兵は破片で背中を大きく裂かれ、2番砲手の有竹通雄上等兵は胸を抉られ、3番砲手の伊藤文一上等兵は腸が飛び出して、いずれも即死であった。

　その他の砲手は重傷を負って唸っていた。

　まことに目を覆いたくなるような悲惨な状況であった。当番兵の三浦日出吉上等兵は左足をもぎとられ、もう痛みを感じないのか黙って私を見上げ、はっきりした声で「小隊長殿、タバコはこの雑

囊に入っております」と言った。私は一見してもう助からないと思ったが、大した傷ではないぞと励ました。しかし、まもなく目をじた。その間際「お母さん」という小さな声をきいた。その声は私の耳の底にずっと残っている。

観測所の脱出は、無事成功したと後に聞いた。

その時の火砲が部隊で最後の1門となり、残弾を撃ち尽して自爆するまで活躍できたことは、おそらく第1分隊兵士の霊が見守ってくれたものと確信している。

銃眼口が直撃を受けて崩れてしまった
岡田敏継氏（第2大隊本部　衛生伍長）

総攻撃が中止となり、日本軍の反撃が鈍ったのを察知したとみえ、米軍は白昼堂々と道路上に現れ、地雷さがしやブルドーザーを使って作業している姿が眼鏡で望見できるが、如何ともし難かった。

第2大隊副官の中島六郎中尉（6月18日与座にて負傷後自決）が予備陣地に戻ったので、あとは露崎昌幸准尉（6月20日与座で戦死）が指揮をとるようになった。

敵は徐々に前進、友軍の重機の音がきこえて来るようになった。

歩兵が重機をもって観測所の応援に来て銃眼作りの作業が始まった。敵砲弾の弾着が激しく「コン、コン」の音がすると、壕がぐらぐらと揺れて小さな岩が落ちてくる。やはり気持ちのよいものではない。

突然、銃眼口に直撃を受けて、銃眼を支えていた直径30センチの松丸太が2つに折れて銃眼口が崩れてしまった。応援の重機も落盤のため埋まった。軽機、小銃の音が豆を煎るように聞え始めた。我々の前面には友軍の歩兵、海軍陸戦隊が頑張っているはずである。

翌早朝、平口信義上等兵の「敵が斜面を登りつつある」との報と同時に、1つ残された銃眼より監視中の中村清上等兵の「敵が近接中」との報告が入って来た。壕内は一瞬緊張に包まれ、直ちに露崎准尉他5、6名が小銃をとって応戦を始めた。残った者は応戦態勢を整えて待機した。

米兵は地形と地物を巧みに利用して前進してくる。なかなか勇敢である。銃眼に集中射があつまり、応射も危険な状況になった。

敵は火焔放射機を突込むつもりだ

一方、埋まった銃眼附近から「コツコツ」と穴を掘るような音がきこえて来た。敵は穴をあけて火焔放射機を突込むつもりだ。

露崎准尉は当番兵の根本義雄上等兵（日時不明戦死）に、「このままでは馬乗り攻撃をかけられ全滅だ。一緒に手榴弾攻撃をしよう」と2人で稜線の上に出るや、バリバリと自動小銃の音がして、まず准尉が飛び降り、つづいて根本上等兵が「やられた」と叫んで壕の入口付近に落ちてきた。

露崎准尉は蒼白な顔で「台上に敵がいる、攻撃はとても出来ない」と叫んだ。根本を見ると太腿部に銃創を受けている。飛び出して襟をつかんで壕の中央附近に引張りこんで応急手当をする。

「自決するから手榴弾をくれ」「岡田班長殿、挙銃を貸してください」と興奮して叫ぶ。同年兵の寒郡、

中村上等兵がこもごも「確かにしろ、お前1人をおいてけぼりにはしないぞ」と盛んに励ましていた。私が「いよいよ駄目だと判ったら、のぞみ通り俺がお前を撃つから、それまでは我慢しろ」と励ましたら、だいぶ落ちついた。

壕の入口斜面に機関銃の掃射（そうしゃ）が続く。プツプツという音と共に、小さな土煙りが上っている。その中を友軍の歩兵が駆け上って来る。「あぶない」と叫ぶひまもなく壕の入口で、胸を押えて倒れた。早速壕に引き入れて調べたところ胸部貫通だ。口から血を吐いて絶命した。

部下を置き去りにして脱出した准尉と下士官

ふっと気が付いたらいつの間にか露崎准尉と他の下士官がいなくなっていた。残っている兵士たちに聞いてみると、「知らない、多分脱出したのでしょう」との返事だった。啞然（あぜん）とした。傷ついた部下、可愛い部下を置き去りにして自分1人で逃げ出すとは。これが日本陸軍の上級者のすることかと思うと、情ないやら、悔しいやらで無性に腹が立った。

まわりを見れば自分が最上級者である。よし、俺が指揮をして全員無事に脱出してやろうと覚悟した。残存者は12名だった。俺の人生もこの雨乞森の露と消える運命にあったのか、との思いが一瞬脳裏をかすめた。

私は一同を壕の中央に集め、「今脱出することは危険だ。夕暮れまで頑張ろう。脱出の時は俺と平口上等兵が手榴弾攻撃をする。その時、敵弾に当っても助けることは出来ない。不運だと思ってあきらめてくれ。根本は脚絆（きゃはん）で体をしばって左右から引っ張っていけ。少々痛いだろうが我慢しろ」と命令した。

壕の入口附近まで近寄って外の様子を見る。機銃掃射は依然（いぜん）として続いている。横の大里部落（おおざと）附近でも盛んに銃声がしている。包囲網がだんだん縮まっているようだ。脱出時刻の夕暮れをじっと待った。

友軍に助けられ、無事脱出

日が暮れてきた。私は「脱出準備」と叫び、先頭に立つ。平口上等兵がついてくる。飛び出し、手榴弾を投げて松の木蔭に走り込む。挙銃で援護射撃をする。1ケース8発を夢中で撃ち尽くし予備ケースを装塡（そうてん）して射撃を続け、2間くらいの崖を飛び降りた。友軍が着剣姿で飛んで来る。「山」「川」の合言葉で事なきを得た。全員無事であった。

壕の入口から中尉が現われ「上にはもう友軍はいないと思っていた。よく頑張ったものだ。今夜半奪回する。みんな気をつけて戻ってくれ」と励ましてくれた（後日判ったことであるが、その歩兵中隊は奪回に失敗して全滅したとのことである）。

前面の稜線を登りかけると10名くらいの友軍とばったり出合った。見ると第5中隊長・金子中尉の一行であり、地獄に仏の思いがした。状況を報告すると、金子中尉は気の毒そうに「俺たちは手を貸したいが、これから首里の陣地に行かねばならないから、手伝いは出来ない」との事で止むなく別れた。

一同を山陰で休ませて、平口上等兵、ほか1名を救援のため平川陣地へ出した。

まもなく、山本安太郎曹長が挙銃片手に抜刀姿で勇ましく、雨戸を携行して応援に駆け付けてくれた。

山本曹長に護られて、無事平川陣地にたどりついた。負傷者を連れた我々が早く戻り、部下を置き去りにした連中は翌日になって戻り、山本大隊長にだいぶ気合いを入れられた。我々が馬乗り攻撃に遭ったことを知り、第5、第6中隊が脱出のための支援射撃をやってくれたことをあとで知った。

我が部隊の死傷者も日ごとに増加していたが、部隊長はじめ指揮班長、第1、第2大隊長および、第3、第4、第5、第6中隊長は健在で陣頭指揮をとっており、半数の火砲は損傷したとはいえ十分に戦う力はあったが、物量（弾薬）の不足により残弾が残り少なく、射撃制限をせざるを得なくなった。

玉砕か、持久（後退）か

その頃、首里において第32軍は、玉砕か、持久か（後退）、その決断を下す時が来ていた。

5月22日夜、各部隊の参謀長および参謀を軍司令部壕に招集して作戦会議を開いた。色々の意見が出たが、結局南部の喜屋武半島へ後退することに決定した。

軍司令部は、5月27日から転進を始めた。我が部隊は、あらかじめ示された任務「軍砲兵隊は、主力をもって真栄平付近以東の地区に陣地を占領し、随時随所に、主火力を集中し得る如く準備する。戦闘準備の重点は、第24師団正面とする」の中で行動すべく各隊それぞれ準備をすすめ、転進に移った。

後退部隊の援護をするのが我が任務である以上、さっと指定された陣地に後退することはできない。じりじりと転進せざるを得なかった。

その転進前の5月26日、第3中隊長・中村利雄中尉（6月戦死）は、第3中隊の残存将兵と各中隊選抜小銃隊を指揮して、神里附近に近接した敵歩兵と2日間にわたって奮戦し、第2大隊放列陣地をよく守った。連隊本部、第1大隊本部は軍司令部転進と共に首里より八重瀬岳、与座岳に後退した。

この時、第2中隊、第3中隊の放列は敵中にあって脱出不可能となり、残弾を撃ち尽くして火砲を破壊した。第2大隊は転進部隊援護のため神里、東風平、糸数、新城、志多伯、西原屋取と陣地変換を繰り返し、射撃をしながら、6月6日八重瀬岳に後退した。

しかるのち、6月16日、米海兵隊が八重瀬岳中央を突破するまでこの地にとどまり、残存火砲数門にて、世名城、富森、安里、与座、仲座の敵第一線陣地ならびに敵戦車群に痛撃を加えた。その間の戦闘で倒れた我が部隊の将兵は、おびただしい数にのぼったのである。

激戦、そして無情の雨
難波増夫氏（第6中隊　上等兵）

激戦の最中に雨がよく降ったが、この雨は日本軍にとって決して有利ではなかった。

雨のひどい6月中旬の真夜中のことであった。トラックで前線へ弾薬を輸送していると、野戦病院（壕）より脱出を命ぜられた傷病兵が幾百人となく豪雨の中を裸に等しい姿で這っていた。ときおり敵の照明弾に映し出されるその姿は、片腕のない者、足の悪い者など、ふた目と見られない生地獄さながらの凄惨な姿であった。その人たちが救いを求めてトラックのタイヤに、あるいはフェンダーにとりすがったが、乗せる場所もなく、今は前線の火砲に一刻も早く弾薬を補給することで使命は重く、涙をのんで前進した。

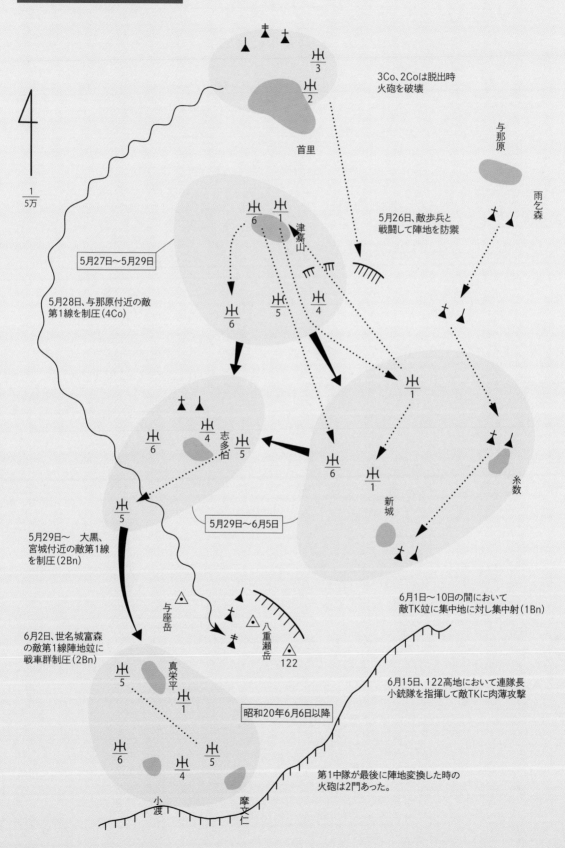

3Co、2Coは脱出時
火砲を破壊

与那原

雨乞森

5月26日、敵歩兵と
戦闘して陣地を防禦

5月27日〜5月29日

5月28日、与那原付近の敵
第1線を制圧（4Co）

志多伯

5月29日〜6月5日

新城

糸数

6月1日〜10日の間において
敵TK竝に集中地に対し集中射（1Bn）

5月29日〜　大黒、
宮城付近の敵第1線
を制圧（2Bn）

与座岳

八重瀬岳

122

6月2日、世名城富森
の敵第1線陣地竝に
戦車群制圧（2Bn）

6月15日、122高地において連隊長
小銃隊を指揮して敵TKに肉薄攻撃

真栄平

昭和20年6月6日以降

第1中隊が最後に陣地変換した時の
火砲は2門あった。

小渡

摩文仁

首里

津嘉山

こうしているうちにも雨のごとき飛弾は、次々に傷病者の命を奪っていった。

また、八重瀬岳前面では陣地が狭小のため、5、6名ずつ分散して、我らも6名でわずかな草むらなどに伏せていた。敵陣地は雑木林に囲まれ、かなり生い茂っていたが、我が軍の行動は裸に等しく、手に取るように見透かされた様子だった。そのため数知れぬ敵の戦車砲にほとんど狙い撃ちされ、次々に戦友が倒れていった。

肩をふれ合うようにして伏せていた友は、肩を射抜かれ「殺してくれ」と絶叫し、前方の岩陰にいた兵は腹部に命中、腸が飛び出て斃れ、後部の兵はどこをやられたのか苦しみだし、ついに自分の足指で38式歩兵銃の引き金を引き、自ら喉を射抜いて命を絶ったのである。

こうしているうちにも敵弾は一層はげしく落下し、もはや一歩も動けない状態となり、すでに我が一行の5名は戦死した模様である。数メートル先の岩陰にいた連隊本部指揮班長・山田正雄少佐も被弾し、自らの挙銃でコメカミを射って壮烈な戦死をとげた。その時すぐ後にいた兵に「この軍刀は我が家の家宝で、日本に数本とはない青江の銘刀である。貴様が万一無事生還できたら、俺の形見としてやるから持ち帰れ」と言われたそうである。

その後、その兵がどうなったか私は知らないが、たとえ無事復員していても到底持ち帰ることはできず、おそらく沖縄の地に埋めたか、あるいは米兵に取り上げられたかであろう。

生き残り将兵が三々五々、小渡陣地に集結

その頃、我が部隊の残存火砲は、第1中隊、第4中隊、第5中隊、第6中隊各1門の4門で、志多泊、東風平、高嶺、真栄平に展開し、絶えず陣地変換を繰り返しながら射撃をして、友軍の南部への転進を援護したのである。

八重瀬岳が米軍に突破されるや、放列は小渡陣地に集結（第4、第5、第6中隊各1門）小渡台上で敵戦車群に最後の攻撃をかけるも、残弾を撃ち尽くして玉砕した。6月18日のことであった。

死没者原簿には、死亡事由「玉砕ノタメ不明」とだけ記されていましたが、「野戦重砲兵第23連隊抄史」によって、半次が戦死した6月18日、米軍と壮絶な戦闘を繰り広げていたという詳細な事実までたどり着くことができました。

本部関係は、八重源岳観測所が米軍に包囲され戦闘不能に陥ったので、それぞれ脱出を図り、やっとの思いで第5中隊がいち早く設営した小渡の壕にたどりついた。たどりついた将兵は、神崎部隊長、山本第2大隊長、森川第6中隊長ほか約20名弱であった。それは、6月19日の夕刻であった。その間に第1大隊長・滝沢幸助少佐は戦死された。

その頃の我が部隊生き残り将兵は、このようにして三々五々と小渡陣地に集結したのである。また、小渡陣地が見付からず、喜屋武、摩文仁方面に流れた将兵も多数あった。なお、第3中隊長・中村利男中尉および第4中隊長・宮本博中尉の戦死は、残念ながら誰も確認していない。

さらばこの命令が最後なり

このようにして各部隊は、ちりぢりとなって南端に追いつめられたのである。我が部隊も小渡陣地に集結はしたものの、その数はわずかなものであった。すでに大部分の将兵は途中において倒れていた。また、軍司令部は最後の決戦をいどむべく、摩文仁丘89高地の堅陣に寄って、部隊の掌握を図ったが時すでに遅く、戦える部隊は皆無に等しかった。軍の最後は、もはや時間の問題であった。

6月18日、玉砕の覚悟を固めた牛島軍司令官は、次のような最後の軍命令を下達した。「親愛なる諸子よ。諸子は勇戦敢闘実に3か月、すでにその任務を完遂せり。諸子の忠誠勇武は燦として後世を照さん。今や戦線錯綜し、通信もまた途絶え、予の指揮は不可能となれり。自今諸子は、各々その陣地に拠り、所在上級者の指揮に従い、祖国のため最後まで敢闘し、生きて囚の辱めを受けることなく、悠久の大義に生くべし。さらばこの命令が最後なり」と。

牛島、長両将軍は、同夜軍首脳部最後の晩餐会を参謀部洞窟で開いた。各参謀ほか将兵は19日夜、それぞれ出撃したが、いずれも戦死あるいは行方不明となってしまった。

第1大隊、かく戦えり
八木広吉氏（第1大隊本部　兵長）

第1大隊本部の残存者約30名は、真栄平台上に応急の陣地（U字型に石を積んだ簡単なもの）を作り、大隊長以下小銃をもって八重瀬岳を突破した米軍を迎え撃つべく待機していた。突破した米軍は、すぐ眼前に迫っていた。大隊長は小銃で盛んに敵を撃っていたが、我々（萩野敏男兵長）が前にいた陣地は、すでに敵中に落ちたらしい。

この夜、炊事の壕でしばしの夢をまどろんだが、監視兵は岩の上で敵状をみつめながら夜を徹した。明くれば6月17日、空は曇りがちだったが、6月の空は明るかった。

私は炊事の壕前の丘に陣した。

敵はすでに100メートル前まで来ていて、松の間に黒く点々と銃を構え、我々を狙っているのが見えた。ちょっとでも顔を出せば、たちまち自動小銃の的になる。敵は慎重に進んで来て、敵弾に倒れて後送される者もでてきた。その時、大隊長も遂に両足をやられてしまった。そして真栄平部落に退った。そのうちに右翼に陣していた堀内軍曹も戦死を遂げたとの報が入った。夜になって真栄平台上の陣地を撤収した。

その後、大隊長は真栄平から伊原へ下る途中の壕において、負傷兵と共に壮烈な自決を遂げられた、と衛生兵・今井邦司兵長（6月20日八重瀬岳で戦死）より聞かされた。

路上に散乱した大量の銀貨を拾う兵はいなかった
小柳正一氏（第4中隊　伍長）

真壁近くの陣地壕に転進した時である。

朝見ると、壕の前方20メートルくらい離れた路上に近くの住民と思われる人が5、6名絶命していた。

中に天秤をかついで来た人がいたが、腹部に砲弾の破片を受けて死んでいる。彼は天秤の片側にザルをかけ、中にツボを入れて何やら運んで来たようである。最初はミソ入れかなと思った。そのうち、兵隊が3〜5名、あるいは1名と通り過ぎて行ったが、みんな一様にツボの所で立ち止り、中に手を入れてすくい上げ、すぐ元に戻して立ち去る動作が見られた。

　何かと思って見に行って驚いた。ツボの端が割れて幾らあったか分らないが、50銭銀貨が相当量路上にこぼれていたのである。亡くなった人か、あるいは誰か蓄えたものを持ち出してきたものと思える。兵隊が通りすがりに拾い上げては元に戻していたのは、これだったのである。おそらく見た兵隊も我々も何日後か、また何時間後には戦死するだろうと覚悟していたので、誰しもそのような金をポケットに入れて死ぬようなことは、したくなかったのであろう。次に通る兵隊も同じような動作を繰り返していたが、1人として持ち去る兵隊はなかった。それを見て何か安心させられた。

使命のため死地に飛び込むのが兵士の本懐である

　また、摩文仁近くの切通しの路上に30名くらいの住民が一団となって死んでいた。中から赤ん坊の弱い泣声がきこえる。近づいて見ると母親らしい人に背負われた子供である。母であろう人は、すでに絶命している。どうしてやってよいものか、人間として責任ある行動がとれない、とってやる自信もない。このままにしておけば子供の死は時間の問題である。日支事変の頃作られた「慰問袋のキャラメルを水に溶かして」の歌を想い出したが、現実は勝ち戦さならともかく、歌のようなのんびりしたゆとりのある状況ではない。

兵は一瞬のお役に立つため日夜きびしい訓練を重ねており、使命のため死地に飛び込むことを本懐としているが、一般の人、とくに幼児を道連れにすることは、いかにも人間的に納得できぬものであると思われた。強い敵愾心も起きたが、湧き出る涙で未だ生きている幼児に奇跡の起ることも含めて合掌し、次の任務地に向った。一緒の分隊の兵隊も誰も何も言わずに、やはり涙して合掌していた。

「天皇陛下万歳!」と叫んで戦死した兵士
岡田敏継氏（第2大隊本部　衛生伍長）

八重瀬岳では火砲を失った第1大隊の各中隊および連隊本部の将兵が特編歩兵となり、神崎部隊長指揮の下に奮戦を続けていたが、敵重戦車攻撃に対して、こちらは小銃、軽機などで応戦せざるを得ないので、敵の進出を阻止することが出来ず、かえって壊滅的打撃を受けた。

部隊は四散の状態となり、連隊長は数名の部下と共に第2大隊観測所のある157高地に退って来られた。連隊長は腰に真黒な手拭いをぶらさげ軍刀と挙銃だけの姿であった。157高地附近にも敵戦車が進出し始め、泉谷静男上等兵（北海道出身）が、戦車砲の破片を受け、「天皇陛下万歳」を叫んで戦死した。天皇陛下万歳を叫んだのを聞くのは最初にして最後であった。

野口信中尉（千葉県出身）は近接戦になったらと挙銃を示し、これが駄目ならこれがあるさ、と軍刀を示して気焔をあげていたが、両方とも使う暇もなく、戦車砲の直撃で戦死した。台上は岩で固く、掘ることもできないので、窪地に遺体を収め周辺を石で囲い、顔に通信紙をかけたのが精一杯の処置であった。

第1大隊本部の乗田中尉は、これ以上後退するのは耐えられないと白昼煙幕を張り、軍刀の鞘を投げ捨てて、敵陣に斬込みを敢行して壮烈な最後を遂げた（乗田中尉は胸部疾患であったにもかかわらず、無理矢理頼んで沖縄に来たのである）。

157高地も敵戦車の強襲を受け、遂に支えきれず与座岳に後退した。連隊長は連隊の命運はこれまでと覚悟し、将校伝令を第5砲兵団司令部に派遣し、野重23総員斬込みの挨拶を行なわせた。

和田中将は、まだ早し、砲兵団の最後を飾る斬込みは司令官が直接命令を下すから、それまでは頑張るようにとの指示を受け、総員斬込みは一時見合せて後命を待った。だが、戦線が輻輳して連絡が不能となり、第5砲兵団司令部では、和田中将は襟章をはずして、生き残り将兵の指揮をとって米軍に斬り込んだという。

空から投降勧告ビラが降ってきた

いよいよ玉砕の時期が近付いて来た。サイパン、硫黄島の友軍もこのような気持で玉砕したのであろう、と玉砕に直面した気持が痛切にわかった。

空からビラが降って来た。カラーで寿司の絵がかかれ、治療、食事、飲料水、被服もあげる。騙された戦争をやめてすぐ降服しなさい。1時間砲撃は中止するから港川方面に手を挙げて投降しなさいとの勧告ビラである。我々は一笑に付し、鬼のいない間に洗濯とばかりに、その時間に集落に下りて水汲みに励んだ。

　また猛砲撃が再開された。新垣の壕で、峯田宮蔵軍医中尉（山形県出身）は、もうここから動きたくない、最後は自決するという。炊事の女子青年団員たちも、ここで私たちも一緒に死にたいから挙銃で撃ってくださいと迫るが、貴女たちと一緒に死ぬわけにはいかないとなだめすかして、負傷した仲間を中心に3名を知念方向に向わせたが、その後については知ることは出来なかった。

　峯田軍医と訣別し、第2大隊本部の戦友と揃って討死すべく、覚悟をきめて与座の陣地についた。昼夜分かたぬ戦闘が続き、負傷者が次々と発生してその救急処置に追われた。

　6月19日早朝、乾パンの食事をとり、水がないと困ると思って乾パンの箱に入っている水を飯盒の蓋でつめ始める。

　敵状偵察の山本第2大隊長が岩の上で「三面包囲されかけている、直ちに退れ」と叫ぶ。なお水をつめていると「そんなことをしている時間はない、連隊長殿と一緒に小渡の陣地に退れ」との命令で、連隊長を中心に住連野清上等兵5名で退った。

　途中木蔭で野砲が1門、軍曹と上等兵の2名で射撃準備をしているのを見て、連隊長が激励する。さすがに連隊長は終始落ちついておられ、「危険な対空状況を見ながら進もう」と言われ、待避についての指示をされながら小渡を目指して退った。

ついに袋の鼠になってしまった

　真栄平附近で盛んに銃声が聞こえる。前後左右に至近弾が落下する中を九死に一生を得た思いで、やっと小渡の壕にたどりついた。

アマンソウガマ入り口

壕を見れば入口は小さく、腰を曲げないと入れない。4名くらいでつまってしまう。思わず、「部隊長般、この壕ですか」と尋ねる。部隊長は「入った右手に梯子（はしご）がかかっている、それを降りると曲りくねっていて奥行きは深いぞ」と教えてくれる。入ってみると、中に将兵の姿や民間の人々、負傷兵がいることが判った。

壕は鐘乳洞の自然洞窟で、入口は墓であったのをとり除き、第5中隊の患者壕として使用していたものである。三々五々と退って来た将兵でにぎわった。

清原一郎中尉は与座で両足部貫通銃創を受けるや、挙銃で自決した。その遺体を処置すると残留した森田勝兵長（和歌山県出身）、青山伝治伍長は姿を見せない。中島六郎副官（山形県出身）も大腿部負傷後自決、加藤正一上等兵（愛知県出身）自決が伝えられた。

馬野利一上等兵（6月23日八重瀬で戦死）が軽機を持って退って来た。岩陰から思う存分軽機を撃ちまくり、ほとんど弾を使ってしまったという。与座ではだいぶ戦死者が出て、また行方不明の者、小渡の壕が判らず与座以後の消息を絶った者が多い。

新垣に残った峯田軍医は、連隊本部の塚越義重衛生曹長（群馬県出身）、戦車砲で片腕がぶらぶらとなった斎藤金一上等兵（青森県出身）と3名で、挙銃で自決されたと聞く。

山本第2大隊長、露崎昌幸准尉なども退ってきた。もはや、我が部隊は戦闘のできる部隊の姿ではなかった。荻野博司曹長が背後の壕の入口を非常用として、敵に発見されないように石で詰めた。いよい

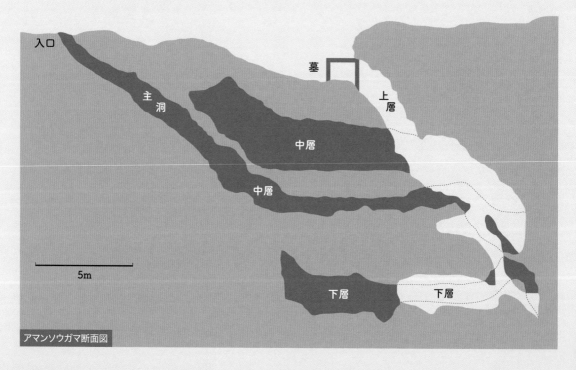

入口

主洞

墓

上層

中層

中層

下層 下層

5m

アマンソウガマ断面図

よ袋の鼠である。この時、人間に翼があったら、あるいはモグラのように地中にもぐることが出来たらと思わざるを得なかった。

部隊の残存火砲3門を破壊する
水町平吉氏（第5中隊　少尉）

6月18日、小渡台上で米軍戦車および進出部隊に射撃をしていた我が部隊の残存火砲3門（第4、第5、第6中隊各1門）は、状況逼迫により残弾を撃ち尽して破壊することになった。米軍に奪取、使用されることを防ぐためである。

第4、第6中隊では手榴弾で砲身内の螺旋を破壊し、照準器をとりはずして地中に埋めた。第5中隊では砲弾で破壊した。最後まで活躍してくれた1門の火砲を破壊することは、自決と同じである。完全に破壊しようと思った。

まず通常通り、弾丸を装填し、10キロ爆雷を2個こまかくして砲身に詰め、砲口を弾丸で塞いだ。拉縄（長さ3尺）に通信線を結んで、後方約30メートルの木蔭で自分の手で引っ張った。

一瞬、轟音と共に火砲は木葉微塵となった。思わず地に伏した我が耳に、その破片が落下する。ドスッー、ドスッーという響きが聞こえて来た。嗚呼！　我がこと終れりの感が胸に迫って涙が溢れてきた。見れば火砲は無惨な姿に変っていた。直ちに小渡の壕に引き上げて、中隊長に報告した。

諸君は何としてでも生き延びてくれ！

遂に我が部隊の火砲は皆無になった。これからゲリラ戦に突入するのだが、持てる武器と言えばわずかばかりの小銃、挙銃、手榴弾だけである。これであの強大な米軍にどう抵抗するのか、一人十殺一戦車の戦法も、ここにおいて完全に潰れ去った。

6月19日昼頃、神崎部隊長はやつれた顔で岡田伍長以下5名の部下と共に、悄然として小渡の壕にやってこられた。続いて山本第2大隊長、森川第6中隊長とやってきて、一時小渡の壕内は賑やかに活気をとり戻した。

すでに軍命令がでているので、我が部隊としてどうするかが協議され、部隊長は全員に部隊解散を宣言し、各自自由に敵中を突破して国頭に脱出、再起を図るよう命令を下した。そして、「何としてでも生き延びてくれ！」と付け加えられた。

ここにおいて、昭和17年4月25日、満州にて新設された野戦重砲兵第23連隊の輝やかしい奮闘も終りを告げたのである。

神崎部隊長の最期

部隊長の最期に立ち合ったのは、水町平吉少尉ほか数名であった。

6月19日、小渡壕内で部隊の解散を命じた神崎大佐は、ほっとした表情でしばらく周囲の者と雑談を

かわし休息した。部隊長も元気な部下の顔をみて、だいぶ気が落ちついたようである。

　その日、うす暗くなってから壕を出た。部隊長を中にして、私（水町少尉）が先導、山本第2大隊長、金子第5中隊長、下士官2名（氏名不祥）が付き添って、一路海岸に向って行動をおこした。米軍の砲火は、また激しさをくわえていた。

　海岸にたどりつく途中で部隊長は突然立ち上り、私を呼んだ。「俺は、ここで自決するから、水町、よい場所を探してこい」と言われた。一瞬私は自決を思い止めようかと思ったが、部隊長の気持ちを察して言葉が出なかった。ふと横を見ると、3本の小松が目に入った。早速そこに一同を案内した。真下に海が広がり、自決するには格好の場所であった。

　部隊長は「宮城はどの方向か」と聞かれて、その方向に向って正座された。遥拝（ようはい）後、おもむろに腰の挙銃を抜き出して、顳顬（こめかみ）に当てた。我々は思わず、「部隊長！」と叫んでそばに寄った。部隊長は静かな声で、ふだんと変りなく「お前たちもう少しさがれ、弾が当ると危いから」と。「お前たちはどこまでも生き延びてくれ」と。部隊長は引き金を引いた。ウ、ウ、とうなって、前に臥（ふ）せた。

　感無量、これがまことの武人の最後。平静に部隊長のことばを受け止め得たのは、不思議と言わざるをえない。まことに鳴呼！　時に昭和20年6月19日午後10時の事である。

　沖縄戦における野戦重砲兵第23連隊の損害は、将兵の戦死は部隊総員の約9割1,032名に達し、無事帰還できた者もその大部分が負傷している状態であった。

改めて沖縄戦を振り返る
沖縄戦概略（沖縄県資料より抜粋）

　上陸1日目において、米軍は嘉手納、読谷の両飛行場を占領し、上陸例点を確立した。嘉手納に上陸した米軍は2手に分れ、南下部隊は、首里、那覇を目指して進撃した。一方、北部方面に向った海兵隊は4月5日には、沖縄で一番幅の狭い、石川と仲泊の4キロくらいの地峡を遮断し、沖縄本島を完全に2分した。

上陸作戦展開中の米兵

　北部攻撃の米軍は、そのまま快進撃を続け、4月8日までに本部半島の安和、湧川を結ぶ線まで到着した。一方、国頭郡の辺土岬に向った海兵隊の一部は、4月13日までに国頭の北端に至る線をほぼ制圧した。これまで快進撃を続けながら北進してきた米軍に対し、本部半島の八重岳では、初めての激戦が展開された。高さ457メートルの八重岳は日本軍の国頭支隊・宇土武彦大佐の率いる守備隊によって、強固な防衛陣地が構築されていた。

　4月1日米軍は、海兵隊3個大隊をもって八重岳の東側に攻撃を開始し、その日の夕方までには、最初の高地に強固な拠点を確保した。

　4月16日になると米軍は飛行機、野砲、艦砲の援護のもとに八重岳攻撃に移り、夕方までには山頂を占領した。

　日本軍守備隊員は戦死、あるいは撃退され、陣地はついに崩壊した。米軍は、さらに伊江島攻略に

地雷に触れた海兵隊のトラック

移った。伊江島の攻防は、沖縄戦の中でも最も大きな戦闘の一つであった。伊江島には日本軍の飛行場があり、島の中央には伊江島タッチュワーと呼ばれる城山がある。日本軍は、眼下に飛行場を見下ろせる城山を中心に、井川少佐指揮下に約4,000名の将兵が守備を固めていた。

4月16日、米第77師団が猛烈な艦砲射撃、爆撃の支援の下に伊江島に上陸を開始した。米軍の艦砲射撃は、この小さな島を徹底的に破壊し、日本軍や住民は血みどろの戦闘を強いられた。

物量にものをいわせた米軍は、包囲網を縮めていった。しかし、これまでの快進撃も日本軍の猛烈な抵抗にあう線にきた。日本軍部隊は「バンザイ攻撃」を繰り返し、井川大隊長の下に奮戦したが、5日目の21日に城山の頂上で全滅した。夕刻までに米軍は全島を占領したが、住民は最初から軍に積極的に協力し、婦女子も竹やりをもって敵中に突入するなど最後まで応戦した。

4月18日、有名な米軍の従軍記者アーニー・パイルは戦闘中、銃撃を受けて戦死した。米軍は伊江島にアーニー・パイル記念碑を建てて、偉大な記者の死を悼んだ。

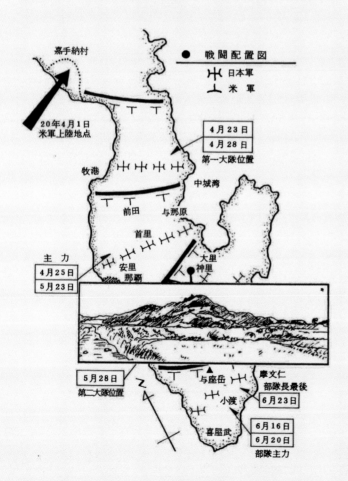

一方、嘉手納海岸に上陸し進撃体制を整えた米軍第24軍団は、南部へと進撃を開始した。これから沖縄戦最大の激戦が、中南部で展開されたのである。

はじめのうち散発的な日本軍の抵抗に会いながら、南下して来た米軍第7、第27師団および第96師団に対し、日本軍第一線各部隊は砲兵と協力して善戦し米軍に多大な損害を与えた。とくに中城村北上原の161高地は、長谷川中尉の指揮する日本軍守備隊によって陣地が確保され、攻撃して来る米軍との攻防は激烈を極め、さしもの米軍も釘付けにされ、1日300メートルから400メートルしか前進できない状況だった。

4月5日、6日、米軍は数回にわたる反復攻撃をくり返し、地上砲火を集中したが突破できなかった。

最後に米軍は背後から攻撃を敢行し、不意をつかれた日本軍はついに多くの損害を出しながら、撤退の止むなきに至った。西原飛行場の北端から牧港を結ぶ線上には、日本軍の強固な防衛陣地網がはりめぐらされていた。これまで比較的に快進撃を続け南下して来た米軍に対し、日本軍は、この戦線において本格的な反撃作戦を展開したのである。

　4月9日、米軍第96師団の1個連隊が嘉数高地を目指して攻撃をかけてきたが、これに対し日本軍陣地の野砲、迫撃砲、機銃は激しい砲火を浴せ米軍を撃退した。後退した米軍は、再び2個連隊をもって攻撃をかけたが、これも撃退され、日本軍の士気は大いに上った。一方の米軍は戦線の後退を余儀なくされたのである。

　こうして、しばらくの間膠着状態が続いた戦線も、4月19日米軍の全面的な攻撃再開によって戦闘の火蓋が切られた。米軍は、早期から嘉数地区を中心に猛烈な砲撃を行ない、弾丸の雨は日本軍陣地の様相をすっかり変えてしまった。

　これに対し日本軍は、野砲や機銃で反撃し斬り込み隊が突撃するなど、寸土を争う肉弾戦と死闘を展開したのである。この嘉数高地の攻防戦は激烈を極め、日米両軍とも多数の戦死者を出した。なかでも嘉数の住民約600名は積極的に軍に協力し、弾薬の運搬や負傷兵の手当をするなど軍民一体となって戦闘に参加したため、嘉数の住民の半数以上が戦闘の犠牲となった。

　これまで日本軍の善戦により保持して来た日本軍陣地も、遂に物量に勝る米軍の前には如何ともしがたく、嘉数高地を失ない、続いて伊祖、仲間、幸地周辺の防衛線が次々突破されるにおよび、4月23日、日本軍は撤退を余儀なくされたのである。

　5月に入り、日本軍は主力部隊が無傷なうちに米軍を撃破する作戦をとり、5月4日、全軍の野砲百数十門の集中援護射撃の下に、第24師団が上原、幸地方面に反撃に出た。第32連隊（北郷格郎大佐）は敵前線を突破し、集中攻撃を受けながら、棚原高地を奪取するなど奮戦を見せた。

　また、船舶工兵第23連隊（大島詰男少佐）は東海岸、同第26連隊（佐藤小十郎少佐）は西海岸から逆上陸する挺進攻撃を行なうなど、日本軍の反撃は米軍を震え上らせた。しかし、時間がたつにつれて、陸海空から猛反撃する米軍の前に甚大な損害を受け、さしもの日本軍の決死の攻撃も後が続かなくなった。

火炎放射器で焼かれる日本のトーチカ（1945年5月）

米海兵師団のダイナマイト攻撃を受ける日本軍の洞窟陣地

高射砲

狙撃兵の隠れ家となった教会

軍司令官は、5月5日午後6時、ついに攻撃を中止することに決め、再び持久戦の態勢をとることにした。攻撃に失敗した第32軍の戦力は著しく低下していた。日本軍はついに首里の北方陣地まで後退し、ここに態勢を立て直し、反撃の準備をしたのである。

日本軍の反撃を封じた米軍は5月11日、再び総攻撃に移った。米軍は那覇、首里の北方と我謝を結ぶ東西10キロの最前線に四個師団の兵力を投入した。さらに戦車4、50台、兵力約2,000名をもって那覇の泊一帯に進出したのである。

一方、嘉手納、読谷の飛行場から飛び立った空軍機の協力のもとに総攻撃を開始し、首里、那覇を死守しようとする日本軍と各所で激戦を繰り返した。

日本軍は、第24師団が首里から運玉森付近に展開していたが、優勢な米軍の前にまず運玉森が奪取され、敵の猛攻を阻止していた第62師団も第一線の将兵の損害が甚しく、首里末吉の線まで後退を余儀なくされた。また、混成第44旅団は米戦車群の猛攻撃を受けながら、安謝と真嘉比付近で戦線を維持した。ここの戦闘は肉弾戦の連続だった。

こうして米兵は、次第に日本軍を南部地域に追いつめていった。日本軍は首里の高台を最後の防衛線と想定し、首里城一帯に強固な陣地を構築した。地下壕やトンネルを掘り抜き、決死の守備態勢を固めた。これに対し、米軍は4個師団を第一線に配し、そして予備隊を従え総攻撃に備えていた。

5月12日、総攻撃は開始された。まず地上砲火、艦砲射撃が首里周辺の高地に集中した。米軍はマリン隊所属の1中隊が首里にたどりついたが撃退され、やっと確保した陣地も撤退するなど、各所で白兵戦が演じられた。

1週間にわたる攻防戦がくり返されたが、決着はつかなかった。米軍が上陸してから、すでに7週間が過ぎようとしていた。連日の砲爆撃にもかかわらず、首里の日本軍司令部は健在であった。

米軍首脳部は、日本軍が首里を最後の防衛拠点として死守するであろうと予想していた。しかし、日本軍首脳部は5月21日、作戦会議を開き南部の摩文仁、喜屋武方面に後退して態勢を立て直すことを決定した。5月26日から28日の間に、日本軍主力は、ひそかに部隊を首里から移したのである。

5月29日、小規模のマリン部隊が、それと
は知らず、決死の覚悟で首里に突入し、首
里城にたどりついた。しかし、わずかばかり
残っていた日本兵は首里城を放棄し撤退した。
こうして、日本軍第32軍の司令部が君臨して
いた堅固な首里城も、遂に米軍に制圧された
のである。このようにして、首里の防衛線は
米軍によって突破されたのであった。

首里近郊の日本軍陣地へ発砲

一方、那覇の西にある小禄飛行場周辺は
海軍部隊によって、堅固な守備がなされてい
た。大田実海軍少将の指揮下にあった海軍
の将兵約4,000名は、周辺に地雷を敷設し、
飛行機から取り外した20ミリ機関砲や機関銃
で装備し、防衛態勢をしいていた。

昭和20年6月4日未明、米軍は小禄飛行場
北部に上陸を開始し、水陸両用作戦を展開し
たが、たちまち猛烈な反撃に遭遇した。米軍
は重戦車を先頭に小禄飛行場に突入し、海軍
司令部壕附近を包囲する作戦を展開してきた。
これに対し海軍部隊は勇戦敢闘したが、圧倒
的な米軍の前には如何ともしがたく、数日間に
亘って展開された激戦も、最後の段階を迎える
に至った。

米軍海兵隊

この重大な戦況の中にあって、司令官は沖
縄県民の戦闘協力に対し、大本営に最後の電
報を打ち、その中で「沖縄県民、かく戦えり。
県民に対し後世特別のご高配を賜られんこと
を」と自決の瞬間まで、沖縄県民の将来を憂
えた電文を送ったのである。

瓦礫と化した首里城城壁。遠方に見えるのは首里の街

6月13日未明、大田実少将以下、将兵約4,000名は壕内で壮烈な最期をとげた。沖縄戦も最後の段階
を迎えていた。首里を突破した米軍は、日本軍を南部に追いつめていった。もはや浦添や首里城の攻防
にみられたような日本軍の激しい抵抗はなかった。勢いに乗る米軍の進撃は早かった。ただ、八重瀬岳の
攻防に最後の戦闘がかけられていた。八重瀬岳は南に通じる狭い谷間で両側は岩が高くそびえ、ここを
突破するとき、米軍は日本軍の十字砲火にさらされることになった。

八重瀬岳を突破するため米軍は補給を十分に得て、空軍の猛烈な爆撃を繰り返した。地上軍は火焔放

警戒しながら八重瀬岳の頂上を目指す米ライフル兵

2人の小銃手

　射用の戦車をくり出し、最後の抵抗を試みる日本軍を圧倒した。しかし、日本軍は機関銃を備え、米軍に雨のように射撃を浴びせてきた。またも首里戦線のように動きが止まったが、米軍は東側の防衛線にたどりつき、ここから突破口を見出した。やっと東側を制圧したが、日本軍の西側陣地は強固であった。東側の戦闘は南部戦線でもっとも両軍の損害を出した戦闘であった。

　火力で圧倒する米軍は、3日間の砲爆撃ののち、遂に八重瀬岳を占領した。日本軍は摩文仁に追いつめられ、背後は海を控えて逃げられる場所はなかった。米軍は、海と空から徹底的な砲爆撃を繰り返し、弱り切った日本軍に最後の攻撃を加えた。

　6月18日バックナー中将は戦闘指揮所を訪れ、戦況を視察中、日本軍の砲弾がすぐそばで爆発し、破片が中将の胸に刺さり、10分後に戦死した。

バックナー中将の慰霊碑（バックナー中将が戦死した場所）

それから3日後の6月21日、日本軍の守備隊長である牛島満中将と長勇参謀長は、最後が迫っていることを認め、最後の命令を発した。

　将兵は米軍陣地を突破し、北部に脱出してゲリラ戦を続行せよと命令した。そして、幕僚たちとの最後を惜しみ、別れの盃を交した。

　6月23日未明、牛島、長両将軍は壕の入口で東の空に遙拝したあと自決した。このとき米軍は、すぐそばに迫っていた。この両将軍の死は沖縄戦が終ったことを意味していた。

　これで日本軍の組織的な抵抗は終ったのである。太平洋上のこの島で、日米両軍の83日にわたる死闘は沖縄県民も巻き込んでいった。住民にとってはまさに悲劇の沖縄戦だったのである。

　米軍が最初に上陸した慶良間では住民が集団自決し、各地で義勇軍として住民が戦闘に参加した。女子学生は看護婦として従軍し、男子学生は斬り込み攻撃や弾薬運搬などに従事した。任務についた学徒1,923名のうち981名が犠牲となり、若い生命を祖国に捧げた。

　伊江島をはじめ、各地で義勇軍が奮戦し、「1億玉砕」の合言葉で戦闘に参加した。住民側は老若男女合せて約10万名が犠牲となったのである。

　かくして第32軍は、強大な物量を誇る米軍を向うに廻し、一歩も引かず83日間堂々と戦ったのである。

　戦後、アメリカの1士官は沖縄戦について、当初アメリカ軍は沖縄を3週間で攻略する予定であったが、日本軍の抵抗が頑強で長引いてしまい多大な犠牲者をだしてしまった。これは日本軍の作戦の妙で、実に見事であったと語っている。

　この記録の中に再三登場する通り、砲兵の協力がいかに日本軍の攻撃に力強い存在であったかが分かる。その砲兵の中心にいたのが野戦重砲兵第23連隊（野戦重砲第23連隊の総員1,180名のうち、戦死者1,032名、生還者は148名）であり、4月4日以来直接戦闘に参加し、爾後弾丸が尽きるまで果敢な攻撃をいたるところで続行したのである。

第32軍司令官牛島満中将と参謀長長勇中将の墓前にたたずむ日本軍捕虜（昭和20年［1945］6月28日　糸満市摩文仁丘）

第6章

戦争の記憶

元白梅学徒隊 武村豊さんの証言

那覇市出身、昭和4年生まれ。沖縄県立第二高等女学校4年生（当時16歳）の時に戦場へと動員され、第24師団・病院壕（八重瀬岳）で看護活動を行った。戦後、「白梅学徒隊」と呼ばれるようになった少女たちの一人。

那覇尋常小学校に通っていた頃、各家庭の入口には用水タンクがあり、焼夷弾に備えるためバケツリレーの消火訓練をしていましたが、戦争で空襲がはじまると、そんなものは全く役に立ちませんでした。

5年生の時に父を病気で亡くし、兄たちは東京に行き家計を助けていましたので、私は母と姉の3人暮らしでした。当時は小学校6年間行けば十分な時代でしたが、セーラー服を着たい、英語を習いたいと思っていました。それに音楽ができるのは沖縄県立第二高等女学校（通称・二高女）だけでしたので、母に無理をお願いして、兄らの送金によって入学が叶いました。

沖縄には帰国子女も多く、英語がペラペラの同級生に混じって、1年生の時には英語を必死に勉強しましたが、2年生からは「適性語」（敵国の言葉）ということで、英語の授業は突然廃止になりました。

セーラー服にも憧れて入学しましたが、私が女学校に入学した年から全国統一のヘチマ襟に変わったため、憧れだったセーラー服も着られませんでした。いつの頃からか学校では、学年や学級を中隊、小隊、分隊と呼称するようになり、体操や作業でも隊列行動をとるようになりました。そして軍隊のような訓練がはじまり、竹槍を持ち、「ルーズベルト、チャーチル、蒋介石などのわら人形に突っ込む」という訓練もしました。女だけど男みたいに、道を歩く時にもサッサッサッと闊歩闊歩、女性らしさはありませんでした。

私たちの学校は週に2〜3回は軍作業でした。小禄飛行場に行き、軍作業をしている兵隊さんなどと一緒に、飛行機を隠す場所を作るための土運びをしましたので、授業はほとんど無くなりました。休憩時間には、みんなで歌を歌ったりして過ごすという日々でした。

夏休みは那覇市外に行き、出征兵士の家の手伝いや畑を耕しましたが、お嬢さま育ちの子たちばかりですので、畑を踏み潰してしまったり、雑草と間違って人参を引き抜き、慌てて元に戻すという失敗もありました。

村屋では、働き手のご主人が出征し、留守を預かるお母さんに代わって子供たちを遊ばせたり、保育所の仕事もしました。

那覇中心部が壊滅的被害を受けた「10・10空襲」で学校は焼けてなくなり、生徒たちは散り散りになっ

てしまいました。約1か月後、「二高女生に告ぐ、20日（月）午前10時、弁当携帯の上、二高女校庭に集合すべし」と新聞広告があり、授業が再開しました。

昭和20年12月、第32軍司令部から校長先生が出頭を求められ、「生徒に看護教育を受けさせるように」との要請を受けました。10・10空襲で焼け残った知事官舎で、4年生70名ほどに看護教育（止血など救急処置や看護方法）がはじまりました。

2月中旬ごろ、再び軍司令部の要請で、従軍補助看護婦要員としての教育を受けるため、山部隊野戦病院看護教育隊に生徒が入隊することになりました。校長先生からは「疎開してもいい」「自分がいないと家族が困るなら家族を優先して無理をしなくて良い」と説明があり、家の人と相談して決めるようにとのことでした。私は小さい時から軍事教育を受けていましたので、お国のためにという思いが勝り、行かないと沖縄を見捨てて逃げることになるという思いから、母と姉の反対を押し切り、看護隊へ入隊することを決めました。

昭和20年3月6日、防空頭巾にモンペ姿、上着は制服を着て、胸には白梅の校章をつけ、国場駅に集まりました。そして、隊列を整え、歌を歌いながら颯爽と行進して東風平国民学校へ向かったのでした。

3月23日、沖縄決戦の幕開けと言われた日に、港川を取り巻いて艦砲射撃が始まると、勤務地が看護教育を受けていた東風平から壕に変わりました。3月24日に看護壕へ到着すると三角兵舎があり、注射の打ち方などを練習し、1週間後から患者を受け持ちました。

最初は内科患者（肋膜、胃腸、結核など）が多かったのですが、首里方面の戦いが激しさを増すと、手術する人がどんどん運ばれてきました。手術を待つ兵隊さんたちが「早く、早く」「痛いよ、痛いよ」と苦しみながら待っていました。軍医1人に衛生兵のみで、麻酔はありません。見込みのある人から手術をし、私たちは痛がる患者の手足を抑えたり、蠟燭を持って軍医の手元を照らしたりしていました。

あんなに狭い壕で、汚い壕で、「尿器をくれー」「便器をくれー」と呼ばれて、一生懸命走り回っていました。負傷しながらも「ありがとう、あなたたちも家にいたらお嬢さんだったのにね」と言葉をかけてくれた優しい兵隊さん。そして、胸元から写真を取り出して「これはお母さんだよ」「一度も抱いたことがないけど私の子供だよ」と写真を見せてくれた兵隊さんもいました。

当時は、出征する時には祝福されて「万歳、万歳！」と見送られましたが、その奥さんやお母さんなど、残された家族は本当に大変だったと思います。

戦況がいよいよ悪化した6月4日、本部壕に呼ばれて「解散命令」が下りました。本来であれば、自由の

身になり喜ぶべきですが、砲弾飛び交う戦場の中に放り出され、どこに行けば良いのかもわからない状態でした。

　何人かずつ散り散りになり、学生だけで彷徨いました。波平、富盛、具志頭を行ったり来たり、どこを歩いているかもわかりませんでした。昼は、米軍に見つからないように、木陰や岩陰に潜んでいました。夜は、照明弾に怯えながら食べる物を探し、米軍の火炎放射器で真っ黒くなった焼け跡で、唯一あった砂糖黍を土の中から根の部分をほじり出し、しゃぶっていました。

　水を求めて、共同井戸に行っても死体だらけ。「こんな辛い目に遭うなら、いっそ死んで楽になろう」と、自らの命を断つことが頭をよぎった瞬間、ひと雫の水が口元に「ぽとり」。「生きるんだよ、生きるんだよ」と母の声が聞こえたような気がしました。

　われにかえり「生きて母と姉に会いたい」と思いとどまり、もう一度歩き始め、水を求めて崖を降りると、慶座絶壁に井戸がありました。、無我夢中で水を飲み、頭と顔を洗い、一息つきました。その時、肩をポンポンと軽く叩かれたので後ろを振り返ると、真後ろに銃を構えた大きなアメリカ兵がいました。鬼だと教えられていたアメリカ兵が、目の前にいたので「もう駄目だ！」と思った時、アメリカ兵が指差した先にお婆さんがしゃがみこんでいるのが目に入りました。

　身振り手振りで、あのお婆さんと一緒に歩いて行きなさいと指示されたことがわかったので、お婆さんの手を引いて港川の捕虜収容所に行きました。あれだけ怖いと教えられていたアメリカ兵が、お婆さんを気遣う優しさを持っている同じ人間なんだと知って、びっくりしたことを記憶しています。

　私が看護活動をしているころ、母（カメ）と姉（文）は、現在の与那原町付近に身を寄せていましたが、戦闘に巻き込まれ、姉が大きな怪我を負ってしまいました。戦後、ある人に聞いた話では、周囲の人が逃げる際「一緒に逃げましょう」と声を掛けたけど、母は姉に付き添うことを選び、「先に行って」と応えたそうです。その後、2人の消息は分かっていません。

　一家（3人）で九州に疎開するチャンスがあった時に、私が「いま自分が出て行ったら誰が沖縄を守るの？　私は行かない。疎開はしない」と反対したので、母と県庁職員だった姉は一緒に沖縄に留まることになりました。疎開船でやられた人もいましたが、疎開した近所のほとんどの人は戦後無事に沖縄に帰ってきました。

　私が疎開に反対しなかったら、母や姉も無事に帰ってこれたかもしれないと自分を責め、終戦後に母と姉を探し続けましたが、結局、2人の遺骨は見つかりませんでした。こんな辛く悲しい思いは私たちだけでもうたくさん。私は命どぅ宝（命の大切さ）を伝えるために、これまで白梅学徒隊の講話を続けてきましたが、92歳となった今思うことは、「みんなに助けられて生きてきた」、その一言に尽きます。

校長室の前に大きなサイレンがあり、避難訓練を何度もしました。校舎の周り
にはクラスごとの防空壕が掘ってあり、どれもクラスの子が全員入れるくらいの
広さでした。

当時は、こんな歌を皆でよく歌っていました。

♪空襲警報　聞こえて来たら　今は僕たち小さいから

　大人の言うことよく聞いて　慌てないで騒がないで落ち着いて

　入っていましょう　防空壕

鞠つき、縄跳び、お手玉をする時には、この歌や軍歌を歌いながら遊んでいたのです。

昭和19年に兵隊さんが来た後には、現在
「ひめゆり資料館」のある場所から少し海側
の「魂魄の塔」がある辺りに行き、3年生以
上は戦車断崖積み（戦車が攻めて来たとき上陸
を防ぐため、3メートルくらいの高さや奥行きにする
ため石を積み上げて断崖を作っていた）をしまし
た。ザルを持って小石を拾い兵隊さんに渡す
と、グラグラしてるところの隙間に楔代わりに
小石を埋めて断崖を安定させていました。

♪肩を並べて兄さんと　今日も学校に行けるのは　兵隊さんのおかげです

　お国のために　お国のために戦った　兵隊さんのおかげです

　兵隊さんよ　ありがとう　兵隊さんよ　ありがとう

こういう歌を教えてもらっていましたので、兵隊さんをとても尊敬していました。兵隊さんが来たら挨拶
と感謝の気持ちを伝えるよう先生に教えられていましたので、兵隊さんはとても優しかったです。

現在「平和の礎」沖縄県平和祈念資料館がある場所は、当時は白百合が咲き誇り、海を見渡すこと
ができて、とても広くて美しいところでした。そこにはテント小屋がいくつもあり、仮設のステージが作ら
れていました。

国民学校の代表として、私のほかに何人か選ばれ、可愛いワンピースを着て慰問に行きました。帽子
をかぶり軍服を着た兵隊さんが200～300名は並んでいました。ビシッと整列している姿はとてもかっこよ
く、今でいうイケメンの軍人さんもいました。

私たちはたくさんの兵隊さんの前で歌と踊りを披露するために、いっぱい練習しましたので、その時の

歌は今でもはっきりと覚えています。

♪ ぬれた仔馬のたてがみを
　撫でりゃ両手に朝の露
　呼べば答えてめんこいぞ
　オーラ　かけて行こうよ丘の道
　ハイド　ハイドウ　丘の道

〔昭和16年（1941）3月公開の東宝映画『馬（軍馬を育てる物語）』の主題歌である。この映画の冒頭には、当時の陸軍大臣・東条英機の推薦文が付いていた〕

　お遊戯が終わると、兵隊さんたちと握手をしたり、頭を撫でてもらったりして帰りました。そのとき何人もの兵隊さんが涙していたので、「なんで兵隊さんが泣いてるの?」と先生に尋ねると、「兵隊さんたちは、ご自分のお子さんと離れて沖縄（戦争）に来たから、思い出して泣いていたのかもしれないね」と教えてくれました。今思うと、厳しい訓練の中、死を覚悟した男たちの憩いのひとときだったのでしょう。

　ある日、お父さんから「これから防衛隊として兵隊さんと一緒に戦いに行くから、お母さんの言いつけをよく守って、お利口にしていなさい」と告げられました。自分の馬に農作物を沢山積んで出て行く姿を家族みんなで見送りましたが、その時のお父さんの後ろ姿が、今でも脳裏に焼きついていて離れません。

兵隊さんとの交流は、地域や一般の家でもありました。

東側に集落で一番のえーきんちゅ（お金持ち）の大きな家があり、その広い庭に兵隊さんが集まり、何度か演芸会が開かれました。「弥次喜多道中」や「喉に針を刺して酒樽を回している不思議な芸」は今でも記憶に残っています。兵隊さんから演芸会があると聞くと、夕食後に大人から子供まで出かけて行きました。

正月に、兵隊さんが沖縄では馴染みのない餅つきをして餅を配ってくれたのですが、その餅が美味しいと評判になり、お隣近所誘い合ってもらいに行って食べたこともあります。

それから、兵隊さんが休みの日に、グループ（5〜6名）で私の家に2回ほど遊びにきたことがあります。父親が農閑期に本土に出稼ぎに行っていて、畳の入れ替えもしっかりしていたので、指定されたのだと思いますが、他にも数軒の家が指定されました。

大きな部屋（1番座、2番座）に通し、母がヤギや鶏をつぶして、姉と一緒に腕を振るって夕食を作り、兵隊さんたちは酒盛りをしていました。私や幼い妹弟たちは3番座で遊んでいましたが、シンメーナービ（沖縄の独特な形をした大鍋）を運んでいく姿や、一泊して楽しそうに帰る姿を覚えています。

兵隊さんは地域の子供に優しく、住民との交流もあったので、指定された家は大歓迎しましたし、兵隊さんが一泊した家は名誉であり、誇りにしていました。

静かだった田舎の集落も、この日「昭和20年3月23日」を境に一変します。朝方、米軍機が東の空から爆音とともに急降下と旋回を繰り返して何度も攻撃してきたのです。

当時は屋敷の中に家畜（馬、ヤギ、豚、鶏）を飼っていたので、母と姉から「家畜の世話や火の後始末をしてから行くので先に行ってなさい」と告げられたので、私は生後8か月の弟を背負い、3歳の弟と6歳の妹を連れて村の東側にあるアマンソウガマという壕〔のちに野戦重砲兵第23連隊・神崎部隊長ほか、生き残りの兵士が避難し集結した〕へ向かいました。

すでに中は多くの地元住民で溢れており、座る場所を探していると末弟が泣き出しました。すると暗闇の中から「マーヌクヮヤガ、ナケーサンケー（どこの子ね、泣かすな）」「ンジティイケー（出て行け）」と聞こえてきました。皆、自分の命を守るのに必死だったのでしょう。

あんなに優しかったお婆さん、おばさん、お姉さんたちが誰一人助けてくれませんでした。ついには暗闇に怯えた3歳の弟も泣き出したため壕から追い出され、泣きやまない妹弟たちと震えながら松の木の下に隠れました。母と姉が私たちの元に来て再会できたのは夕方のことでした。思わず母に当り散らすと、何もいわず泣いていました。母と姉は、戦闘機の機銃掃射に追

われて、サトウキビ畑に隠れ、息も絶え絶えにようやくアマンソウガマにたどり着いていたのです。

　その日のうちに、「明日からさらに攻撃が烈しくなるので北部へ逃げなさい」という指示が出たので、住民は北部（山原）へ向かいました。その後、アマンソウガマは兵隊の壕として使われたようです。
　その夜、私の家族は親戚とともに山原へ疎開するため恩納村安冨祖名嘉真（摩文仁村の疎開指定地）を目指しました。母は末弟を背負い、頭には大きな風呂敷包み、私はランドセルを背負い、通帳など貴重品入りの非常袋を肩に提げて、一晩中歩き、読谷村大湾辺りで夜が明けました。
　昼は銃撃を受けるので、夜薄暗くなってから歩き出し、3日後の27日に恩納村名嘉真に到着しました。山中には、かやぶきの掘っ立て小屋があり、昼は山奥の防空壕に逃げ、夜は小屋での生活が始まったのです。
　避難民の多くは女性と子供たちで、女性たちは敵に見つかり暴行されることを恐れて、わざと汚い格好をして身を潜めていました。昼は攻撃の合間に子供たちが薪を拾い、人のいない民家から食料を取ってきて調理をしていました。
　母と姉も顔には鍋底のすすを塗り、髪をボサボサにして壕の奥に隠れていたので、炊事は私（子供）の役目でした。大量の水で芋を炊いた、雑炊に似たものが1日1食だけ。4月下旬、末弟は壕の中で、姉の腕の中で、栄養失調のため静かに息を引き取りました。

　5月中旬のある日、突然米兵数名が小屋付近で、私たちに飴玉を投げたので、奪い合いをしていると、誰かに「毒が入っているぞ」とたしなめられました。翌日、山で薪拾いをしていると、3、4名の米兵に「ヘーイ」と声をかけられ、炊事場へ逃げようとしたら、すでに捕虜となっていた家族に声をかけられ、一緒に捕虜となりました。
　弟の亡骸は山原の見知らぬ土地に埋葬しました。戦後しばらくして、弟が亡くなったとみられる土地を訪ね、そこに生えていた植物を遺骨の代わりに持ち帰り、庭に植えることしかできませんでした。

伊藤半次の絵手紙展がつないだ
もうひとつの絵手紙

〔満人〕 伊藤半次の絵手紙より

〔満人〕 堀田熊雄氏の絵手紙より

　半次の手紙の中に、「戦友や下士官から『自分の手紙にも絵を描いて欲しい』と頼まれたので描いてあげた」というようなことが書かれていたものがあったので、もしかしたらどこかに祖父の描いた絵が残されているかもしれない。そんなことを何度か思ったことがあります。

　令和2年7月29日付の西日本新聞に「半次の絵手紙展」についての記事が掲載され、全国のネットニュースで配信されたところ、それを知った広島在住の谷田（旧姓：山田）悦子さん（昭和4年生まれ）から突然、連絡がありました。女学校時代に、戦地にいる姉の婚約者（当時）から受け取った軍事郵便にも絵が描かれており、「平和を伝えるメッセージとして後世に伝えたい」ので、私にそれを託したいと言われるのです。

　もしや……と思ったのですが、その書簡に描かれていた絵は半次が描いたものではなく、満州にいた堀田熊雄氏（当時、悦子さんの姉の婚約者）が戦地（満州・綏南）から悦子さんに送ったものでした。悦子さんは80年もの間、それを大切に保管していたというのです。書簡の中にあった堀田氏作の童話「花になった天使」には、満州の四季の移り変わりやご自身の気持ちが見事に表現されていました。

　この堀田氏の書簡は、令和3年6月26日から8月29日まで嘉麻市立織田廣喜美術館（福岡県）の企画展で紹介されることになりました。才能あふれる青年の死を悼み、また当時の満州を知る貴重な資料として、碓井平和祈念館（福岡県嘉麻市）の青山英子さんが寄せてくださった言葉と共にご紹介し、伝え残すこととしました。

企画展「伊藤半次 戦地からの絵手紙 —— 満州そして沖縄」

碓井平和祈念館　青山 英子〔あおやま えいこ〕

令和2年（2020）8月、福岡県嘉麻市の碓井平和祈念館で「伊藤半次 戦地からの絵手紙」と題した企画展を開催しました。この年の初めから世界は新型コロナウイルス感染症の猛威にさらされ、国内でも緊急事態宣言が発令され、人が集まる催しは悉く〔ことごと〕延期や中止を余儀なくされました。

碓井平和祈念館の企画展も当初の規模を縮小し、緊急事態宣言解除後の8月に、感染症予防に配慮しながらの開催となりました。伊藤半次氏の絵手紙は、企画展の前後から地元の新聞やテレビのニュース番組で取り上げられ、静かな反響を呼びました。得体の知れないウイルスの脅威〔きょうい〕に行動が制限され、当たり前だった日常が大きな制約を受ける中、戦地から家族を思いながら送り続けられた絵手紙は、その明るさや温かさも含めて見る人の心を捉えたのかも知れません。

そのような企画展の最中、伊藤博文氏から「新たな戦地からの絵手紙が見つかりました」と連絡がありました。広島県に住む90代の女性が「伊藤半次の絵手紙展」を知り、ご自身が大切に保管してきた7通の絵手紙と書簡を博文氏に託されたとのことでした。戦地から女性に手紙を送ったのは陸軍兵の堀田熊雄氏。満州国牡丹江省〔ぼたんこうしょうすいなん〕綏南の満州第1218部隊波隊に所属していたことが残された絵手紙からわかります。博文氏が受け取った絵手紙には、女性と堀田氏との文通が始まった経緯〔いきさつ〕などを伝える文面も添えられていました。

谷田悦子〔たに だ えつこ〕さんが編著者（伊藤）に宛てた手紙

太平洋戦争がはじまったのが、私が12歳の時です。

14歳の時（女学校3年生の時）、学校から戦地の兵士に慰問袋を送る事になりました。私には8歳年上の姉（愛）がいて、その姉の婚約者が満州に出征していましたので、満州の堀田熊雄さんに送る事にしました。私が便りをすると必ず絵手紙が送られてきました。

最後には「童話 花になった天使」と題して自作の童話が送られてきました。私には姉が2人いて3姉妹でしたので、この童話は私たち姉妹のことを書いているのではと思っています。とにかく優しくて才能のある人でした。

戦争が終わりに近づく頃だったと思いますが、満州から南方に行く途中の戦艦が爆撃され、海に沈んでしまいました。姉にはみかん箱一杯の熊雄さんからの手紙があったと私の母から聞きました。熊雄さんも姉からの手紙で満州におられた時はどんなに慰め〔なぐさ〕になった事かと思っています。

堀田熊雄氏と出会った頃の愛さん
（2人が通った同志社大学で撮った写真）

堀田熊雄氏の絵手紙より

満州国牡丹江省綏南　満州第1218部隊波隊　堀田熊雄より　山田悦子宛

絵手紙 ❶

悦ちゃん、満州の街を歩くとこんな商人がいます。

串団子で蜜（みつ）をつけてあります。仲々好食（ハオチー）だそうです。一ついかが？

ただし塵（ごみ）や蠅（はえ）がくっついていますから用心用心。

このおじさん、ときどき手鼻もかみます。上手ですよ。ハ……。

この頃はお天気様、頭（つむじ）を曲げて荒れて荒れて仕方ありません。

この間、子供の慰問団がまいりました。上手でした。桜がもう満開でしょうね。ではまた。

お母さんお父様に四六四九（よろしく）。信子姉さんネジハチマキでしょう。再見（サイチェン）

絵手紙 ❷

悦子さん、お葉書ありがとう。もう二年生におなりの由、おめでとう。

展覧会があるそうだね。悦ちゃんはきっと好きな絵を描いて出したんでしょう。見たいなー。

いろいろと悦ちゃんの姿を考えて見るんだけどよく解りません。

一度自画像を描いて送ってください。楽しみに待っています。

この頃、満州もだいぶ暖かくなりましたが、今日などはひどい嵐で吹雪です。

素晴しい勲功（くんこう）も満州の兵隊さんにはありません。ただ黙々として北を守っています。

立派な二年生になってください。信子姉さんにもよろしく。

受験に通るように祈っています。お体を大切に。

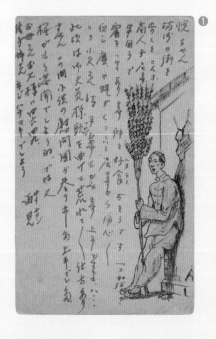

悦ちゃん、お元気ですか。

お休みも終りましたね。

また新しい元気を出して勉強してください。

信ちゃん、ご病気で大変だなー。

お母さん、ご心配ですね。

お休みの感想、お知らせください。

ではまた。倉前に咲いたグラジオラスです。

悦ちゃん、お手紙ありがとう。

久しぶりで大変嬉しくありました。

信楽焼<ruby>（しがらきやき）</ruby>見学は良かったですなー。

防空訓練に一生懸命の由、頑張れ頑張れ。

もうお芋の掘れる頃ですね。

どっさり出来ていれば良いが。

信姉さんによろしく。

眞さん、ご入営との事おめでとう。

ではさようなら。

この絵は新京忠霊塔です。

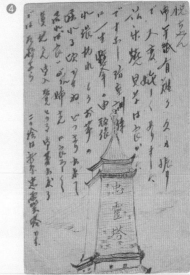

広い満州　広い空　浮雲が一つ二つ浮いています

夢を見ているような　なごやかな大陸

子供は何を考え　犬は何を見ているのでしょうか？

大陸の子は小さい時から大きく育てられ、

猫も鶏も犬も家族であり、　兄弟です。

大東亜は万国、風土のものが兄弟です。

日本の子供は今何を考えているでしょう？

お母さまによろしく。体を大切に。ではまた。

おいら　北の子　氷の子　氷はおいらの天国だ

さあさ　すべろよ　野山をこえて

向う飛ぶのはヒコウキ三機

そちらは勇士の天国だ

さあさ　とべとべ　海山越えて

目指すはロンドン　ワシントン

国はおいらが引受けた

さあさ　行け行け　撃滅だ

お母さんお父さんによろしく。便りまたください。

遠い桜のお国から　遥々春の満州の　慰問にお出での人形さん

俺の可愛い悦ちゃんから　遠路お使いご苦労さん

人形さんには可愛そに　いまだにお名前ないとやら

それではおじさん名付親

今日本は戦って　いたるところに勝っている

それにちなんでおじさんは　その名も勝子とつけましょう

桜の日本に帰ったら　私もいったん入営し

こんな服きて靴はいて　銃剣さげて銃もって満州の野を歩いたら

花が一杯咲いてたと　俺いらの悦坊に伝えてね

それでは東亜勝子さん　元気でお国へ　サヨウナラ

悦子さん、馬の絵や葉書ありがとう。お餅の香が遠い満州までしてきたよ。そのお礼に歌が出来たから一つ送ります。あまり上出来ではありません。

我らの一線

1. 馬の小女は朝霜蹴って　己が持場の野良仕事
　　駒が勇めば身もはずむ　ここが小女の一線だ

2. 仰げ蒼穹 轟轟と　銀翼連ね荒鷲が
　　お国守りの哨戒飛行　かしこ男子の一線だ

3. 燦めく南十字星　怒濤を蹴って征くところ
　　敵艦もろく消え失せる　海の丈夫の一線だ

4. 氷の花咲き酷風すさぶ　広野の果の祖国防り
　　草むす屍　悔ゆるなし　ここがおいらの一線だ

5. 忠と孝との皇国の道　神の御訓えかしこみつ
　　ポプラの蔭に身を鍛う　そこはあなたの一線だ

6. 北に南に東に西に　野良に波濤に学びの家に
　　持場持場のご奉公　皇御民の一線だ

7. 守れ一綜　碑の覇の道　皇国興廃この一線だ
　　八紘一宇の御稜威に　世界の民の憩うまで

この童話は堀田熊雄さん（サイパンへの移送中、船が沈められ戦死）が戦地（満州）から谷田悦子さんに
送ってきたものです。句読点や改行、漢字の表記を現代表記に改めるなど若干の編集を加えています。

童話
花になった天使

文：堀田熊雄　提供：谷田悦子　挿絵：津村ゆかり

　むかしむかし、満州の北のはての山の中に三人の天使が住んでおりました。

　北満州の冬はとてもとても寒いので旅人も来ようといたしません。その土地の人たちもあまりの寒さにだ
んだんと南へ南へと移っていきました。小鳥も野のけものたちさえも、南へ南へと行ってしまいました。山
の中に住んでいるのは狼や虎たちだけでした。

　このような氷にとざされた山の中に、お母さん天使と娘の迎春さん、お鈴さんの二人天使は、神様の
与えてくださったこの土地を離れないで住んでおりました。そして、何とかしてこの地方に人や虫や小鳥
やけものたちが住めるよう、よい国にしたいと考えていました。そのため可愛い羽根を伸ばし、足も手も
真っ赤にして、この寒い寒い氷の張りつめた野原、誰一人住んでいない野辺を彼方此方と飛び歩き、種
を蒔いていきました。

　　　草のはえないこの土地に
　　　鳥のとばないこの野辺に
　　　お日様照って氷解け
　　　赤いお花が咲きますよう
　　　小さい小鳥のとびますよう
　　　神様、お助けくださいな

このお祈りの歌は三人の母娘天使の口から夜も昼も歌われました。

　けれどもどうしても、草木はもちろん青草一本も育ちませんでした。この上どうしたらよいのかわかりません。お母さん天使と二人の子供の天使は、こうして種を蒔きながら、ある冬の寒い寒い嵐の夜に、吹雪の中の谷間に抱き合ったまま天国に帰っていきました。

　そのなきがらの上に雪がつもり、それがやがて氷となってしまいました。

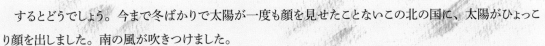

　するとどうでしょう。今まで冬ばかりで太陽が一度も顔を見せたことないこの北の国に、太陽がひょっこり顔を出しました。南の風が吹きつけました。

　すると今まで張りつめていた氷が解けて、道と言わず谷と言わず、どんどんと川をつくって流れはじめました。その水につれて今まで天使たちが蒔いた草や花や木の実は四方八方に散っていきます。そして、だんだん暖かくなって谷間にほんのちょっぴり雪が残っている頃、ポツリポツリ青い芽を見せてきました。

　天使たちは天国からこれを見て、何と喜んだことでしょう。

「まあまあ芽が出ましたよ。私たちの蒔いた種から芽が」

と驚いて叫んだことでしょう。

　まだ他の芽が出ない前に、三人の天使が亡くなったその後に、まあこれはどうしたというのでしょう。アネモネのように可愛い花がポッカリと咲きました。ちょうどそれは迎春さんのように可愛らしくありました。その花はちょうど「満州にも春が来ましたよ」と言わぬばかりでした。木や草が育ち、虫や小鳥が住めることを知らせるようでありました。

　その花が散って間もなく、野にはもう一様に草や木が芽を出しておりました。この花のタンポポのような実がみのる頃、ちょうどまた、そこに真っ白な鈴をつるしたようなとてもよい香りの蘭の花が咲きました。その蘭の花の匂いは、ちょうど鈴さんのいつも用いていた香水の匂いと同じでした。鈴のようなこの花は強い強い根を軟らかくなった土の中へぐんぐんと延ばしていきました。

　すると本当に不思議な事に、この二つの小さい花を上から守るように大きな葉を出して、牡丹のような花が咲きました。その花が口をきくことができたら、きっと、こう言ったことでしょう。

「みなさん、この小さい二つの花は元気一杯だった迎春とおとなしい可愛い鈴の二人なんですよ。可愛い可愛い二人の娘なんですよ」

みなさん、こう言っている声が聞こえますか。私にはたしかに聞こえるんですがねー。

だから私はこの花を「お母さん花」と申しましょう。お母さん花は高い高い香りを持っていました。その香りは南の方へ行っていた蜂や小金虫、蝶々たちも匂ってきましたので、その美味しそうな匂いにたまらなくなってきました。そこで彼らは、

「おやおや、よい匂いがするぞ。クンクン」

「これは今まで一度もかいだことのないよい匂いだ」

「どうも北の国のような気がするけれど」

「一度みんなで帰ってみようか」

「でも寒くてとても駄目でしょう」こう言ったのは臆病な蝶子でした。

色々な評議が出ましたが、とうとうみんなで北へ北へ飛んで帰り、この花の蜜を夢中になって吸いました。

こうして三つの花は実になったり、根を張ったりして伸びていきました。

そうしているうちに急に野原が寒くなってきました。それが余りに急だったので虫たちは南へ帰るひまもなく、慌ててこの花の根の下へもぐり込んでしまいました。慌てものの小金虫の米ちゃんなどは、あまり慌てて腰の骨を折ったほどでした。だから今でも米搗虫さんはポキリポキリと言うでしょう。

やがて寒さがだんだんきつくなって何もかも氷となってしまいました。

冬の寒さが過ぎて道に氷が解けはじめる頃、さあまた春が来たよと目を覚ましたのは迎春さんによく似た花でした。それもそのあたり一杯に咲きました。去年の実があちらこちらに飛んだんですね。すると続いて草木がいっせいに芽を出して、またたく間に野も山も緑色になってきました。根の下にもぐりこんでいた連中も、びっくりして起き出してきました。

その頃には牡丹によく似た大きな花のつぼみもふくらんで、その下には白い小さい鈴をつけたような蘭の花がつつましく咲き、高い香りをあたり一面にまき散らしておりました。蜂や蝶々も飛んで来ました。

やがて小鳥もけものも北の国に帰ってきました。人も家を建てて住むようになり、旅人もこの谷間で休むようになりました。この三つの花をいつの頃からか迎春花、鈴蘭、芍薬と呼ぶようになりました。迎春花が咲きそめる頃、あの村この村から美しく着飾った姑娘たちが籠に揺られて隣の村へお嫁にいきます。村をいく姑娘の頭には鈴蘭が挿してあります。きっとお鈴さんのように美しく気高くありたいと思うのでしょう。

この花は北満いっぱいに咲くようになりました。うそだと思う人は一度来てごらんなさい。今年も野一面に咲いていますから。そして、防人の心を清く美しくしています。

終り

堀田熊雄氏は、半次が過ごした満州の東部ソ満国境付近で国境警備をしていた部隊に所属していたと思われます。満州は南方作戦の一大補給基地としての役割を担っており、南方へ向かった部隊がのちに玉砕されていることや、輸送艦の被害率が60％あったことなどが「野戦重砲兵第23連隊抄史」にも書かれていることから、谷田悦子さんの記憶に合致します。

悦子さんのお姉さま（愛さん）は熊雄氏からの書簡をみかん箱いっぱい持っていました。しかし、熊雄氏が戦死したのちに愛さんが結婚する際、お母さまがその書簡を処分して（捨てて）しまいました。

一方、悦子さんにも熊雄氏から書簡（絵手紙や童話）が送られていましたが、愛さんの書簡を全て処分した事実を、のちにお母さまから聞かされ、自分だけが持っていることを話せず、愛さんとお母さまに内緒で、大切に持っていたのでした。それが今回ご紹介することになった絵手紙や童話です。

これまでも、戦争遺産として価値あるものが処分されたり、ご遺族が亡くなられたことにより一緒に火葬されてしまったりして、私たちの目に触れることすらなかったものが数多くあります。

また、全国の平和資料館、博物館などに寄贈された品々は、私たちにメッセージとして一度も語りかけることなく、そのほとんどが公開されず倉庫の中に眠ったままになっています。

そんな中、「伊藤半次の絵手紙」は、企画展や講演会などを開催する機会に恵まれ、祖父が戦時中に描いた絵手紙の原画を見ていただいております。これも多くの方々のご協力あってこそと感謝しています。

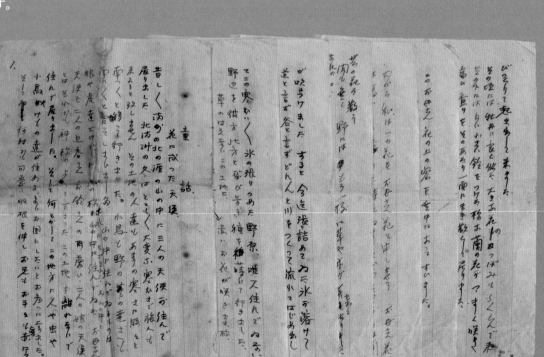

戦後76年「沖縄慰霊の日」
米国から沖縄へ返還された日章旗

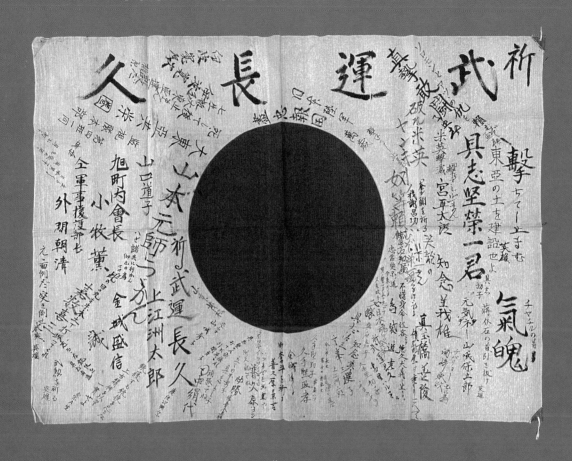

　令和1〔2019〕年4月、中学校英語教諭の池末義孝氏〔57歳、篠栗町〕の元に、米サンディエゴで暮らすウィリアム・ターナー氏〔47歳〕から、戦時中の日章旗について持ち主を探せないかと、1通のメールが届きました。

　ウイリアム氏の高校時代の友人スペンサー・ベアード氏〔47〕の祖父セス・マードック氏の遺品に、家族の誰も存在を知らなかった旗があるというのです。寄せ書きの意味などを尋ねる文面に旗の画像が添付されていました。

　画像から「具志堅榮一君」「金城」「知念」「我謝」「チバリヨー」といった沖縄に多い名字や方言が読み取れたため、池末氏は、航空自衛官として沖縄勤務の経験がある知人の中島政美氏〔73歳、叔父が沖縄戦で戦死〕に相談。すると中島氏は、沖縄戦で親族を亡くした遺族として交流がある私〔伊藤〕なら、沖縄に何度も行っているので持ち主を見つけられるかもしれないと思い、同年6月に連絡をしてきたのでした。

　そこで私は「骨董品的な価値はない」「ご家族にとっては、お金では買えない価値があるもの」「持ち主が見つかった場合に返還する意思があるのか」この3点がクリアできるなら探してみたいと返事をしました。約5か月後、ようやくアメリカから連絡があり、私が提示した3点をクリアできるとのこと、すなわち持ち主〔ご遺族など〕が見つかった場合には、返還するとのことでした。

スペンサー・ベアード氏から池末氏へのメール

My grandfather's name was Seth Murdoch. He was actually my father's stepfather who married my grandmother in the late 1950 s. My dad's father also served in the war, but passed away shortly before I was born, so I never met him. So, Seth was the only grandfather I knew on my dad's side of the family. I called him Gran Seth.

Seth died in 1997, and I will look up his age, but he was relatively young, around 70. I know that he entered the war near the very end and was pulled out of the Citadel (a Military College in Charleston, S.C.) to go to war and was on the crew of a B-29 at the age of 18 or 19.

He never talked about the war, but was a career Air Force man until the late 60 s or maybe even 1970. He was a navigator on a B-47 in the Korean War, and that is the only war (besides the Cold War) in which I even knew that he served until I read his obituary and learned he was in WWII.

In Korea and through the 60 s he was in the Strategic Air Command. (The command that controlled bomber and missile-based strategic nuclear weapons). In the late 60 s, he was the commander of a missile silo where he would go underground for like a week or ten days at a time and wait for the call that nobody hoped would ever happen. I am told the silos were manned by three men, and he was the only one armed with a sidearm to enforce compliance with a launch order, but I don't know if that is true. I also don't know exactly where he was or what he was doing during the Cuban Missile Crisis, but I'm sure it was pretty stressful.

When he retired from the Air Force as a Major and moved back our hometown of Salisbury, NC, he became the first County Manager for our county, Rowan County. He retired from that job in the late 1980 s. He held that position for 19 years.

日本語訳

祖父の名前はセス・マードック。実は、1950年代後半に私の祖母と結婚した私の父の義父でした。父の父（私の実の祖父）もその戦争に従軍しましたが、私が生まれるほんの少し前に他界しました。だから、私は彼に一度も会ったことがありません。そのため、セスが私の父方の家系で知っている唯一の祖父でした。私は彼のことをグラン・セス（セスおじいちゃん）と呼んでいました。

グラン・セスは、1997年に亡くなりました。彼は、戦争末期 Citadel（シタデル＝サウスカロライナ州、チャールストンにある軍学校）から引き抜かれて出征し、18歳か19歳でB-29の乗組員になったということが分かっています。

彼は、戦争について全く語りませんでしたが、1960年代後半、あるいは1970年まで空軍にいました。私が彼の死亡記事を読むまでに知っていた唯一の戦争は、朝鮮戦争（B-47の航空士）でしたが、その記事で彼が第2次世界大戦に従軍していたことを初めて知りました。

朝鮮戦争と60年代を通して、彼は戦略航空軍団〔爆撃機およびミサイルベースの戦略核兵器をコントロールした司令部〕に所属していました。60年代後期には地下ミサイル格納庫の司令官をしていました。そこはひとたび入れば1週間から10日間ほど地下にいなければならず、誰も望まない連絡を待つようなところだったようです。格納庫には3人が配置されており、彼だけが発射命令を実行に移すことのできる唯一の人物ということを聞かされましたが、事実かどうかは分かりません。また、キューバ危機の際に彼がどこにいて何をしていたかについては正確には分かりませんが、非常にストレスのかかるものだったのは間違いないでしょう。

　彼は空軍少佐を退職してのち、ノースカロライナ州ソールズベリーの故郷に戻りました。そこで彼は、ローワン郡の初代郡政委員長になりました。1980年代後期にその職を辞しましたが、19年にわたってその地位を支えました。

　令和1年11月6日、野戦重砲兵第23連隊の慰霊碑の慰霊碑管理と部隊戦没者の永代供養をしている「浄土寺」のことが判明し、住職と面会することが決まったため、沖縄行きの予定を組んでいた私〔伊藤〕は、その1日前に沖縄入りすることにして、日章旗の持ち主を探しました。

持ち主判明までの経緯

那覇市歴史博物館

　日章旗に書かれていた旭町内会長、小牧薫氏などから調べました。

　しかし、現在の旭町はビルが建ち並び、当時の人は誰も住んでいないため、関係者など日章旗に記されている名前から、手がかりを見つけることはできませんでした。

沖縄県平和祈念公園

　平和の礎で名前を探した結果、同姓同名の方1名を見つけましたが、出身地が沖縄県離島であったため、別人であると結論づけました。

　〔ここまでは、那覇市歴史博物館・古文書解読員・田口さんと行動〕

沖縄県護国神社

　加治宮司を訪ね、ご英霊にいないかなど相談しましたが見つからなかったため、その方は戦死していない可能性が高いと考え、その日のうちに沖縄タイムスを訪問し、紙面で呼びかけてもらいました。すると、掲載から5日後に、沖縄県豊見城市の元那覇防衛施設局職員、具志堅一雄氏

具志堅榮一氏の軍服姿

日章旗の持ち主を探す

〔昭和23年生まれ〕から「亡くなった父ではないか」と連絡がありました。

一雄氏によると、「地元で青年団長を務めていた父〔榮一氏〕は、昭和17年〔1942〕前後に訓練兵として召集された際に旗を受け取ったが、その後、中野警察学校の試験に合格したため、日章旗は町内会の事務所に飾っていたと母が語っている」とのことでした。

具志堅榮一氏は、戦中から戦後にかけて沖縄で薬物密輸の取り締まりに従事したのち、家業の建具店を継ぎ、平成16年〔2004〕7月に82歳で亡くなりました。

なぜ、セス・マードック氏の手に日章旗が渡っ

たのか全く経緯はわかりません。

池末氏が、スペンサー氏に持ち主が見つかったことを知らせると、「家族と一緒に沖縄に行きたいが今年は難しい。今年新しく家を買ったばかりなので、日章旗を郵便で送ろうと思っている。旗は、何十年も折りたたまれていたが状態は非常に良い。できるだけ旗を痛めたくないので、博物館関係者に郵送するための最適な方法を教えてもらいたい。また、連絡を待っている」と返信がありました。

その頃から新型コロナウイルス感染症が全世界に広がり、米国からの渡航や日本への郵便物の受け取りができなくなりました。そのため返還に向けた動きは中断してしまいました。

一方、日章旗が見つかったことを一雄さんが母いちさんに伝えると、「若い頃に見たことがある」と、喜んでいたそうですが、いちさんは、令和2年5月、旗との再会を果たせないまま、96歳で他界しました。

令和3年4月24日、池末氏の自宅に国際郵便で日章旗がついに届きました。丁寧に折りたたまれた日章旗とともに、いちさんが亡くなったことを知らない、スペンサー氏の自筆で、いちさんに宛てた手紙が添えられていました。

令和3年6月23日〔沖縄慰霊の日〕、沖縄県護国神社で返還式を行い、スペンサー氏が具志堅榮一氏の奥様いちさんに宛てた手紙を読み上げ、一雄氏へ日章旗を手渡しました。

こうして、戦後76年の時を経て、米国から沖縄へ返還された日章旗は同神社に奉納され、戦争の記憶の1ページとして展示されました。

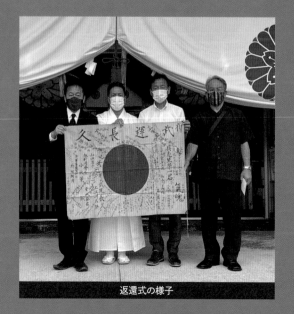

返還式の様子

具志堅夫人へのメッセージ

Dear Ms. Gushiken,

　Words cannot express how happy it makes me to send this piece of history home to you. Nobody in my family really knows how this flag came to my grandfather, but it is wonderful that I know where it came from and can return it. I am so happy that Mr. Gushiken lived through the war as well. I am very sorry that I cannot deliver it to you myself. I hope the flag brings back happy memories of those who signed it so many years ago.

Best wishes, SB

日本語訳

親愛なる具志堅夫人

　この旗（歴史の断片）を故郷のあなたの元に送ることができて言葉に表せないほどの喜びを感じています。私の家族の誰一人、この旗がどうやって祖父の元に届いたのか、誰も知りませんでしたが、これがどこから来たのか、どこに返せばよいのかが分かったことは、素晴らしいことです。また、具志堅氏も戦争を生き延びられたとのこと、うれしく思っております。私が直接お返しできないのが残念ですが、この旗が何年も前に寄せ書きをした人たちの幸せな思い出をよみがえらせてくれることを願っています。

お幸せに。スペンサー・ベアード

具志堅夫人へのメッセージ・原文

Ms. Gushiken

SPENCER BEARD　4/12/2021

Dear Ms. Gushiken,
　Words cannot express how happy it makes me to send this piece of history home to you. Nobody in my family really knows how this flag came to my grandfather, but it is wonderful that I know where it came from and can return it. I am so happy that Mr. Gushiken lived through the war as well. I am only sorry that I cannot deliver it to you myself. I hope the flag brings back happy memories of those who signed it so many years ago. Best wishes, S.B.

第7章

祖父の足跡をたどる旅

亡き父の願いに応えて

祖父の絵手紙に導かれて

平成23年〔6月3日～28日〕、平成24年〔8月1日～10月1日〕、平成25年〔8月1日～9月23日〕の3度にわたって、祖父伊藤半次の手紙を一般公開する機会に恵まれ、福岡市の「博多町家」ふるさと館で「伊藤半次書簡展」を開催し、多くの方々に来場していただきました。

70年近く経た今もなお色鮮やかな絵の数々と、愛情溢れる手紙の内容に「戦時中にこんな絵が届くなんて信じられない」「家族への深い愛情が感じられる」「才能ある人が〔戦死されて〕本当に残念でならない」などと、驚きと感動、平和の大切さについてなど様々な感想が寄せられました。

平成25年の「企画展」では、博多小学校5年生の先生方のご協力で、半次の書簡を平和学習の中に取り入れていただき、書簡を見た生徒たちが学習を通して感じたことを一枚のはがきに表現してくれました。どのはがきにも家族の絆の大切さや平和の尊さ、ご両親や先生への感謝の気持ちが絵や文字でいきいきと表現されていて、私は深い感動を覚えました。小学5年生の子供たちがこれほどまで強くメッセージを感じ取っていたことに正直ひじょうに驚いたのです。純粋な子供たちの心に半次の心の叫びがストレートに届いたのかもしれません。

ちょうどその頃、私の父〔半次の次男・允博〕は末期ガンで病床にありました。その父へ手紙全文を読み解き整理したファイルを渡すと、「自分はまだ幼かったので自分宛の手紙はほとんどない、母や姉兄に送られたものばかりだ」「父〔半次〕とは一緒に過ごしたこともないので……」と言い、興味がない様子でした。しかし、手紙の内容を全て

読んでいた私は「病床で時間があるとき、暇つぶしの読書感覚で良いので読んで欲しい」と言って、手渡して帰りました。

次に父を見舞うと、それまでほとんど興味を持っていなかった父が、この手紙のことを「1人でも多くの人に知ってもらいたい」「平和学習などに活用して欲しい」などと語り出したのです。

幼かったこともあり父〔幼子〕宛の手紙はほとんどありませんでしたが、実は妻や義母に宛てた手紙の中に、幼ない我が子〔父〕のことを人一倍心配し、健康を気遣い、成長を楽しみにしていた気持ちがたくさんしたためられていたのです。父親との思い出のなかった父が、残された手紙によって約70年の時を超え、その深い思いやりや愛情に触れることができたのでした。父親〔半次〕への想いを語っていた病床の父の姿がいまでも目に焼き付いていて、昨日のことのように思い返されます。

そして、この企画展の期間中の9月3日、父允博は永眠しました。

祖父〔半次〕は父〔允博〕が4歳の時に戦死しましたので、父には父親〔半次〕の記憶がありませんでした。私は子供の頃からあたり前のように父親と過ごしてきましたが、祖父と父のことを思うと、そうした日常がこれほどまでに有り難いことなんだと気づくことができました。しかし、「孝行のしたい時分に親はなし」。父の四十九日を終えた頃、今は亡き幼き子〔父・允博〕や妻〔祖母・禮子〕が知ることのできなかった祖父の足跡をたどることで、離れ離れになったままの家族を1つにつなぐことができないかと考えるようになったのです。

戦地にありながら400通に及ぶ手紙を家族に

送ってきた祖父が、あんなにも明るい絵手紙を書くことができたのはなぜか、筆まめな祖父が沖縄からはわずか3通しか送ってこなかったのは、緊迫した状況下にあったからだろう。激戦地の沖縄ではどのように過ごしていたのか、どのように戦ってきたのかなど、知られざる祖父の足跡をたどる旅がはじまりました。

祖父の戦友のご親戚との出会い

祖父の手紙には何人もの戦友や近所の方、交流のあった方々の名前が登場します。その中の1人、能古島〔残島〕の戦友〔東野数雄さん〕が「お前〔禮子〕のところを訪ねるから私のことを色々と聞いておけ」という手紙が残されています。

そんなおり〔平成25年12月〕、思いがけず東野数雄さんのご親戚で、福岡市西区能古島在住の東野忠雄さん〔当時97歳〕という方にお目にかかる機会がありました。忠雄さんは半次がいた満州〔梨樹鎮〕で、同じ時代を生きた元兵士ではありましたが、残念ながら半次との接点はありませんでした。しかし、祖父の絵手紙を見た東野さんに当時の記憶が次々と鮮明に蘇ってきて、「そこに描かれた場所〔満州、梨樹鎮〕に住んでいた」と話してくれました。

色鮮やかな絵手紙が多い中で、その手紙に描かれた山々はなぜか茶色に塗られていたので不思議に思っていたのですが、それが鉱山だということ、手前に描かれていた工場や街に何度も訪れていたことなど、当時の「懐かしい場所」や「楽しかった出来事」などを語ってくださったことで、半次らが過ごした戦地の様子が漠然とながらも浮かび上がってきました。

また、手紙の絵や文面の通り、この街のあちこちに杏の木があり、杏の香りただよう木の下で仲間と魚をさばいて酒盛りをしたことや、週末に雉狩りをしたことなど楽しい思い出話をうかがい、辛い苦しいことばかりではなかったことを知りました。

一方、絵に描かれていた工場がのちに爆撃されたということもうかがい、やはりそこは戦場であり、大変な状況の中で家族を思いやり、励まそうとしていた半次の想いがより深く伝わってきたのでした。

東野さんはシベリアに抑留され、辛い経験をたくさんしてきたので、戦争のことはほとんど語ったことがないそうですが、半次の絵手紙を見て楽しかったことを思い出したようです。そんな思い出を語る生き生きとした東野さんの姿を目にして、戦争はもちろん辛く悲しいことではありますが、一方でその時代に生きた人々にも楽しかった記憶もたくさんあり、そうした記憶を呼び起こす力が半次の絵手紙にはあることを知りました。

大刀洗大空襲を体験した方との出会い

翌年の平成26年4月、その夏に予定している企画展の打ち合せのため、大刀洗平和記念館〔福岡県筑前町〕を訪れた際、博多人形伝統工芸士として活躍されている白水宗邦さん〔当時85歳〕から、昭和20年3月にこの地で起きた空襲の生々しい体験談をお聞きすることができました。

大刀洗平和記念館が建っている地には、日本陸軍が誇る、東洋一と謳われた西日本最大の航空拠点「大刀洗飛行場」があり、一大軍都が存在していました。現在は無人駅となっている太刀洗駅も当時は様々な軍事物資の輸送に使われていて、飛行場の関係者や戦地へ向かう兵士の見送りなど1日約2万人もの乗降客で賑わっていました。

室町時代から続く博多人形師の家系に生まれた白水さんは、わずか14歳で大刀洗陸軍航空廠技能者養成所第1中隊第2区隊に入隊し、この地で同世代の仲間たちと航空技術を学んでいました。そんな中、沖縄戦が始まる数日前に米軍の空襲を受けて飛行場が潰され、そのとき多くの仲間を失いました。最後に会話した親友のことはずっと忘れられないそうです。幸い白水さんは間一髪で難を逃

れましたが、戦争によって伝統を守り伝える人たち
が多数亡くなったことを思うと、絵の才能に恵まれ
ながら老舗提灯店の店主として家業を続けることの
できなかった半次の無念さを思わざるを得ません。

戦後、博多人形師として叙勲を受けるまでの名
工となった宗邦さんは、数々の名作を世に送り出し、
平成30年6月、その生涯を閉じました。

祖父が戦った沖縄を訪れる

平成26年5月、私は沖縄へ行き、半次が所属
していた野戦重砲兵第23連隊〔球3109部隊〕が
沖縄戦で最後まで戦い、本隊が玉砕したとされる
沖縄本島南端の八重瀬岳を訪れました。そこには
今も白梅学徒病院壕が残されているのですが、そ
の場所で元白梅学徒看護隊の外間和子さんから、
かつてこの地で起った悲惨な状況について色々と
お聞きすることができました。

白梅学徒看護隊〔沖縄県立第二高等女学校〕56
名は、その野戦病院で昭和20年3月から約3か月
間、昼夜別なく傷病兵の看護、排泄物の処理か
ら死体の埋葬までしていたとのこと。軍医もいなけ
れば麻酔もないため、まともな治療ができないなか
運ばれてくる兵士たちは次々に力尽きていったとい
います。戦況の悪化により6月4日に解散命令が下
され、数名ずつ一緒になって砲弾の炸裂するなか
を彷徨中、多くの人が犠牲になったそうです。

半次たちが上陸した頃は、すでに沖縄は大変な
状況だったことや、外間さんが記憶している兵隊さ
んの中でも、砲兵は最も過酷な任務であり、たとえ
ば米軍に1発砲撃すると100発の弾が返ってくると
言われるほど厳しい任務だったそうです。本土防衛
のため、また自らの大切な家族や愛する人を守る
ために、兵士たちは最後の最後まで命がけで戦い、
散っていきました。その中に半次もいたのです。

生還者の手記や外間さんのような体験者の証言
などによって、兵士たちは想像を絶する過酷な状

況下で終戦の直前まで戦い続けていたという歴然と
した事実を知り、家族の元に帰ることのできなかっ
た半次の無念さが時を超えて胸に迫ってきました。

外間さんは、自らの戦争体験をほとんど語ってこ
なかったし、語ってはいけないものだと思っていた
そうですが、半次が残した手紙の多さにただただ
驚いていました。

その後、沖縄県糸満市大度〔沖縄本島南端の糸
満市平和祈念公園とひめゆりの塔の間〕にある野戦重
砲兵第23連隊〔球3109部隊〕の慰霊碑を訪ねま
した。

時の流れとともに、こうした戦争体験者や語り部
がいなくなっているという現実がありますが、半次の
書簡にこめられたメッセージはこの先もずっとずっと
生き続けていくことでしょう。書簡の中には「梨樹
鎮神社のお祭りです。この絵のようにボンボリを張
り替えたり絵を書いて村の学校で手伝いをやりまし
た。前の隊でも色々な仕事をやったもんです。葬式
の旗書きなどずいぶんやり、花輪まで造りました」と
いったものがあります。こうした手紙を見ますと、も
しかしたら今も満州のどこかに祖父の絵が残されて
いるのではないかと、そんな気持ちすらします。

那覇市歴史博物館で企画展を開催

多くの方々のご支援、ご協力のもとに那覇市歴
史博物館において祖父・伊藤半次の絵手紙をご
紹介する企画展が実現しました。その際、祖父が
所属した部隊が首里攻防戦を戦っていたことなど
を同博物館が突き止めてくださったおかげで、「野
戦重砲兵第23連隊抄史」の存在や慰霊祭に参加
していた親族などが見つかり、部隊慰霊碑や関係
者の想いや真相に近づくことができました。のちに
発行された小冊子〔寄稿全文〕を、田口恵古文書
解説員の許可を得て次頁にて転載させていただき
ます。

沖縄戦における野戦重砲兵第23連隊の動向と戦後の慰霊碑建立と慰霊祭の報告

那覇市歴史博物館　古文書解読員　田口 恵

　那覇市歴史博物館（以下、「歴史博物館」）では、平成29年（2017）4月28日から6月27日まで企画展「戦地からの便り　伊藤半次の絵手紙と沖縄戦」を開催した。その際には、伊藤半次の絵手紙と沖縄戦との関わりを中心として展示をおこなった。

　その人物である伊藤半次とはいったいどのような経緯を経て沖縄戦で戦っていったのか。まず、伊藤が生まれてから野戦重砲兵第23連隊に入隊し、沖縄戦でなくなるまでの経過を紹介する。

　伊藤は、大正2年（1913）に福岡に生まれ老舗提灯店の提灯職人として働いていた。昭和15年（1940）の27歳のときに召集され、福岡県小倉の野戦重砲兵に入隊。翌年、関東軍として満州へと移動する。昭和19年（1944）10月下旬に沖縄守備隊第32軍の軍直属の野戦重砲兵第23連隊通称「球3109部隊」に所属し、沖縄戦で戦うも昭和20年（1945）6月18日に小渡（現在の糸満市大渡）で戦死したといわれている。

　企画展では、伊藤が戦地から送った絵手紙の紹介が中心に行われたが、歴史博物館では、この伊藤が所属した沖縄戦における野戦重砲兵第23連隊について部隊の動きを含めて展示を展開していき、沖縄戦を紹介することを展示の柱においた。そこで、この軍直轄部隊である野戦重砲兵第23連隊（以下、「野重第23連隊」）の大まかな動向について紹介出来たのであるが、部隊の詳細な動向を紹介することができなかった。

　そこで、今回、展示会にて紹介することのできなかった沖縄戦における野重第23連隊の下部にある中隊の動向をこれまでに発行されている資料や聞き取りから時系列にまとめてみた。

　また、この展示会終了後、戦後の野重第23連隊の関連史料として、慰霊碑の建立と慰霊祭に関わる史料が歴史博物館へ寄贈された。沖縄戦後、この部隊の生き残った戦友会が中心となり、慰霊碑を建立し慰霊祭を行っていくのだが、その経過が、これから戦後史として今後必要となっていくであろう。その資料の紹介を行うことで、戦後73年間の一部隊の記録となればと考える。

1　野戦重砲兵第23連隊の部隊と動向

　野重第23連隊は昭和17年4月25日に満州国東満総省梨樹鎮において編成、部隊は陸軍大佐神崎清治以下約1000名の部隊からなっていた。

　昭和17年10月18日には同省の八面通に移駐。八面通付近を警備。

　昭和19年8月21日に沖縄守備隊の第32軍の軍直轄部隊としての動員下令、10月22日に那覇港着。通称「球3109部隊」。野重第23連隊の隊長は神崎清治、人員は約1000名。組織は連隊本部と2つの大隊、下部に3個の中隊からなっていた。このことについては、すでに図録や展示史料で紹介したが、確認

のためにその組織図（図1）を右に示す。

　戦闘経過は昭和19年10月22日那覇港着。連隊本部は前田高地に守備陣地をおき、第1大隊は首里を基幹とする石嶺周辺に陣地を構築。第2大隊は島尻地区に陣地を構築。

　昭和20年4月1日中旬には嘉数高地、前田高地にての米軍と日本軍との激しい戦闘が行われて第1大隊は壊滅的な打撃を受け多くの戦死者をだす。残存兵を率いて南部へ撤退。第2大隊は十分なる兵力をもって攻撃を行っていた。

　昭和20年5月22日、米軍の猛烈な攻撃により軍司令部南部撤退を決定。そのことで、第2大隊も八重瀬岳に転進。

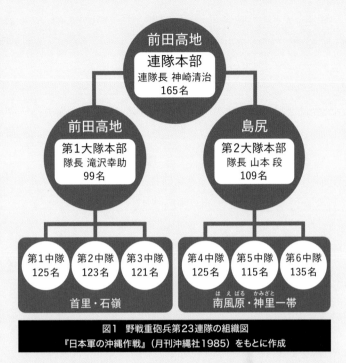

図1　野戦重砲兵第23連隊の組織図
『日本軍の沖縄作戦』（月刊沖縄社1985）をもとに作成

　昭和20年6月中旬、第1大隊残存兵と第2大隊の最後陣地小渡に集結。集結当時、使用可能な火砲はわずか2門であった。

　6月19日、部隊解散。野重第23連隊の戦闘記録からおおまかな部隊の戦闘経過は以上である。しかし、これまで野重第23連隊に関する史料として、以下の5点の聞き取り史料や沖縄の防衛隊として参戦した翁長朝義の手記などがある。その史料からその部隊の中隊の動向を時系列に以下の表（表1）にまとめてみた。

2　野戦重砲兵第23連隊の慰霊碑建立と慰霊祭

　野重第23連隊の慰霊碑は2箇所あり、糸満市大渡と那覇市首里久場川町である。糸満市大渡にある慰霊碑は野重第23連隊の全体の慰霊碑で昭和53年に戦友会によって建立された。また、那覇市首里久場川町にある慰霊碑は第1大隊の第2中隊（浜田隊）の慰霊碑で、これは第2中隊の浜田隊の戦友が建立したものである。

　糸満市大渡にある慰霊碑建立と慰霊祭については、その当時の史料を戦友会のご遺族であり現在、静岡県に在住の川内義子さんに提供していただいた。川内義子さんの父、川内金市氏は伊藤半次氏と同じく野重第23連隊に所属し、おそらく半次氏と同じく第1大隊にいたであろう。川内さんは第1大隊の第3中隊に所属していた。

　この川内さんの情報については、伊藤半次氏の孫である伊藤博文さんが歴史博物館で展示を行った以降に繋がった縁で、私も情報を提供していただくことができた。伊藤半次氏のご家族と同様に川内義子さんも父である川内金市さんから満州と沖縄から書簡を受け取っている。その書簡も半次氏と同様に沖縄からを最後に終わっている。半次氏の絵葉書とは対照的で家族への思いがびっしりと文字に認められたもの

日付	部隊の行動
昭和15年9月1日	野戦重砲兵第5連隊（小倉）に入営④
昭和15年9月1日⇨12月1日	西部第72部隊（久留米師団）④
昭和16年7月16日	野戦重砲兵第23連隊（第3109球）編成
昭和16年8月⇨昭和17年4月	満州国東安省密山県斐徳第938部隊（峯岸隊）④
昭和17年4月25日	東満梨樹鎮において編成④
昭和17年4月⇨昭和17年冬	斐徳より牡丹江省梨樹鎮へ移動　第3109部隊（山田隊）④
昭和17年冬⇨昭和19年秋	梨樹鎮より牡丹江八面通へ移動　第3109部隊（山田隊）④
昭和19年7月20日	満洲八面通から本隊は19年10月22日（もしくは11月6日）上陸
昭和19年8月21日	動員下令
昭和19年9月1日	駐屯地出発
昭和19年10月22日	野戦重砲兵第23連隊、那覇港着。中頭、島尻郡の整備。連隊本部は前田高地に陣地を構築。第1大隊の陣地は、第1中隊は西原の幸地、第2中隊は池田、第4中隊は大里の平川、第5中隊は南風原神里、第6中隊は東風平の屋宜原。③⑤
昭和19年11月6日	第5中隊主力より遅れて那覇に上陸。神里付近の陣地を選定を命ぜられる。当初は首里と与那原の間、続いて小禄と糸満の間、さらに港川に対する射撃を準備した。他の中隊は洞窟を作り、洞窟内から射撃が行えるように設備を行った。①
昭和20年3月7日	第4中隊、神里にて道路補修工事。陣地壕の構築。②
昭和20年3月20日	第4中隊長より戦闘突入の宣言。②
昭和20年3月23日	米軍の上陸前の空襲と艦砲射撃が激しくなる。②
昭和20年3月24日	甲号戦備下令③
昭和20年4月1日	第1大隊は北正面を第2大隊は港川方面の攻撃を配備。③
昭和20年4月4日	第1大隊初弾発射③⑤
昭和20年4月5日	第2大隊初弾発射。与那原西南側に転進。石部隊東海岸の戦闘に直接協同。③⑤
昭和20年4月上旬	第4中隊は南風原の宮平に砲列を敷くために砲1門と弾薬運びを行う。大名、宮城にある弾薬倉庫から運び出す。② 第1大隊の陣地第1、第2、第3中隊は首里を基幹とする石嶺に陣地を構築。⑤
昭和20年4月中旬	第4中隊は砲撃を開始。その度に防衛隊は砲弾の補充。
昭和20年4月26日	第2大隊は東海岸において津覇、和宇慶、上原、棚原の線に前田高地防備に敢斗。③
昭和20年4月下旬	第4中隊の神里の壕が直撃をうける。防衛隊の壕も米軍機によって投下された爆弾により直撃。② 第1大隊は壊滅的打撃。第2大隊はまだ健在で十分なる戦力をもち、陣地を変換しながらさかんに射撃をくりかえす。⑤
昭和20年5月10日	第2大隊は首里　人員多く戦死③
昭和20年5月中旬	第4中隊、米軍の大空襲により神里が炎上②
昭和20年5月27日	軍司令部首里転進とともに八重瀬岳、与座岳に転進す。第1大隊第2、3中隊は破壊。第2大隊は転進部隊掩護戦斗を神里、東風平、糸数、新城、志多伯に実施。5中隊は神里陣地を放棄して、残った砲1門を牽引車で運び与座（糸満市）に移動。②③
昭和20年6月6日	軍司令部南部撤退により第2大隊も八重瀬岳に転進す。第2大隊の第4、第5、第6中隊は各砲1門となる。⑤⑥
昭和20年6月19日	八重瀬岳観測所包囲せられて戦斗不能に陥る。小渡に集結、同夜部隊長を先頭に斬込を敢行す。小渡にて部隊解散。③⑤⑥

表の日付については、月日がわかるものは記載し、わからない部分は上旬・中旬・下旬に区切った。

①元第23連隊第2大隊第5中隊長・金子晃氏の聴取資料（『32Ａを中心とする日本軍の作戦　付録』　陸上自衛隊幹部学校　1960）
②第2大隊第4中隊防衛隊員・翁長朝義の手記（『沖縄戦―防衛隊員の手記』翁長朝義　1988）
③「第5野戦重砲第23連隊史」（『沖縄作戦における32Ａ主要直轄部史実資料』陸上自衛隊幹部学校　1960）
④『戦地から愛のメッセージ』伊藤博文　文芸社　2014）
⑤「野戦重砲兵第23連隊史」（『日本軍の沖縄作戦』月刊沖縄社　1985）

であった。この書簡から当時の満州での戦況の状況や部隊の動向を知る手がかりになると思われる。

　しかし、今回、私が注目したのは、この慰霊碑建立の経緯を示した文書や慰霊祭の状況の写真である。また、もう1箇所の慰霊碑である那覇市首里久場川町にある第1大隊の第2中隊の慰霊碑建立と慰霊祭には久場川自治会と第2中隊の戦友会や遺族の方との詳細な記録が存在する。

　慰霊碑が建立された当時は久場川老人会がこの慰霊碑を管理しており、その会計簿や野重第23連隊第2中隊の戦没者の名簿が、当時老人会の会長をしておられた前原穂積氏から歴史博物館に寄贈された。

　野重第23連隊に関する寄贈は「昭和56年から平成20年にかけての慰霊碑の修繕や慰霊祭の記録簿1冊」、「野戦重砲兵第23連隊第2中隊 浜田隊 沖縄戦々戦没者名簿」、「久場川自治会長宛書簡3通」である。特に記録簿は、ほぼ毎年行われた慰霊祭を行うにあたっての供養品の収支や参加者の名簿、また供養料などを記録しており、慰霊祭の記録として貴重なものである。

　沖縄戦が終結、終戦の焼け野原から真和志村民が遺骨を収集し慰霊碑を建立した「魂魄の塔」や「ひめゆりの塔」。その後、戦友会や地域の方などにより慰霊塔・碑は次々と建立されつづけた。

　その慰霊塔が沖縄県によって調査され、全県における慰霊碑、慰霊塔の数が把握できており、平成7年の調査によれば、330の慰霊塔・慰霊碑があるという。

　しかし、その慰霊碑や慰霊塔がどういった経緯で建立され、現在どのように祀られているのか。現在も慰霊祭を続けている団体であれば、そのことは伝えられている。しかし、野重第23連隊のように部隊の兵士がほとんど本土の人々で、慰霊祭も途絶えてしまっている今日は、この情報を伝えて残していかなければいけないと思う。

　現在ではこのような状況を踏まえて、慰霊碑や慰霊祭についての調査・研究を上杉らの調査によって一部報告がなされている。しかし、沖縄全体の慰霊碑や慰霊祭の状況の全てについては把握できていない。

　そのような状況を含めてこの慰霊碑・慰霊祭の状況を記しておくことは、沖縄戦後史の沖縄慰霊の状況を記録しておくうえでも有益であると思う。そこで、この野重第23連隊に関する慰霊碑と慰霊祭について、以上の資料から戦後の状況を報告する。

(1) 野戦重砲兵第23連隊の慰霊碑（大渡）

　野重第23連隊の全体の慰霊碑は現在の糸満市大渡に建立されている。糸満市大渡への建立は、この連隊の終焉がこの地域であったことによる。

昭和53年1月1日

ご遺族
戦友 各位

野重23沖縄慰霊団
団　長　水町平吉
副団長　青木　清
事務局長　岡田敏継

慰霊碑の除幕式について（ご案内）

拝啓　向寒の砌、益々ご清栄のこととお慶び申し上げます。

　さてこのたび、さきにご案内を申し上げましたとおり、我が連隊最後の地に部隊戦没将兵の慰霊碑を建立することにつきましては、敷地問題が難行しておりましたが、私たちの熱望する小渡の土地が、糸満市のご厚意により申請地（約13坪）が無償貸与で12月13日に許可となりました。

現地、光建設KKとの工事内容の請打合せについても完了、近日中に竣工の運びとなりました。工事は遅くとも2月末日迄には竣工の予定です。

これは、ひとえに皆様方の暖かいご支援と絶大なるご協力の賜ものであり、英霊のご加護があったからだと思います。

関係者一同深く感激いたしております。本当に有難く衷心からお礼を申し上げます。

思い起せば33年前、あの太平洋戦争中、最も激戦であったと謳れる沖縄戦において、わが部隊将兵がいかに勇敢に戦い、かついかに多くの戦友が散華したか、その戦友一人、一人の顔が、今だに、われわれの眼底に焼付けられ、終生忘れることはないでしょう。

その戦友の冥福を永遠に祈願するため、下記要領にて、慰霊碑の除幕式を行いたいと思います。

まとまって、おまいり出来ることは、おそらく今回を最後となることと思われます。

大変お忙しい折ではありますが、ご都合のつく方は、どなたでもご参列賜りたく、かさねてお願い申し上げます。

なお、勝手乍ら諸準備の都合もありますので、まことにお手数ですが、同封ハガキにて、至急ご返事を頂きたいと思います。

（尚ご遺族のかたの父母、兄弟姉妹については当方では判り兼ねます故、集約をお願いします。）

敬具

記

1. とき　昭和53年3月18日〜21日（3泊4日）
2. ところ　小渡陣地（部隊終焉の地）
3. 宿　泊　ホテル・サン沖縄（那覇市）TEL（0988）53−1111（大代表）
4. 日　程
　3月18日　午前……東京、大阪、福岡を出発。

図2　野戦重砲兵第23連隊の慰霊碑除幕式の案内文

昭和53年に戦友会によって建立された。その経緯を今回、川内義子さんのアルバムのなかの戦友会や遺族にあてた「慰霊碑除幕式について」の案内文で確認することができる。

当初は敷地問題で難航していたが、糸満市が無償で譲渡してくれることになったこと。また、工事業者の名前、それと除幕式の開催を示す文書が残っている。また、これで戦友会がまとまってお参りすることが最後になることであろうと伝えている。ちなみに、現在、糸満市にこの慰霊碑の土地の無償譲渡の件について聞いても、当時の状況を示す文書は探せないという。

この除幕式の状況の写真も数枚残されており、その時の状況もつぶさにわかる。実はこの野重第23連隊の慰霊墓参団は昭和52年に最初に行われ（図3）、その時はまだ慰霊碑は建立されておらず、首里の中央納骨堂で行われている。

その翌年昭和53年3月18日〜21日にかけての慰霊墓参の旅を計画し、除幕式（19日）を含めての墓参の様子の写真（図4）も残っている。

この慰霊碑のモチーフであるが、野戦重砲兵になぞられた重砲が慰霊塔の両脇にあり、その中央には「カ」という石碑がある（図5）。この「カ」は部隊長である神崎清治少将の神崎の頭文字である「カ」をとったということである。

このような慰霊碑のモチーフについても記憶しておかなければならない。たとえば、同じく慰霊碑である宜野湾市にある「京都の塔」についても同様な意味合いを含めた慰霊碑が存在していることの詳細が

図3　昭和52年慰霊祭（首里中央納骨堂にて）

図4　昭和53年3月19日　慰霊碑除幕式

報告されている。

　昭和56年まで毎年慰霊墓参団を結成し慰
霊の旅をしている。しかし、その後は、戦友
会でのまとまった慰霊祭は行われることはなく、
個人での慰霊となっていく。

　現在では戦友の方はほとんど亡くなられてお
り、遺族の方も高齢となり、この慰霊塔に花
を手向ける人も少なくなっているのが現状であ
る。当時は大渡地域の方も慰霊祭を行ってい
たということである。

図5　野戦重砲兵第23連隊の慰霊碑

(2)　野戦重砲兵第23連隊第1大隊2中隊の慰霊碑（久場川）

　野重第23連隊第1大隊2中隊の慰霊碑は那覇市首里久場川町にある（図6）。この慰霊碑も第2中隊が
この地で戦闘に挑んだことによるとともに、この久場川町には久場川（クバガー）といわれる井戸があり、
この井戸によって多くの兵士が命を救われたことによる慰霊碑の建立であろう。

　この第2中隊の慰霊碑は昭和55年に建立されている（図7）。この慰霊碑建立について詳細な文面は
残っていないが、管理を現在でも行っている久
場川自治会によれば、やはり第2中隊がこの井
戸の水によって命を助けてもらったことによるだ
ろうということである。そして、この第1大隊の
第2中隊の慰霊碑は先にも述べたように久場川
自治会との合同で慰霊祭が行われており、そ
の詳細な記録簿が存在する。

　以下、その管理記録簿を年度ごとに整理し
てみた（表2）。

図6　平成15年4月20日　虎頭会主催慰霊祭（久場川町）
　　　読経するのは万松院の松久禅師

日付	記載内容	参加人数
表2　野戦重砲兵第23連隊第1大隊第2中隊の慰霊祭の管理記録簿		
昭和55年	慰霊碑建立	
昭和56年4月18日	球部隊野戦重砲兵第23連隊永代供養協賛者名簿	16名
	寄付者名簿	12名
昭和59年4月10日	慰霊祭参加者	
	戦友	11名
	御遺族	11名
昭和59年4月1日⇒60年3月	慰霊祭　出納簿	不明
昭和60年4月1日	慰霊祭　出納簿	不明
昭和61年4月7日	慰霊祭　領収証綴	不明
昭和62年4月6日	慰霊祭　領収証綴	不明
昭和63年4月5日	慰霊祭　領収証綴	不明
平成1年4月3日	慰霊祭　収支明細	不明
平成2年4月10日	慰霊祭　収支明細	不明
平成3年4月8日	慰霊祭　収支明細	不明
平成3年7月9日	お中元代として領収証	
平成4年3月2日	久場川（井戸）の工事費として　収支明細書	
平成4年4月5日	慰霊祭　収支明細	不明
平成5年4月12日	慰霊祭　収支明細	21名
平成6年4月4日	合同慰霊祭　収支明細	21名
平成8年4月8日	合同慰霊祭　収支明細	5名
	虎頭会	15名
平成9年4月6日	野戦重砲兵第23連隊戦没者供養団は来沖できず。（戦友会代表の山崎氏の手紙があり）老人会と自治会の共催で慰霊祭を挙行	
平成10年4月14日	合同慰霊祭収支明細	6名
	久場川老人クラブ虎頭会	25名
平成11年4月6日	戦友会代表の山崎氏他3名が来られたが、慰霊祭はできず、参拝のみで帰る	3名
平成12年4月16日	野戦重砲兵第23連隊関係者は来県されず、虎頭会主催で慰霊祭を挙行	20名
4月5日	山崎さんが個人的に来訪　供養料を納める。	
平成13年4月9日	山崎氏他1名が来訪され参拝される。合同慰霊祭を久場川デイサービス利用者10名で行う。	
平成14年4月7日	山崎氏と金井氏がみえて久場川自治会及び老人クラブ虎頭会の合同慰霊祭を行う。	
	虎頭会	14名
平成15年4月20日	山崎氏来沖できず、久場川老人会虎頭会で慰霊祭を行う。その模様を写真撮影。戦友の方へ送付する。	
平成16年4月4日	山崎氏ら5名（合同慰霊祭）	5名
	老人会	12⇒13名
	合同慰霊祭　写真（2枚）	
平成18年4月11日	山崎他3名が来沖。雨の中慰霊祭を行う。	
平成19年1月16日	球部隊野戦重砲兵第23連隊第2中隊の永代供養協賛会の田治俊治の長男俊孝さんが長男をつれて慰霊碑の参拝にくる。慰霊碑を案内する。永代供養料として3万円いただく。	
平成19年2月6日	慰霊堂のペンキの塗り替えを行う。経費は関係者より頂いた供養料より使用する。工事関係の費用を寄付金をいただく。	
平成20年4月15日	山崎氏ほか3名参拝にみえる。	3名
	久場川老人クラブ虎頭会	7名

この記録からもわかるように、慰霊祭が、ほぼ毎年行われていることが確認できる。収支報告の明細について詳細は記載しなかったが、出費は慰霊祭の際の供物や供養参列者へのお土産代、慰霊祭が終了後の懇親会の料理代となっている。また、慰霊祭に参列できなかった年には、自治会だけで行った慰霊祭の様子を写真撮影し、それを戦友会の方に送付する通信費などにも利用している。また、平成19年度には慰霊堂の修繕費にも利用されている。そして収入は戦友会からの供養料となっている。

このように、久場川老人会と戦友会の人々がやりとりを行っていたことが、この行事、出納簿からうかがい知ることができる。

毎年4月の上旬から中旬にかけて慰霊祭を行っていること。また、慰霊祭を当初は、戦友会と遺族の方と久場川老人会の合同で行っていたが、戦友会と遺族の方が高齢になったため、久場川老人会が主催で行うことになったこと。供養料で慰霊碑の修繕や維持を努めていることが確認できる。

図7　昭和55年3月1日建立
野戦重砲兵第23連隊第2中隊の慰霊碑

平成20年度以降はこの記録が存在しないのであるが、それは、老人会長である前原さんの後退とともに、戦友や遺族の高齢化に伴い、慰霊祭自体が自治会の主催の10月に行われている地域の年中行事にあたる「ウマーチ」へと移行していったことによる。このウマーチとは、久場川自治会の行っている年中の祈願の一つで、この久場川の発祥に関わる井戸を拝む祭祀である。

現在の自治会長である泉川宏氏によれば、久場川の発祥に関わる井戸を拝むという久場川の年中祭祀と、野重第23連隊の兵士たちがこの井戸によって助けてもらったという感謝への気持ちが繋がることであるとし、自治会では今後もこの第23連隊の慰霊碑を供養し続けるということである。

結びにかえて

本誌では、「伊藤半次と沖縄戦による展示会」で紹介することのできなかった第23連隊の行動を、残っている資料を整理することでまとめてみましたが、紙面の都合上、詳細な証言などまでには手が及びませんでした。

また、今回は触れることができませんでしたが、「第2大隊第5中隊の陣中日誌」が内閣府のホームページ上にてPDFで公開されています。この資料も昭和20年1月から2月末までの期間ですが、部隊の動向を知る上で貴重な資料であると思われます。今後はこのように残された資料をつきあわせていくことで、より詳細な動きが浮かび上がってくるのではないかと思われます。今後の課題です。

慰霊碑や慰霊祭については記録していかなければ、戦後73年の経過とともに風化してしまうおそれがあります。そこで、この慰霊碑がどのような経緯で建立され、どのような慰霊祭が行われていたのか、そ

れぞれの慰霊碑や慰霊祭がどのような経緯を経て、どうなっていくのか、このことを記憶し記録することが必要と思われます。

　最後にこの野重第23連隊史の資料を快く提供していただいた静岡県在住の川内義子さま、また、その情報を提供していただいた伊藤博文さま、那覇市首里久場川町慰霊碑関係の資料を寄贈していただき当時の慰霊祭の様子をお話いただいた元老人会長の前原穂積さま、奥様の前原秀子さま、久場川自治会長の泉川宏さまに心より感謝申し上げます。

【参考文献】
⊙ 『戦地からの便り――伊藤半次の絵手紙と沖縄戦』（那覇市歴史博物館、2017）
⊙ 『日本軍の沖縄作戦』（月刊沖縄社、1985）
⊙ 『沖縄の慰霊塔・碑』（沖縄県生活福祉部援護課、1998）
⊙ 「沖縄県南城市における戦没者慰霊――旧玉城村・知念村域を中心に」（上杉和央、『京都府立大学学術報告（人文）第64号』、2012）
⊙ 『南風原町』（京都府立文学部歴史学科文化遺産学コース、2017所収の第二部慰霊碑・慰霊祭調査編）
⊙ 「『沖縄京都の塔』の石材にみる建立者の意図」（奥谷美穂、松田雅美、沖縄慰霊碑科研研究会2018）
⊙ 「野戦重砲兵第23連隊第5中隊陣中日誌　昭和20年1月」（防衛研究所）
⊙ 「野戦重砲兵第23連隊第5中隊陣中日誌　昭和20年2月」（防衛研究所）
⊙ 『戦地から愛のメッセージ』（伊藤博文、文芸社刊、2014）

令和3年（2021）追記

　上記の報告は、平成29年（2017）度に展示会を行った際のものです。その時には、調査の時間がなく、確認することができなかった野戦重砲兵第23連隊の動きや慰霊碑の情報が、その後の調査の積み重ねで、『野戦重砲兵第23連隊抄史』、『野戦重砲兵第23連隊写真集』、「野重23会会報」という部隊の生き残りや遺族で構成された会報誌などで一気に情報が追加されました。

　そのことで、これまで不明であった、糸満市大渡にある野戦重砲兵第23連隊慰霊碑の管理を、同じく糸満市にある浄土寺が行っていることもわかりました。

　展示会が終了したあとでも、調査を続けることで情報は積み重なって新たな真実を語ってくれます。

　このことを通して、私たちには、過去に行われた歴史を記憶して繋いでいく作業が必要であることを痛感しました。これからも作業を続けていくことで新たな真実と新たな記憶を紡いでいくことが現代を生きる私たちの使命であると思います。そのことを伊藤半次さんの絵手紙から学ぶことができました。

生き残りの方々やご遺族の手記・証言などで明らかになった
野戦重砲兵第23連隊（球3109部隊）の真実

　「野重23会」は部隊の生き残りの方やご遺族などで構成された会で、会員の方々の高齢化に伴い、平成6年に解散されました。

　沖縄地域戦没者慰霊団でご一緒し、福岡縣護国神社の命日祭で再会した鐘ケ江静男氏（昭和3年生まれ）も祖父と同じ部隊に所属し戦死したご遺族のお一人でした。お話をしているうちに鐘ケ江氏は、慰霊祭にも何度か参列しており、生き残り兵の方々とも当時交流があったそうです。さらに「野戦重砲兵第23連隊抄史」のほか、「野重23会々報（最終号）」を大切に保管していることがわかり、それらの貴重な資料を私に託してくださることになったのです。

　おかげで戦友会が発足した経緯、慰霊碑、慰霊祭、ご遺族の想い、後世へ語り継ぎたい願いなど、多くのことを知ることができました。そしてこのことが、のちに靖國偕行文庫（靖国神社）で「野重23会々報」9号以降の11冊、「野戦重砲兵第23連隊写真集」を見つけ出すことに繋がり、本書出版にあたり、多くの内容を盛り込むことができたのです。

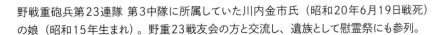

慰霊祭に参加していたご遺族
川内義子さんの記憶

　野戦重砲兵第23連隊 第3中隊に所属していた川内金市氏（昭和20年6月19日戦死）の娘（昭和15年生まれ）。野重23戦友会の方と交流し、遺族として慰霊祭にも参列。

　昭和16年7月16日、赤紙1枚で父は召集されました。当時、父は魚屋を営んでおり、姉4歳、私は2歳、弟はまだ母のお腹の中、祖父と母（たつ）の5人暮らしでした。

　戦地から届いた父からの便りを、皆で輪になって読みました。どの手紙にも「子供はしっかり守り、元気な子に育ててくれ」と書かれていました。伊藤さんの絵手紙と違って、戦地のことなどは一切書かれていませんでした。

　中に1枚、送金の金額がゲタ（3）ジバ（2）ダリゲン（4.5）と、魚市場の符号で書かれたユニークなものがありました。この符号はセリをする仲間で

ないとわかりません。私も10歳くらいから使えるようになりました。中学生の頃は祖父や母といっしょに市場に行き、セリの仲間に入って符号を使って手伝ったのも、いまは懐かしい思い出です。

　父の手紙65枚は、母の手で守られてきました。

　昭和19年10月、鹿児島から父の手紙が来ました。祖父は、「内地に来ているから正月には帰れるかもしれんな」と言って沢山のお餅をついて待っていました。それは沖縄へ渡る直前の便りだったのです。

　「お父さんと一度だけでもお話ししたかった」それが私のいまなお持ち続けている想いなのです。相良も空襲に遭（あ）うようになりました。祖父と母と共に星に向かって紅葉（もみじ）のような手を合わせて、父の無事を祈ったものです。

　そして姉7歳、私5歳、弟3歳の時、父の戦死の訃報（ふほう）が届きました。戦地に行っている間は「帰ってくる」という大きな望みがありましたが、その望みの綱もプッツリ切れました。戦争によって引きちぎられてしまったのです。幼すぎてよく分かりませんでしたが、父の戦死によって母の苦労はそれまで以上に増えたに違いありません。

　母は28歳でした。物はなく、とにかく働かなくては生活できない当時のことで、一家の大黒柱を失った私の家では、祖父と母が市場に出かけ、魚を仕入れ、山坂起して行商に出かけ、帰って来ればまた店の商売、毎日が嵐のようでした。

　母は「お母さんは幸せなんだよ、3人の子供に囲まれ、皆元気だし、おじいちゃんも一生懸命働いてくれるし、どんな時でも神様や仏様は私たちを見守ってくださるから皆で頑張ろうね。正直に一生懸命生き

ていこうよ」と口癖のように言っていました。

　母の言葉に励まされ、姉弟3人、どんなに勇気づけられたことか……。

　私たちは幼いながら母を悲しませてはいけないと、3人で手分けして家事を手伝い、仏壇に小さな手を合わせ、祖父や母が少しでも早く家に帰ってくるよう祈りました。店の片付けを手伝いながら、日暮れに両親に手を引かれて楽しげに家路に向かう子供たちをながめていると、やはり言い知れぬ悲しみがこみ上げてくるのでした。

　苦労していた母を悲しませてはいけないと思いながらも、時にはつい心にもない反発の言葉が口から飛び出すのです。こんなとき、なんとか父の顔を思い出したいと瞼を合わせるのですが、出てくる顔はやっぱり写真の顔ばかり……。私は父の顔を覚えていないのです。

　小学2年生の時、担任の先生から「どんな時でも、どんな苦労も乗り越えて、光の子になろう。上を見てはいけない。下をじっと見るのだ。そして、おじいちゃんやお母さんに感謝して孝行な子になれ」と言われました。この言葉は私の「心の灯」となりました。

　だいぶ落ち着いた昭和32年1月、また不幸が訪れました。これまで家族のために懸命に働いてくれた祖父が、68歳でその生涯を閉じたのです。祖父の死は安らかそのものでした。私が中学3年の時でした。

　昭和41年、母は静岡県の慰霊団とともに、父の眠っている沖縄に初めて行きました。生々しい傷あとが残る戦跡を巡拝しながら、父たちが最期まで戦い抜いた現場を目にして、また新たな涙にくれたようです。

　「そのうち一家でお参りできる日を待っててね、と約束しながらお父さんと別れて来たよ」と言うのが、母の口癖になりました。

　昭和51年、父の部隊「野戦重砲兵第23連隊（球3109部隊）」の生き残りの方やご遺族でつくられた「野重23会」からの便りで、百余名の戦友が帰られていたことを知りました。

　その便りがきっかけとなり、沖縄戦から生還した方との交流がはじまりました。

　その年のうちに、中村清氏（第2大隊本部）、岡田敏継氏（第2大隊本部）、水町平吉氏（第5中隊）の3名が家を訪ねて来られ、仏壇の父の遺影に向かって手を合わせてから、当時の話（満州、沖縄戦）を色々と語ってくださいました。そして、来年沖縄で開催するという慰霊祭のお誘いを受けました。

　昭和52年3月、私は主人と2人で初めて沖縄へ渡りました。開催された慰霊祭には、二百数十名の戦友や遺族が集まり盛大に執り行われました。野戦重砲兵第23連隊の慰霊祭として最大規模で、この時、神崎連隊長の奥様も参列されていました。同じく戦死した遺族であるにも関わらず、「部隊長の妻として、夫に成り代わり、戦死した部隊の方々にお詫びいたします。本当に申し訳ありませんでした」と涙ながらに詫びておられました。

　父が戦死した沖縄（摩文仁）の澄んだ青空、広がる海、素晴らしい景色も、涙が溢れてよく見ることができず、その時のことはほとんど記憶にありません。

　その後も何度か沖縄の慰霊祭に参列し、部隊が戦った戦跡を生還した戦友たちに案内していただきましたが、父と同世代の戦友たちの顔に、いつも優しくしてくれた父の面影を重ねていました。

野戦重砲兵第23連隊慰霊祭や戦友が集まる懇親会では、在りし日の戦友たちに想いを馳せ、参加者全員で『神崎部隊の歌』を合唱していました。

「この部隊歌はよく歌われた。軍歌演習に酒席にと、何か事あるごとに、すぐ合唱になる。まことに懐かしい、思い出深い歌である」と野重23会のメンバーの方々が口を揃えて語っていましたので、父が歌っていたであろう部隊歌を、私も大きな声で一緒に歌いました。

沖縄では、戦争に行くまで父が熱中していた相良凧（父の赤軍、家紋入り）を沖縄の大空に揚げ、糸を切り、空高く舞い上がって行くのを見つめながら、父の元へ届けと願うことしかできませんでした。

> 相良凧とは、田沼意次（遠州相良藩初代藩主）の城下町の相良（現在の静岡県牧之原市）で生まれた凧で、独特な構造上、自由自在に操れ、機動性に優れています。幕末から明治にかけて相良名物凧合戦が始まり、大正時代には競技会組織が発足。昔から揚げ手は魚屋や職人（大工、左官、建具、畳など）の若衆が主体であり、川内金市氏も戦地に召集されるまでは、相良凧競技会へ選手として出場していました。

戦友、遺族の力で小渡に慰霊碑ができました。

昭和53年に慰霊碑の前で執り行われた慰霊祭には、私と母、姉の3人で行きましたが、この時を最後に、私が何度誘っても、母は「沖縄へ行っても夫（父）が戻れるわけではない。行っても辛いだけ」と言って、二度と沖縄へ行くことはありませんでした。

野重23会は、平成6年50回忌を最後に解散しました。私も記憶が曖昧です。アルバムを広げながら

ペンを走らせています。聞く相手も今はなく、アルバムも字が薄れ、バラバラになってしまいました。

　幼子3人をかかえ、死にものぐるいで働き通した母の手の節々、からだ全体が数々の苦労を物語っています。父の最期の地・摩文仁から集めて来た植物も、春と共に芽をふき、我が家の庭は一時、沖縄の草花でいっぱいでした。

　その母も平成24年1月、94歳でこの世を去りました。きっと今も、過ぎ去った80年を振り返りながら、父が、そして祖父が愛した相良凧と共に川内家を見守ってくれていることでしょう。どんな時でも明るく朗らかに生き抜いてくれた母のおかげで今の私があることを誇りに思います。

　昭和56年4月に開催された沖縄慰霊祭参加者名簿の中に、川内義子さんの名前を見つけました。そして、37回忌を終えた戦友の感想文に、ある歌を見つけましたので、川内義子さんの記憶に添えます。

　父見よと　凧上げる娘の　かたき瞳よ　酒宴に座しても　目よりはなれず　（寒郡儀一）

　また、昭和58年4月に開催された沖縄慰霊祭参加者名簿の中に、川内義子さんの母たつさんの名前がありました。娘にも内緒で慣れない一人旅で参加し、その想いを「野重23会ニュース」第11回（昭和58年8月発行）に感想文として寄せていました。
　楽しかった思い出とともに、「毎年沖縄慰霊祭に参加させていただきたい」との願いを綴っていますが、この旅を最後に慰霊祭へ参加することはありませんでした。

沖縄現地慰霊祭に参加して
川内たつさん（大正7年生まれ）

　1人で遠出をしたことの少ない私が、沖縄慰霊祭に参加させていただくことに、会長はじめ皆々様方にご迷惑をおかけするのではないかと心配いたしておりましたが、幸いに岩清水様ご夫妻が沖縄へ行かれますので、安心して参加させていただきました。

　バスの中で幹事の方が、「あの山が八重瀬岳です。あの台上にて、尊い生命を多くの将兵が失いました」とのご説明で、過去娘が主人の自慢であった相良凧を持参いたし、父の霊に届けと戦友様たちのお手伝いをいただきながら大空高くと願いをこめて凧の行方を涙ながらに見送った台上であったか、と涙が止まりませんでした。

　花束に囲まれた慰霊碑の前に立ち、今は呼べど帰らぬ主人が「よく来てくれたね。子供たちも立派に育てて本当にご苦労様、ありがとう」と語りかけたように感じ、主人の面影を胸に焼香させていただき、主人の戦死の地に向かい合掌をいたしました。一人ではとても来ることのできない私ですが、皆々様方のお陰で沖縄の地でお詣りさせていただき、感謝の会でいっぱいでございます。

　昨年、一昨年と、摩文仁の丘で降雨に悩まされたとの話を聞きながら、14万柱以上の軍、官、民の

方々のご遺骨が安置されております沖縄墓苑に参り、風の音と共に主人の声がまた聞こえたように思われました。他のご遺族の皆々様も、同じお気持ちでおられましたことでしょう。

年を合わせ長い黙禱を捧げておられましたお姿に、あの戦争さえなかったらと悲しさが倍加しました。沖縄現地慰霊祭に参加させていただきましたことを、深く感謝いたしております。

ホテルでの懇親会も、少ない人数ではありましたが、なかなかに芸達者の方々の唄と踊りに、沖縄の地にいることも忘れ、声援を送り本当に楽しい一夜でございました。

4月11日朝7時30分発とのこと、遅れては皆様に申し訳ないと、急いで朝食を済ませ石垣島という島はどのような島であろうかと、子供の遠足気分でございました。空から見た石垣島の周囲の海の色が、まるで絵葉書を見るような美しさに声も出ませんでした。

花好きの私、石垣島特に竹富島の美しい風景に年令を忘れて歩きまわり、帰郷後みやげ話に、私にいま少しお金があったら、竹富島で花と共に生活がしたいと話し子供たちに笑われましたが、主人の眠れる沖縄南部地区と、あの美しい竹富島の風景は永久に忘れることのできない島となりました。

石垣島1泊旅行を企画してくださいました幹事の皆様方に深く感謝申し上げます。

私はこの体の動く限り、毎年沖縄慰霊祭に参加させていただきたいと存じます。

野戦重砲兵第23連隊将兵の御霊安らかなれと念じ、幹事の皆様方に厚くお礼を申し上げます。

終戦より野重23会までの動き
「野重23会ニュース」37回忌記念特集号より

- ⊙ 昭和22年　上野寛永寺にて4、5名が集合　第1回の慰霊祭開催
- ⊙ その後も毎年、部隊玉砕の日6月19日を慰霊祭と定め、1人、2人と増え、ミニ戦友会に発展
- ⊙ 各中隊の生存者たちも6月19日を慰霊祭と定めて実施
- ⊙「野重23戦友会」として発足（各中隊などミニ戦友会が合流）
- ⊙ 亡き戦友たちのご遺族の住所が判明できないものかと八方手を尽くし戦没者、生存者名簿作成に着手（昔の住所に発送するも、そのほとんどが返送された）
- ⊙ 沖縄現地慰霊祭を実施すると決定
- ⊙ 昭和50年3月、40数名の生存者たちが、30年振りに沖縄に渡り、忘れることの出来ない島の地を踏む
- ⊙ 終焉の地 小渡で3、4名ずつに別れて記憶を頼りに探し廻り、壕をついに発見し、硝煙の臭いがする薄暗い壕内より遺品を収納（袋に4個）。居並ぶ戦友たちは無言で涙を流しつつ亡き戦友たちに想いを馳せ心よりご冥福を祈る
- ⊙ 小渡の地に慰霊碑を建立することを決議
- ⊙ 厚労省、各都道府県の援護課宛に問い合わせを開始し、7割近くの住所が判明して連絡文を発送
- ⊙ 野重23戦友会、遺族により建設委員会を設立
- ⊙ 昭和53年3月19日（壕発見の日から3年後）33回忌を記念して慰霊碑除幕式を開催
- ⊙「野重23会」と改名し50回忌法要まで実施することを決意

沖縄で散った戦友の供養と慰霊碑を
浄土寺（沖縄県糸満市）に託した野重23会

　浄土寺の住職に面会を申し入れ、令和1年11月7日に那覇市歴史博物館・田口恵さんと浄土寺を訪ねました。

　野戦重砲兵第23連隊との関わり、菩提寺となった 経緯などをうかがいました。

「死ぬまで戦争は終わらない……」

　この言葉は、野重23会・中村清氏（事務局長）が浄土寺の先代住職に語ったものだそうです。

　まさにこの言葉どおり、残念ながら50回忌を迎えることのできなかった水町平吉氏（同会会長）とともに同会を立ち上げ、「野戦重砲兵第23連隊抄史」「野重23会々報」を発行し記録として残すなど、生還してもなお戦友たちを慰霊し続けた人生だったと数々の資料が物語っています。

　50回忌が近づくに連れ、戦友やご遺族たちも高齢になり、自分たちが亡くなった後の供養をどうし続けるのかを考えた末、戦友たちの永代供養をするため、慰霊碑の土地所有権など含めて浄土寺に全てを託したのです。

　本堂の納骨堂には、野戦重砲兵第23連隊の仏壇があり、引き出しの中に同隊の沖縄戦々没者名簿とともに関係資料が残されていました。残された資料の中には「野戦重砲兵第23連隊の部隊史を掲載いたしましたので、永久に保管してくださいますように……」との願いが込められていました。

　生涯を閉じた方々の想いを風化させず後世に伝えるため、野重23会々報（最終号）」をご紹介します。

浄土寺（本堂）

浄土寺（外観）

遺族の想い

「野重23会々報」最終号（平成6年7月発行）より

　昭和50年、第1回沖縄慰霊団として摩文仁丘の房総の塔前にて慰霊祭が執り行われてから18年、この永い期間中、この度平成6年4月3日からの沖縄戦々没将兵たちの50回忌法要に、在沖中1滴の降雨もない素晴らしい晴天に恵まれました。

　このことは戦死された多くの戦友たちが、俺たちの50回忌の法要にと懐かしい家族が私たちに会いに来てくれたので、在沖中は全員が協力して参加者たちには安心して美しい沖縄の景色を味わって頂きたいと……、お守り下されたお陰であると参加のご遺族様にと晴天の3日間でありました。

　私たち生き残りし戦友たちは、皆思いは同じく、俺たちの戦死の場所と戦跡地巡拝に家族を案内してくれるだろうからと残して下さったのだと信じており、せめて出来得るご奉公は亡き戦友たちへの墓参と戦闘の様相などを説明させて頂いております。

　故人となられた水町会長と坂井戦友も最後の墓参になるやも知れず、50回忌の法要は盛大に執り行いたいと申しておりましたが、誠に残念でなりません。お2人のご冥福を心からご祈念申し上げ、23会としての最終号として、ご参加皆々様方からの感想文を掲載いたします。野戦重砲兵第23連隊の部隊史を掲載いたしましたので、永久に保管してくださいますように……。

第4中隊　仲田タミイ（ご遺族）

　若葉の緑の美しい今日この頃でございます。

　その後もご家族の皆様にはお健やかにお過ごしのこととはるかにしのび、およろこびを申し上げます。このたびは50年忌慰霊祭にご一緒させていただきましたこと、皆様方に深く感謝し暑くお礼を申し上げます。早速に沢山のお写真をお届けいただきまして、ありがとうございました。家族してお写真を前にして色々の思い出に話はつきません。ニコニコと嬉しそうな楽しそうな表情、よくポーズも出来てと皆様にほめていただきます。

　元気に日送りして、また秋の旅行・沖縄への法要にと皆様と一緒にお目にかかることを楽しみにしています。色々と本当にお世話さまになりまして、ありがとうございました。

　暖かくなったと思っていますと、夜など寒い日があったりと、気候が不順のおりからくれぐれも御身<ruby>御身<rt>おんみ</rt></ruby>お大事にお過ごしくださいますようお願い申し上げます。合掌

第3中隊　金子松江（ご遺族）

　日ごとに若葉のもえる今日この頃でございます。

　過日、沖縄墓参50回忌の法要が出来ましたことを、誠に嬉しく存じ、厚くお礼申しあげます。仏（兄）も安らかに眠り続け感謝申し上げていることでしょう。

　33回忌を始めとし、50回忌の墓参のたびごとに新しき涙を流し、10数年が瞼をかけ廻ります。これもみな会長様を先頭に戦友方々の責任感と思いやり、愛情の賜とひとえに感謝を申し上げる次第です。合掌です。

　先日はお手紙を頂き、また写真もその都度ごとにお送りいただき、ありがとうございました。拝見いたしながら、これで終わりかと思いますと感無量な思いでいっぱいでございます。皆様方のご希望にて50回忌法要日が早くなり、お逢いできる機会はまたとないのかと思いますとさみしい気持ちです。何分にもご迷惑をお掛けいたしますばかりで……、また良いおりがございましたらばお誘いくださることを心待ちにいたしております。

野重23会　第50回沖縄慰霊団祭（平成6年4月3日）

　戦友の方々また奥様に長い間のご協力を賜り<ruby>賜<rt>たまわ</rt></ruby>り、いつも感謝申し上げておりました。大変遅れましたが沖縄の50回忌法要、立派な寺院を見つけてくださり、多くの供花に埋もれた祭壇の1輪、1輪の花が兄の顔にさえ見えるようでした。日頃あまり手紙を書くこともありませんので乱筆、乱文にて大変失礼いたしましたが、お体に十分お気をつけくださいまして、お幸せな日々をご家族方と

お過ごしくださいますことを心からご祈念申し上げます。

　　老ひし身を　忘れて来春の　墓参に託す　般若心経　（松江）

第4中隊　福井澄子 (ご遺族)

　このたびの50回忌法要沖縄行に際しましては、皆様方のお仲間に入れていただき、また、役員の方々のご苦労・お力で盛大なご法要を行うことができまして、そして参加させていただきまして、本当に幸いでした。厚くお礼申します。

　帰りの座席で、お隣りが4日間お世話になりました沖縄ツーリストの若い方でした。「4日間晴天だった沖縄は本当に珍しかった。良かったですね」と話しておられました。

　3日の日には、長いこと、毎年いらしている方たちも、窓からこんな美しい富士山は初めて眺められたと話されたほど、雪姿の富士山は美しかったです。私も初めてです。私は富士山が大好きなもので……。これは、さいさきいい旅が出来ると、その瞬間思いました。

　沖縄の土を踏みしめる事は、私にとって多くの亡くなられた方々にお会いできたことです。何回、何十回でも踏みしめたいです。

　お世話してくださる方々の力で、これまで何やかやと続けていただき、亡くなられたたくさんの方々、幸せ者と心から喜んでおることと存じます。本当に長い間ありがとうございました。これからも続く限り、細々でも良いと思います。火を消さないでください。役員の皆様方の、ご苦労も知らず勝手な事を申しましたこと、お詫び申します。今後とも、よろしくお願い申し上げます。あとになって申し訳ございませんが、会長水町様のご冥福をお祈り申し上げます。

第1中隊　大澤ヨネ (ご遺族)

　過日、野重第23連隊戦没者50回忌の沖縄追悼式に際しては、戦友の皆々様の献身的なお世話を賜り、40有余年の念願を叶えていただきましたこと感謝の気持ちでいっぱいです。浄土寺での法要、初めて拝む慰霊碑、前に立った瞬間、あのような立派な碑、胸がいっぱいでした。どうもありがとうございました。故人も安らかに眠っておられることでしょう。

　また、後日は生々しい戦場のあとを案内していただき、場所ごとに般若心経をとなえていただいたり、私どもには初めての現地墓参ですのに、最高のご供養ができました50年の念願が叶い感無量です。本当に戦友の皆々様、ありがとうございました。野重23会の皆々様のご健康とご多幸をお祈りして、お礼の言葉にかえさせていただきます。

第1中隊　比企浄和・みさ夫（ご遺族）

　このたび、野重23会沖縄戦戦没将兵たちの50回忌の法要に参加させていただき、大変お世話に相成り、当日の写真まで戴き誠にありがとうございました。翌日からの戦跡地巡拝の案内にも数々のきめ細かい状況説明をしていただき、手に取るように当時の沖縄戦を知ることができましたことを心からお礼を申し上げます。

　嘉数高台上に登り、その後、浦添ようどれ（前田高地）から見た普天間方面や周辺の壕、激戦地の棚原、西原、火砲を捨て斬り込み隊となった第1中隊の話などを聞き、この辺りが父の戦死の地かな……、と感じるように思えてきました。また、負傷兵介護すべき薬品とてもない南風原陸軍病院壕、重症患者は青酸カリ入りの牛乳を飲むことに反対し、雨の中を一人で歩き、傷の痛みに堪えかねて道ゆく戦友たちに俺を殺してくれと叫んでいたとは、本当の出来事とはとても信じ難いことでした。このような事実を秘したままで表面上だけの平和な沖縄なのでしょうか。

　戦友の心あたたまる証言によって知ることが出来得ました沖縄戦の様相、野重23会の役員方々には50回忌の法要までのお仕事や数々の行事、遺族への心配り、心からお礼申し上げます。

第2大隊本部　熊沢しん（ご遺族）

　昭和52年1月11日付で岡田様より野重23戦友会のお知らせをいただきました。

　遺骨のないまま戦死した弟の供養のため、初めて昭和52年度の沖縄慰霊祭に参加させていただきました。沖縄玉砕の様子、壕での生活、弟の戦友の方々からのお話をうかがうにつけ戦争の凄まじさに涙するばかりでした。通算7回にわたり参加させていただきましたが、そのたび、色々な場所に連れていってくださり、幹事の方々のお心配りに感謝しております。

　また、50回忌のときは、あいにく私どもは体の具合が悪くて出席できませんでしたが、なにより水町会長様がご存命のうちに法要できたことをうれしく思います。墓地をさがし永代供養までお寺にお願いしてくださり、皆様のお骨折りに本当にありがたく思っております。

　このたび、50回忌墓参をすませ、会として区切りをおつけになるとのことですが、戦友の方々より墓参のときには、命のあるかぎりご一緒させていただくとのあたたかいお言葉をかけていただき感慨無量の思いでございます。末筆ながら皆様のご健康を心よりお祈りいたします。

　私の主人の霊が祀られております糸満市新垣の浄魂の塔裏に、私の手で墓碑を建てたいと中村様に石碑をお願いいたしましたが、多数の方々との交流のあります中村様は早速首里崎山町の石材店に発注し、久場川町の住職様にご供養をしていただき、立派な碑が建立されましたので、私は本当に幸せ者と思っております。

　野重23会会長の水町平吉様はじめ、役員の方々のご尽力により、平成4年、6年と50回忌の法要を執り行ってくださりましたが、誠に残念なことに水町会長様は沖縄県に心を残しつつ不帰の人となられました。23会の役員の方々が会長のご意思をついでと盛大に、50回忌の法要が多数の生花に埋もれた浄土

寺に於いて執り行われ、生花の陰で笑っていた主人の顔が見えたように思われました。

　役員の皆様方は私たち遺族のために南部地区 NO 戦跡地巡拝の道案内までしてくださり、心から厚くお礼を申し上げます。幸せを感じますのは決して私1人ではないと思います。皆々様方のご健勝を心からご祈念申し上げまして、来春もまた沖縄の墓参に参加させていただけますことを心からお願い申し上げます。私の生命の灯が消えるまで沖縄墓参は続けていただきたいとお願い申し上げます。糸満市新垣の碑は永久に私の心の支えです。合掌

第4中隊　福井澄子（ご遺族）

　このたびは、毎年いらっしゃっている皆様方には大変申し訳ないのですが、しばらくぶりで永代供養に参加させていただき、いつに変わらぬ笑顔の輪を拝見いたしまして、心から本当に幸せを感じました。と共に長いことお世話してくださっている役員の方々には、ご苦労如何ばかりかと感謝するのみです。

　同行した親類の者は、初めての沖縄で観光もしたかったと思いますが、2日目はちょっとホテルの近所に住む弟嫁の実家をさがし尋ねまして、私も一緒したもので1回目は一緒に歩けませんでしたが、2回目はご一緒させていただきました。

　ほとんどお歳を召した方、私もその中の一人ですが、失礼なこと申してすみません、一生懸命、石のところ、草かき分け、やぶを踏みながら歩いていました。親類の者は足の痛い方を見て「大変ね」、先に先に歩いてる姿を見て……、「今日の道中は本当に参加して良かった」、観光では来ないところと、つくづくと「皆さん偉いね」と感心しながら言ってくれました。この一言でホッといたしました。

　目的の平川の井戸のところ、ビシャビシャの草むらに立ち、お詣りし、読経の声とお線香の煙の中で、これで終わった、良かったと、どんよりした南国の空を見上げて、つくづくと幸をかみしめました。バラバラと時には雨も降りましたが、傘をひろげるほどでもなし、4日間の旅、本当に実のある良い日々でした。

　焼け野原と伺ったところに、50年足らずなのに、あの大木が至るところ、そして美しい花々、自然の素晴らしさと共に恐ろしさも肌で感じた日々でした。亡き戦友の方々も、南国の花、木々に守られて、どうぞ安らかにとお祈りしつつ帰途に着きました。参加させていただき、ありがとうございました。色々とお世話になりまして、厚くお礼申し上げます。

第5中隊　長島義康（ご遺族）

　東京から一番遠い道府県の沖縄は、叔父・長島末吉の戦死の地である。いつかこの地を訪ねて叔父を弔わねばと思っていた。

　今回の23会・50回忌法要沖縄慰霊祭に参加して、初めての沖縄訪問となった。野重第23慰霊碑の脇下の道路を横切り、少し奥に入ったところに叔父の戦死した壕がある。そこに叔父の戦友・中村清さんにご案内していただく。まわりは樹林におおわれて、ここは元来お墓であったところを軍が占拠して壕と

して使用していたとのことである。多分叔父の遺骨はここにはなく、魂魄の塔の地に葬られているんではと、西村博司さんもおっしゃっていた。

今回は両所をお参りしてきたので、叔父もきっと喜んでくれたことであろう。

今回は叔父の未亡人の叔母と、その息子と小生の3人とで50回忌法要に参加した。特に叔父と息子とは瓜二つのごとくによく似ている。初日の昼食のときに前に座った叔父の戦友から、その息子に「長島さんですね」と声をかけられていた。他方、その戦友は懐かしく思ったことであろう。

2日目には、西村さんのご尽力により自衛隊を見学することができた。そこでの沖縄戦のすさまじい様子が良くわかった。初めての沖縄にもかかわらず本当に良い旅の経験をさせていただいた。そのほかにも戦友の鈴木勝男さん、その奥様にも大変お世話になりました。どうもありがとうございました。叔父の戦友・中村清さん、西村博司さん、鈴木勝男さんのお3人のお名前を拝借して歌を詠んでみました。

五中隊の野重戦跡村落を　遺族案内の清明な兵は　　　中村清氏

南西の琉球村の戦跡を　博愛巡り野重司会す　　　　西村博司氏

鈴なりに木の実花咲沖縄の　米勝戦に男児生きのぶ　　　鈴木勝男氏

第5中隊　西村博司（戦友）

今年4月、私たち幹事一同が、かねてより念願していました50回忌慰霊祭を無事に済ませることが出来ました。この機会に野重23会の生い立ちを振り返ってみることも意義があると思い記しました。

復員後、4、5年のブランクがありましたが、第5中隊では今は亡き森田、山田戦友などと共に戦友会を持ちました。集まる戦友は10名前後でしたが、毎年6月19日前後の日曜日に集会して、満州時代、沖縄戦のことなど語り合ってきました。

毎年新しい戦友が加わって40年代に入ってからは、靖國神社での慰霊、終わってから私学会館での懇親会をするようになりました。

その頃、第2大隊の中村、綿貫、和田、寒郡戦友たちも参加され、にぎやかになり、中隊は違っていても2次の同年兵ということも解り、親しみを持つようになりました。第2大隊でも毎年、前出の中村、綿貫、和田、寒郡戦友らが中心になって戦友会を持っていたようです。

49年、千葉県の護國神社で第2大隊本部の慰霊祭があり、第5中隊を代表して、水町、鈴木、西村戦友が参加したおり、中隊ごとの戦友会を1つにして連隊の戦友会にしようとの話がもち上り、合同することになりました。これが野重23会戦友会です。50年には戦友会としては初めて沖縄を訪れ、連隊最後の地、小渡（現在の大度）の壕も見つかり、石碑をたてる事になり、幹事一同が手分けして戦友、遺族の方々をさがすことになりました。

これからは皆さんご存知のとおり、遺族の方も幹事になっていただき、野重23会が生まれました。そのおり50回忌までやりましょうと、遺族の方に約束しましたが、毎年亡くなる方が増えて当時自信はありませんでした。

今、考えてみると、よくやって来られたと、つくづく思います。会長、副会長、事務局長、会計と固い

人脈にめぐまれて、これからも野重23会は続いてゆくものと信じますが、幹事はもちろんのこと、遺族、戦友の皆さん体調を整えて、一度でも多く亡き戦友の慰霊をしたいと望んでおります。

　一役終わり　ふり返り見れば　まぢまぢと　まぶたに浮ぶ　亡き戦友の顔

約束

　念願の4月、50回忌沖縄慰霊祭も無事に終えることができて、野重23会発足時に皆さんに、50回忌までやりましょうと約束した事がこれで果たせました。

　事務局長の中村戦友のことによりますと、他の戦友会が33回忌、または37回忌で終わりにしているところが多い中で、野重23会が50回忌までやられたことは大きな喜びです。幹事一同ほっとしています。これもご遺族の方々、戦友たちのご協力があったればこそのことで感謝しています。本当にありがとう存じます。厚くお礼申し上げます。私もこのことを誇りにして、これからの人生を生きてゆきたいと思っております。

第2大隊本部　中村清（戦友）

　現役員の鈴木、西村、中村の3名は当時第2次初年兵であり一番若い兵隊でもありました。昭和50年、第1回の渡沖、摩文仁丘の房総の塔前にて慰霊祭（慰霊祭には70余名が参加）を執り行い、終了後、野重第23連隊最後の集結地小渡（現在の大度）の第5中隊陣地を探し当て、壕内に入り多数の遺品となりました飯盒、水筒、その他、身につけていた食器など、多数収集しました。

　帰京後、役員会にて大度の台上に慰霊碑を建立したらとの話が出、総会の席上、事務局よりこの件について提案いたしたところ、出席者全員が碑の建立を是非との声が多く、故人となられました水町会長は神奈川の松本梅吉という石材店に碑の製作を依頼、その他の役員は糸満市役所、奉賛会へと運動を進め、33回忌を記念し、除幕式には伊藤小梅様のお孫さんの小さな手で全員の見守る中除幕式が行われました。

　我が部隊の神崎部隊長の自決をされた大度海岸線を見下す台上から、燦然（さんぜん）と輝やく碑が陽光に映え、部隊も涙声となりました。生き残り者にとってはお礼の申し上げようもない感激の出来事でもありました。

　その後は毎年沖縄現地での慰霊祭は平成6年4月3日戦没将兵たちへの50回忌を迎えることが出来、帰京後は魂の抜けた1老人となりましたが、疲れたなどと言っては戦友たちに申し訳ない、一口も弱音をはかず、来年のことを考えております。燦然と輝やく碑を夢に見て、せめて年に1度は碑の清掃のために沖縄の地を踏みたいと願うのは私一人ではないと思います。

　魂魄（こんぱく）の塔に眠れます水町会長のご冥福を祈念いたします。

　旧満州東満総省八面通の兵舎前から見た雄大なる、まさに沈みゆく太陽の大きいこと、現在生き残った戦友たちには、初年兵としての苦悶とともに永久に忘れることはできない。

　昭和49年千葉県にて結成された野重23会も長い年月と共に、生還戦友たちも1人、2人と他界され、次は俺の番かと笑い話にはなりますが、第1回の沖縄慰霊祭より平成6年4月の50回忌法要執行までの年月に、役員の1人としてせめて出来得るご奉公と生還戦友、会の役員は一丸となって50回忌の法要は

……、を合言葉に平成6年4月、86名の大団体となり、那覇空港にて鈴木・西村・中村の3名が美しい花束の贈呈を受け、いっそう力が湧いてまいりました反面、あれほど50回忌の法要を力説いたしておりました水町会長の執念でしょうか、「はじめに」にも書きましたとおり、過去の慰霊祭にも4日間1滴の降雨がなかった日はありませんでした。

　なお、平成6年の50回忌法要には大度の老人クラブの会長はじめ、会員の方々には公民館に直会（なおらい）の席まで設けてくださり、おかげさまにて雨の心配もなく仲良しグループが会食をしながら話す言葉の中にも珍しい年ですね……、と不思議に思って話しておられた姿に在天の諸英霊様も喜んで見ておられたことでしょう。楽しそうな姿を拝見し、役員はまだまだ下番（かばん）はできそうではないが、お互い来年も必ずまいりますと亡き戦友にお約束はできませんが、頑張ります。沖縄の風景とともに……。

　平成6年4月3日、沖縄にての慰霊祭に参加し、大勢のご遺族の方々や戦友たちともお会いでき、大変うれしく思いました。常日頃、私を生かして故郷に帰してくれた亡き戦友たちの心根をはかり、せめて50回忌までは頑張ってご供養に参加できるよう、それが亡き戦友に対しての私の務めと考えて今日までやってまいりました。

　そのことが達成された昨今、安堵と同時に何か心に穴が開いたような気持ちが残ってしまいました。今まで、私なりにつとめさせていただきましたが、亡き戦友の心に十分応えられたのであろうか、またご遺族の方々にも満足していただけたかが心に残っております。

　50回忌という1つの目的を達しましたが、今後も私個人としては確たる自信はありませんが、健康の許す限り沖縄にてのご供養は行う所存です。機会がございましたらぜひ声をかけてください。お手伝いできる事がありましたら、ご遠慮なく申し付けください。またお会いできる日を楽しみにしております。皆様、ご健康にご留意ください。

第五中隊　鈴木勝男（戦友）

　会計係として振り返って見ますと、野重23会の会員数、もっとも多い時期には180名を数えました。私が昭和62年に会計係を今の会長代行の山崎氏より受け継いで以来、先輩にならい良き会計係であるよう務めてまいりました。

　平成3年、幹事諸氏の諸般の事情、並びに会員さんからの早め50回忌を行ってくれとのご要望もあり、野重23会も50回忌慰霊祭で一応整理をつけようではないかとの話し合いで、平成4年以後の会費を徴収しない事とし、平成5年以後の会費を納入されておる方8名の方には、公平を期するため会費をご返納いたしました。

　その年、平成4年度の会費納入員数は91名を記録いたしました。その後も連絡不十分であったか、数名の方々から会費送金があり、電話で諸般・事情を話しましたところでは、ぜひ寄付として扱ってくれとのこと、寄付金として頂きました。また中には幹事を労って、幹事でと言ってくださる方がございましたが、その方の趣旨に反して申し訳ないのですが、同じく会への寄付として扱わせていただきました。

　平成4年度は50回忌の準備、浄土寺の永代供養、土地の問題など諸事山積したため、皆様からのご

魂魄の塔

進言もあり、幹事会の費用を会費より使わせていただきました。ただし、その年だけで、それ以前、去年・今年も幹事会は年数回程度開いておりますが、各自持ち寄りで行っております。これというのも皆様から戴いた尊い会費・ご寄付は、心して使わせていただくことが私たちの使命であると思って今日まで来ました。振り返って見ると十二分とは言えませんが、私なりに一生懸命務めてきたと自負しております。ご遺族、戦友の方々からご満足いただければ幸いです。永い間、野重23会にご協力ありがとうございました。

あとがき

長期間、拙文(せつぶん)の会誌を発行し大変ご迷惑をおかけいたしました。本誌をもって23会々誌を終本といたします。生還戦友の誰もが経験した悲しい思い出があると思われます。最終号としてのあとがきですが、毎年この月が来ると、あの当時が思い出される戦場を下手な短歌とともに書かせていただきます。

（昭和20年6月19日、与座ヶ岳の戦場にて）

　　生きたしと　叫びつ小さく母の名を　呼びつつ果てし　戦友の哀れさ

（同じく与座ヶ岳）

　　水欲しと　せがまれ手にてすくいしが　口先ぬらすことなく　戦友は散り

　　沖縄の　土を踏む度に吾が戦友の　散華せし地はこの辺り　白きその石　遺骨にも見ゆ

書き終わることのない沖縄の戦場、ご遺族の皆々様方と毎年の墓参を心待ちにいたしておりましたが、野重23会としての大行事は50回忌法要をもって終わりとなりました。

皆々様方のご繁栄とご健勝を心からご祈念申し上げます。

合掌　中村清

慰霊碑

この硫黄島の激戦争中最も激戦であったと謂れる沖縄冲縄
戦斗に祖国日本の勝利と、家族の
幸せを念じて土防壁のため野戦重砲兵
第二三連隊に戦って散華した野戦重砲兵
第二三連隊と謂兵の霊を祀ってある。
第二三連隊は多くの地を展開、
進軍重ね米軍直
歩
戦斗し、この地で全力を
重ね、安らかと謂い、
これを建立
昭和五十三年三月二九日
野重二三戦友会
戦殁者遺族一同

力

おわりに

浄土寺の過去帳に名前を加えていただく

昭和20年（1945）6月19日に福岡大空襲で伊藤提灯店（半次の家）が焼失していたので、野重23戦友会からの案内が届かなかったため、祖母や家族は野重23会や慰霊碑建立のことなど知りませんでした。そのため慰霊碑や浄土寺には一度もお参りすることができず、この寺に残されている過去帳にも伊藤半次（私の祖父）の名前はありませんでした。生還者の記憶や調査によって作成された過去帳だったためでしょう。しかし、私が浄土寺にたどり着いたことで、「野戦重砲兵第23連隊 沖縄戦々没者名簿」に伊藤半次の名前を追記し、過去帳に名前を加えていただくことが叶い、沖縄で散った戦友たちとともに祖父も供養し続けていただくことになりました。

本書をしめくくるにあたって、祖父の足跡をたずねた過程を以下のように備忘録風にまとめてみました。孫、曾孫世代で、身内の足跡をたどる参考になれば幸いです。

浄土寺（本堂）

浄土寺（外観）

編著者、伊藤博文。父が眠る浄福寺（福岡市）にて

沖縄戦々没者名簿

足跡をたどる旅の先に

　平成26年8月15日発売予定の拙著『戦地から愛のメッセージ』（文芸社刊）を元白梅学徒看護隊の外間和子さんに手渡し、さらに元白梅学徒看護隊の武村豊さんと出会う。お2人と一緒に白梅学徒看護隊之壕などを訪れ、次のような新たな証言をお聞きすることができた。

- 薄暗い壕の中で何人もの兵隊さんから家族（妻や子供）の写真を見せてもらった。
- 糸満付近の壕はことごとく火炎放射器で焼かれたり、ガスを投げ入れられたりした。
- 友だちには歌が上手な子や運動スポーツが得意な子など素晴らしい子が多かった。

　当時のことを知っているお2人に、沖縄から届いた祖父の最後の手紙（私の父允博宛て）をお見せすると、「その次の手紙からは出せるような状況ではなかったのではないか」とか「手紙を出したかもしれないが輸送船がやられたり、何かの事情で届かなかったのでは」とか「（おじい様は）まさか自分がやられるとは思っていなかったのではないか」といった言葉をかけていただき、その言葉の1つ1つが深く胸に残った。

　そして、祖父が上陸してから亡くなるまでの間どのように過ごしていたのか。軍隊生活はどのようなものだったのか。戦いが本格化し、激戦が繰り広げられる中でいかに戦い、命を落とすことになったのか……、そんなことがわからないかと考えた。

　また、平和祈念公園を訪れた際に、平和の礎の検索端末で刻銘情報を調べると、沖縄県出身者以外の他県出身者は、刻銘情報の詳細（生年月日、死亡年月日など）が登録されていないことを知った。

白梅之塔（沖縄県立第二高等女学校の生徒たちを祀る慰霊の塔）

平成26年7月27日（能古島）

　98歳になった東野忠雄さんを訪ね、拙著『戦地から愛のメッセージ』を手渡し、当時のことを再び語っていただいた。半次の絵手紙を見て「絵に描かれている山にはよく遊びに行った」「雉狩りをした」「魚とりをして大きな魚が捕れた」「魚をさばいて仲間と酒盛りをした」「山菜の天ぷら、すき焼きを食べた」「杏の花がきれいだった」など、当時の楽しかった記憶が次々に蘇ったようで、東野さんのお話を聞きながら、70数年前、祖父もきっとこの地で色々な楽しみもあったのだろうと、当時の様子をより鮮明にイメージすることができた。

平成26年9月

　福岡県庁に「刻銘案内シート」への追記（生きた証である生年月日や死亡年月日）を申請。

平成26年12月

　沖縄県平和祈念資料館での企画展（平成27年夏）が決定。

平成27年1月23〜24日（沖縄）

　沖縄県平和祈念資料館へ行き、企画展開催のあいさつ及び夏までの進め方などについて打ち合わせをする。あわせて沖縄県庁平和援護課を訪問し、野戦重砲兵第23連隊慰霊碑の管理者や関係者をたどれないか相談すると、糸満市役所へ問い合わせてくれた。その結果、管理者不明であることや、なぜその地に慰霊碑ができたのかなども不明であった。

　福岡に戻った後に糸満市社会福祉課援護係の中本さんから連絡があり、昭和53年（1978）琉球新報に記事が残っていたとのこと。それは野戦重砲兵第23連隊慰霊碑除幕式の記事で、当時、兵士の数は1300〜1400名ぐらいにふくれあがっていたが、砲兵陣地は米軍の最大目標となり、神崎連隊長以下ほとんどが戦死、生存者はわずか140名程度だったことがわかった。またその記事には、慰霊碑が建立さ

れたところは連隊本部最後の地の近く、と書かれていた。

平成27年4月3日

刻銘登録決定通知を受け取り、6月に刻銘追記が決定。

平成27年5月8日～9日（沖縄）

　野戦重砲兵第23連隊慰霊碑を再び訪ね、大度地区の区長（徳元毅氏）とお会いした。この慰霊碑の
すぐそばに壕（アマンソウガマ）があったので、この地に慰霊碑が建立されたとのこと。さっそく壕を案内
してもらい、球3109部隊の人たちもその壕に逃げ込んでいたらしいという情報などを、この地に住む高
齢者の方々から聞き出してくれていた。また当時、その壕に逃げ込んだ人（上原美智子さん）と、その日の
うちにご自宅でお会いすることができた。

　上原美智子さんは、沖縄県平和祈念資料館で語り部をしており、米軍が沖縄諸島に空襲を開始した
昭和20年3月23日にアマンソウガマに逃げ込んでいた。慰霊碑やアマンソウガマのある大度地区は、昔
は大度ではなく「小渡」という地名であったことも教えてくれた。死没者原簿に記されていた地は慰霊碑
のある場所だったのだ。

　上原さんが逃げ込んだアマンソウガマに
いたのは住民だけだったが、その後住民た
ちがその地を離れると、兵隊さんたちがそこ
へ逃げ込んできたとのこと（190ページに詳細
な記憶を掲載）。

　また、大度地区には別の壕（サシキンガマ）
があり、そこでも友軍の兵隊さんが多く戦死
したとのこと。サシキンガマを翌日案内して
いただくこととなった。

　サシキンガマでは、上原さんから宇栄 勉
さん（当時80歳）という方を紹介された。宇
栄さんは当時その場所を遊び場にしていた
という。兵隊さんが手掘りで壕を掘ってお
り、大きな鏡3枚を交互に反射させて中を照
らしていたそうである。道も作ったりと、兵
隊さんたちは一生懸命仕事（周辺の整備）を
していた。注意されることも何度かあったが、
子供には優しかったとのこと。また、大度
（小渡）地区には球部隊の兵舎があり、その
場所も覚えているとのことで案内してくれる
ことになった。

小渡　サシキンガマ

小渡　兵舎のあった場所（全景）

　思いがけず、部隊兵舎があった場所までたどり着くことができた。そこには兵舎、食堂、炊事場（井戸の近く）があり、兵隊さんと地域住民との交流もあったとのこと。位の高い兵隊さんの中には、地元の名士のお宅に身を寄せている人もいたそうである。そこで遊んでいると、たまに兵隊さんからおにぎりなどをもらうこともあったとか。演芸会が開かれたり、沖縄にはなじみのない餅つきをして振る舞ってもらったこともあったなど、生活感のある話をたくさん伺うことができた。この地区にいた兵隊さんたちは昭和20年の3月頃までは、食事にしても不自由なく普通の生活をしていたのではないかとのこと。

　宇栄さん、上原さんの記憶から「兵隊さんは住民とも交流があり、子供たちにはとても優しく接していた」ということを知り、祖父が亡くなった地だと思っていた沖縄が、「最期まで懸命に生き抜いた地」だと思えるようになった。もし、この兵舎付近に祖父が所属していた部隊も駐留していたとしたら、祖父も戦友たちも辛いだけの人生ではなかったのだと。

　この地で亡くなった多くの方の遺骨が安置されているという「魂魄の碑」のことを武村さんからうかがっていたので、その場所へも行って手を合わせた。この碑は惨禍を蒙った直後の昭和21年（1946）に建立され、住民、軍人、敵味方の区別なく、アメリカ兵を含む全ての犠牲者を祀っている。

　昭和48年（1973［本土復帰の翌年]）に、祖母（禮子）が沖縄戦終焉の地・摩文仁の丘に建立された「黎明の塔」を訪ねていた写真があるが、今回「黎明の塔」「福岡の慰霊碑」を訪れたことで、いつか自分も慰霊祭（戦没者追悼式）に参列したいと思うようになった。

平成27年7月30日〜8月4日（沖縄）

沖縄県平和祈念資料館での「戦時中の手紙・手記からみる家族の絆展」開催のため再び沖縄へ向

旅費の補助対象拡大を知らせる読売新聞朝刊記事（平成28年1月19日）

かった。この企画展では、疎開先から家族に宛てた手紙や手記など、一度も展示されることのなかった資料が、戦後70年にして「伊藤半次の絵手紙」をきっかけとして一般公開されることになった。

平和の礎の刻銘情報を確認し、伊藤半次の「生年月日」「死亡年月日」「死亡場所」が追記されていることを確認。半次が描いた実際の絵手紙を見た方々から、いろんな感想を直接うかがうことができた。しかし、絵がうまい兵隊さんが当時いたという情報は得られなかった。

平成27年9月28日

平成28年1月に沖縄県で戦没者追悼式があることを知り、問い合わせて申請。平成27年12月17日付の決定通知を受領（孫で初認定）。

平成28年1月21日～22日
福岡県沖縄地域戦没者慰霊団（沖縄）

戦後70年が過ぎ、戦没者の子たちも高齢になり単独での参加が難しくなってきたことから、子に付き添う孫のほか、戦没者が未婚のまま亡くなった場合を想定し、甥、姪にまで旅費の補助対象を広げた。福岡県出身の戦没者は約4000名。93歳の妻から31歳のひ孫まで遺族25人が参加し、慰霊の塔で追悼式を行うほか、沖縄戦の激戦地や多くの住民が逃げ込んだガマ（自然壕）などを訪ねた。

参列者は沖縄戦で亡くなった方々が愛していた人たちであった。子供の頃に父親を亡くした方々のご苦労を直接お聞きし、戦死した方々だけでなく、残された家族までが不幸になるのが戦争だということを、身をもって知ることとなった。

子の世代も非常に少なくなり、孫の世代まで補助対象を拡大したが、福岡市で孫の単独参列は私だけだった。子の世代の高齢化という現実を間近で感じ、今を生きる私たちが、戦争の時代を生き抜いた方々からいろんな体験談を直接聞ける最後の世代であるということを再認識した。

平成28年10月8日～9日（沖縄）
【沖縄1日目】

平成29年春に那覇市歴史博物館での企画展開催が決定したため、打ち合わせのため沖縄へ飛んだ。1月の「福岡県沖縄戦没者慰霊団」以来の沖縄であった。

せっかく沖縄に来たので、まずは「少女が見た沖縄戦」というテーマで当時のことを語っておられる上原美智子さん（当時81歳）にお会いすることにした。上原さんは糸満市の慰霊碑がある地の出身なので、まさに当時の慰霊碑付近のことを知る人物である。兵隊さんと地元の人々との交流など、誰にも語ったことがないという話などもしてくださった。兵隊さんは子供たちに優しかったとのこと。子煩悩だった祖父は我が子を愛するように沖縄の子供たちにも接していたのかも知れない。そんなことを感じずにはいられなかった。

【沖縄2日目】

祖父の足跡をたどりはじめた頃（平成26年）、本隊の玉砕場所とされる八重瀬岳を訪れ、元白梅学徒隊 武村豊さんと出会い、かつてこの地で起こった悲惨な状況について色々お聞きした。その翌年（平成27年）の夏、妻と沖縄へ行き食事をしていたときに、武村さんと次のような話をした。

武村さん「私は高齢のため壕や慰霊碑にもなかなか行けなくなっているが、修学旅行生に那覇市内のホテルで語ることもある。話だけで伝えるのは難しい。きちんと伝わっているのか不安だ。いつまでこうやって話せるか。もう厳しいかなぁ……」

私「じゃあ、その想いが伝わるような映像を作りましょうか。映像でしっかり残しましょう」

あれから2年、約束を守ることができた‼　武村さんはすでに88歳。

先の大戦で唯一の地上戦となった「沖縄戦」で、従軍看護婦として活躍して犠牲になった9つの女子学徒隊のうち、白梅看護隊は沖縄県立第二高等女学校56名（うち22名が犠牲に）によって編成されたものである。

「第二高女跡」をスタートし、「衛生看護教育隊跡」「白梅学徒病院壕」「白梅の塔」を案内していただいた。途中、車中も含めて「看護隊の学徒としての証言」だけでなく、「学徒隊の編成」「学校の授業」「なぜ生き残れたのか」「生き別れとなった家族のこと」「生きていて良かったこと」「未来への想い」など貴重な話をたくさん聞くことができた。

半次が所属していた部隊が玉砕した場所とされている地に白梅学徒病院壕はあったので、当時のその周辺の状況を詳しく知ることができたが、祖父の手がかりとなるような話は今回も聞くことはできなかった。

※本書では、私にだけに語ってくれた体験談も含め、「戦時中の記憶」として上原美智子さん、武村豊さんの証言を紹介しました。

平成29年2月2日

『日本陸軍兵科連隊』という本を手に入れた。戦後50年だからこそ、これだけの情報を集められたのだと思う。祖父の部隊『野戦重砲兵第23連隊』についても記載されていた。通称「球3109」、駐留場所も梨樹鎮→八面通→沖縄とあり、絵手紙の情報と一致。1つ1つ手掛かりを見つけている。

平成29年3月22日〜23日

4月28日〜6月27日まで那覇市歴史博物館で開催される「戦地からの便り伊藤半次の絵手紙と沖縄戦

展」に向けて、同博物館は沖縄で開催する意味として、伊藤半次と沖縄戦の関わりを調べたいとのことであったが、正直なところ手がかりが見つかるとは思っていなかった。というのは、これまで何度か沖縄を訪れて、戦死した地、慰霊碑、部隊兵舎のあった場所などの発見はあったが、沖縄からの手紙は3通だけだったので調べるのは厳しいと考えていたからである。

　しかし同博物館の調査によって、沖縄からの手紙を手掛かりに祖父が書いたと思われる場所がわかった。もしも一枚の手紙に書かれていた「渡辺少尉」の近くにいたとすると、野戦重砲兵第23連隊第1大隊第3中隊に所属し、首里攻防戦の最前線で戦っていたことになる。

　また、検閲済の印「荊木」氏が昭和20年5月に首里で戦死していることもわかった。また、糸満市だけにしか存在しないと思っていた野戦重砲兵第23連隊慰霊碑が、実は那覇市（久場川）にもあったことがわかり、昭和19年に祖父が沖縄から送った手紙から、野戦重砲兵第23連隊第1大隊第3中隊に所属し、首里攻防戦の最前線で戦っていたことが考えられる。この推測が正しければ、昭和20年5月初旬の首里攻防戦の後に南下し、最終的に小渡（糸満市）に行ったことになる。

　久場川の慰霊碑（公民館）の近くに子供の頃から住んでいたという女性（国頭秀子さん）にお会いしてお聞きした話では、祖父の手紙に書かれていたように、当時そこは一面さとうきび畑だったとのこと。炊事場があって、当時の兵隊が空腹に悩まされていたなど生活感ある話も聞くことができた。

　そして、那覇市歴史博物館外間政明学芸員の案内により、ついに祖父が最後の手紙を書いたかも知れないという場所に立つことができ、そこから祖父の部隊が戦っていたかも知れない地を見下ろしてみたのだった。

半次が沖縄から手紙を書いたであろう場所

また、野戦重砲兵第23連隊第1大隊第2中隊に初年兵として所属していたという元兵士（勝田直志さん）が沖縄にいることがわかり、奇跡的にお会いすることができた。勝田さんも首里攻防戦を戦い、摩文仁へ南下していたそうだ。まさかの出会いに感謝 感激！

勝田さんに祖父（伊藤半次）の絵手紙や写真を見ていただいたが、祖父のことはご存知なかった。しかし同じ大隊で戦っていたかもしれない方から当時の生々しい話を聞き、半次を含めて兵士たちの「最期まで何としてでも生き抜くんだ」という強いメッセージと、彼らの家族に対する愛情の深さを肌で感じることができた。

平成29年6月23日（沖縄）

祖父が亡くなったのは糸満市大度（沖縄本島小渡）の地で、そこには祖父が所属していた部隊の慰霊碑がある。慰霊碑の存在や慰霊碑建立に関わっていたという大度地区の人々のことを知ったのが3年前。戦時中、大度の近くにあるガマ（自然壕）に部隊が逃げ込んでいたという。

沖縄慰霊の日（6月23日）に大度公民館に伊藤半次の絵手紙を持参し、平和講話を開催した。この地区の人々が世代（20代〜80代）を超えて集うのは久しぶりのことだという。祖父が最期まで生き抜いてい

た地区（大度）の方々と交流することができ、最後はバイオリンの音に合わせて全員で「花は咲く」を合唱した。

大度の方々との交流（大度公民館にて）

平成29年7月14日

　平成29年6月23日の朝日新聞（天声人語）に祖父 伊藤半次のことが取り上げられた。その記事を書いた論説委員から連絡があり、記事を読んだという方からお手紙を託されたので送ってくれるという。届いた手紙を拝読すると、その方は「大正11年生まれの95歳（長野県在住）、満州に渡り、沖縄へ。宮古島で終戦、生き残り」とのこと。「天声人語を読んでペンを執らずにはいられなくなった」と書かれていた。映画「永遠のゼロ」で橋爪功さんが語るシーンが重なった。

　「末期ガンでありながら、なぜ寿命が延びたのか……。あなたたちに、この話を語るためです。あなたたちに小隊長の話をするためだったんでしょう……」

　私に届いた手紙には、当時その方のおかれていた状況、戦友との別れ、悲しみ、慰霊、戦後72年間の葛藤などが綴られていた。戦争体験者の高齢化が進み、生の声を聞く機会が激減している。時間がない……、そんな危機感を感じる手紙であった。

平成29年8月15日　全国戦没者追悼式

　早朝から「日本武道館」に入り、2時間待機の後に開式。まず天皇皇后両陛下がご臨席になられ、国家斉唱、内閣総理大

全国戦没者追悼式　案内状

臣の式辞などがあり、天皇皇后両陛下が御退席の後に献花が行われ、約1時間の追悼式が閉式になった。全国からこれほどまで多くのご遺族がいらっしゃるのかと、身内を失い慰霊し続けるご家族の悲しみに触れた。

平成30年5月28日

　平成29年の那覇市歴史博物館の企画展で、祖父が沖縄から送った手紙3通を手掛かりに、連隊の第3中隊に所属し、沖縄戦では首里攻防戦を戦い、その後南下、小渡（現在の大度）で戦死したのではという足跡が判明した。

　静岡県牧之原市に野戦重砲兵第23連隊第3中隊に所属し戦死した方の娘さん（川内義子さん）がいることがわかり、静岡に会いに行った。川内さんは、すでにこの世にはいない方々（部隊で生き残った戦友たち、連隊長の妻など）と昭和50年代まで交流があり、何度も沖縄を訪れ、戦友たちに戦跡を案内されていた。そして、慰霊碑建立の経緯、知られざる事実を紐解く資料（隊員が書き綴った手記など）があることを知っていたが、その資料を川内さんは持っていないとのこと。川内さんが、過去の連絡先にコンタクトを取るも1件も繋がらなかったとのこと。

　川内さんも満州や沖縄（1通）から送られてきた60通ほどの手紙を所有しており、拝見すると祖父（伊藤半次）からの手紙と送られてきた先や時期がほぼ一致していた。川内さんのお父さんは祖父より1歳下、きっと同じ時を過ごしていた仲間であろうと推測された。

平成30年6月23日～24日　沖縄県護国神社特別企画展（沖縄）

　全国の護国神社では初となる企画展「戦地からの便り　伊藤半次の絵手紙と沖縄戦」を祖父が合祀されている沖縄県護国神社で開催することができ、同神社関係者（神職）との関係を深めることができた。

沖縄県護国神社　企画展

平成31年1月17日～18日　福岡県沖縄地域戦没者慰霊団に参加（沖縄）

　戦後74年、参加者23名、戦没者の妻の参加者は0。子も高齢化のため年々参加者が減っていることを痛感。当時の状況を知る人も非常に少なかった。

福岡県沖縄地域戦没者慰霊団

令和1年6月17日　福岡縣護国神社「命日祭」に参列

　この日の参列者は、私以外には1名。今年1月の福岡県沖縄地域戦没者慰霊団に参加していた方であったが、慰霊巡拝団では会話することがなかった。今回、ふたたびお会いしたので話をしてみると、なんとお兄さんが沖縄戦で戦死し、所属部隊が半次と同じ「野戦重砲兵第23連隊」だった。糸満市の慰霊碑へも若い頃に何度も足を運び、最後の慰霊祭にも参列したというのだ。慰霊碑を管理する菩提寺が浄土寺であり、住職に戦友会が永代供養を依頼したことなど知っており、手持ちの資料を今後の活動に役立てて欲しいとの申し入れをいただいた。

令和1年6月18日

　戦時中、戦地から家族に送られてきた手紙から、連隊名、変遷などいろんなことがわかり足跡をたどってきたが、当時を知る人の多くがすでに亡くなっていたため状況を知るすべがほとんどなかった。

　そんな中、その存在は知っていても、見つからなかった『野戦重砲兵第23連隊抄史（生き残りの方がまとめた本）』を、祖父の命日の6月18日、同じ部隊で戦死した戦友の弟さん（鐘ケ江静男氏、昭和3年生まれ）から受け取ることができた。この貴重な資料によって、満州から沖縄へ渡った部隊がどのような日常を過ごしていたのか、激戦を戦い抜いた兵士たちがどんな最期を遂げたのか……。これまでわからなかった様々なことを解明することができた。また、資料の中には私が沖縄で足跡をたどるきっかけとなった慰霊祭の写真もあった。その慰霊祭は、「参列者の高齢化により最後となった慰霊祭」だった。

　「野重23会」会報の最終号には、戦友や遺族の「これまで」と「これから」の思いが文集として綴ら

れており、資料とともに多くの方々の想いを受け取ることにもなった。

　また、野戦重砲兵第23連隊抄史に書かれている生き残り兵の記憶と絵手紙の内容がクロスする面白いエピソードなども知ることができた。

令和1年11月7日（沖縄）

　祖父の所属していた部隊に関する新たな資料が見つかったことで、「浄土寺」の存在を知り、初めてお参りした。住職に面会を申し入れ野戦重砲兵第23連隊との関わり、菩提寺となった経緯など様々な話をうかがう。納骨堂に案内されると、そこには同隊の沖縄戦々没者名簿とともに関係資料が残されていた。野重23会（部隊生き残り、遺族などで構成。平成6年に解散）の方々が亡くなる前に、戦友たちの永代供養をするため、慰霊碑の土地所有権など含めて浄土寺に全てを託したという事実がわかった。

　名簿に「伊藤半次」の名は記されていなかったため、事情を知った住職から、私が寺に申し入れることで名簿へ名を記帳していただけると伺い、それを約束して寺をあとにした。

令和2年1月17日～18日　福岡県沖縄地域戦没者慰霊団

　戦後75年、今回も孫の単独参加は私だけ。今回で54回目となり参加者20名。年々参加者も減り、全国で慰霊祭を中止したり10年おきの開催となる県があるなど、今後継承が難しい状況になっていることを痛感する旅となった

令和2年8月4日

　広島県在住の谷田悦子さんという女性から一本の電話が入った。7月27日（月曜日）に掲載された西日本新聞の記事が、29日（水曜日）にネット配信されYahoo! ニュースでアクセスランキング1位となり、その記事を偶然見かけた姪（静岡県浜松市在住）から連絡を受けて、西日本新聞を取り寄せて私の連絡先を知ったとのこと。

　谷田さんには8歳年上（大正10年生まれ）の姉（愛さん）がおり、戦時中に婚約者（堀田熊雄氏）が満州に出征、当時14歳（太平洋戦争がはじまったのが12歳）だった谷田さんは、姉と一緒に慰問品や手紙を堀田氏に送り、彼から自分宛てにも何通もの手紙をもらっていたが、この歳になるまで、どうしても捨てることができず大切に保管していたとのこと。

　その手紙を後世に伝え「平和の尊さを伝える役に立てないか」と考え、いくつかの資料館に問い合わせたこともあるが、「原爆資料ではない」「画家の絵ではない」「当県出身者ではない」など、資料館ごとのテーマに合わないとの理由で、受け取ってもらうことが叶わなかったそうである。

また、堀田熊雄氏の親戚にたどり着き、託そうとするも断られてしまったという。ちょうどそのタイミングで記事を知り、連絡をくださったとのこと。

谷田さんが所有する手紙の中に「絵」や「童話」が描かれたものがあり、絵はいずれも明るいタッチで描かれていて、半次の絵とそっくりだというのである。そう聞いて、祖父の手紙の中に「絵の具も良いのを送ってくれたので、これから毎日面白いものが描けます。こちらで何よりの楽しみです。戦友や下士官の人たちから頼まれてなかなか忙しいですよ」と書かれているものがあったことを思い出した。

この手紙の内容から、家族に宛てたもの以外にも絵を描いている可能性があるので、もしかしたら谷田さんが所有している絵の中に、半次が描いたものがあるかもしれないと思い、それを確かめたかった。半次の絵がなかったとしても、満州から家族や愛する人たちに愛情たっぷりの手紙を送っていた兵士がいたことを知り、谷田さん所有の手紙を半次の絵手紙と一緒に展示する機会を作れるかもしれない思い、その旨を伝えたところ、それらを送っていただくことになった。

令和2年8月15日（8月12日に谷田さんより手紙を受領）

さっそくメール便で届き、封を開けた。絵手紙が7枚、便箋に書かれた童話もあった。同じ満州からのものではあったが、残念ながら祖父が描いた絵ではなかった。祖父の手紙には満州の広大な風景、四季の移り、冬の厳しさ、春の美しさなどが文や絵で書かれていたが、熊雄氏は満州の四季を童話にして悦子さんに送っていた。さっそく悦子さんに連絡すると、この大切な手紙を私に託したいとの返事であった。その際、「平和を伝える貴重なメッセージ」として、祖父の絵手紙とともに伝えることをお約束した。（本書では、「戦時中の記憶」として堀田熊雄さんの絵手紙や童話を紹介しました。）

令和3年2月24日

靖國偕行文庫（靖國神社）に「野戦重砲兵第23連隊写真集」があることを知り、2月22日に問い合わせすると、身内であれば閲覧、コピーが可能であるとのことが分かり、いてもたってもいられず2日後に上京した。偕行文庫で他の資料を調べたところ「野重23会会報（最終号）」含む9号以降の11冊が、靖國神社への奉納資料として見つかった。37回忌には生き残った方たちや多くの遺族が参列し（還暦を迎えた頃だったので）、50回忌に向けて生き残ったものとして終生慰める使命感を語っておられる方がいたこと、慰霊し続けるという強い信念も知ることができた。「戦争を知らない人に知ってもらいたい」「泣いてもらいたい」……、いろんな思いを知り、できるだけその想いに報えるよう、本書に盛り込みたいと考えた。

令和3年3月19日

令和3年6月26日〜8月29日に嘉麻市立織田廣喜美術館で企画展を開催することが正式に決定した。この日は、昭和52年3月19日に部隊慰霊祭（沖縄県糸満市摩文仁）が盛大に執り行われてからちょうど44年となる日で、不思議な巡りあわせを感じた。

この企画展では、谷田さんが大切に保管していた堀田熊雄氏の「絵手紙」「童話」も展示できることになり、長年、谷田さんが夢見ていた舞台（一般公開）を提供することができる。

<h2 style="text-align:center">令和3年6月23日</h2>

　沖縄戦終結から76年、沖縄へ渡った。沖縄県護国神社「戦没者総合慰霊祭（式典のあとに日章旗返還セレモニー）」に参列したあと、浄土寺（糸満市）を訪れ「沖縄戦々没者名簿」をお借りした。

　伊藤半次の名を「沖縄戦々没者名簿」に記入するのは、父が眠る「千代山 浄福寺（福岡市）」と決めていた。そして、祖父の足跡をたどる旅の終着駅として、野戦重砲兵第23連隊〔球3109部隊〕の慰霊碑へ向かった。

<h3 style="text-align:center">野戦重砲兵第23連隊慰霊碑</h3>

　昭和53年に野戦重砲兵23戦友会・戦没者遺族一同によって建立されたもので、碑文には次のような言葉が刻まれています。

　この碑は、太平洋戦争中最も激戦であったと謂われる沖縄戦において、本土防衛のため祖国日本の勝利と家族の安泰を念じ、終始果敢に戦って散華した野戦重砲兵二三聯隊（球三一〇九）戦没将兵の霊を祀ったものである。部隊は旧満州国より転進、沖縄本島各地に展開し、友軍歩兵部隊の戦闘によく協力、再三に亘り米軍の進出を阻み、軍直轄砲兵としての任務を全うし、この地で玉砕したのである。その遺勲を永遠に称えるとともに、戦友よ、安らかにと願い、ここに関係者一同相協力して、これを建立した。

　昭和五十三年三月十九日

野重二三戦友会・戦没者遺族一同

　祖母禮子から半次の書簡を受け継いだ父允博は、この書簡が平和を伝える貴重なメッセージとして生き続けることを願いつつ私に託し、平成25年9月に他界しました。

　そこからはじまった祖父の足跡をたどる旅。

　半次が家族を想い、最期まで懸命に生き抜いた場所にたどりついたことで、戦争によって引き離された家族が、1つに結びつくことができたのではないかと思います。

　慰霊碑の前で黙禱していると、かすかに風がほほをなでて行くのを感じたので、ふっと見上げると、沖縄の澄んだ青空がどこまでも広がっていました。

　しばし青空のかなたに目をやっているうちに、半次とともに禮子、公喜、允博が微笑みかけてくれているような不思議な気持ちになりました。

　この本が、平和を願う全ての人に、そして未来へのメッセージとなりますように……。

令和3年6月23日　伊藤博文

これまでに開催された伊藤半次書簡の企画展

「オトウチャンの絵手紙展」博多町家ふるさと館（平成23年6月3日〜28日）
「戦地から妻れい子へ　伊藤半次書簡展」博多町家ふるさと館（平成24年8月1日〜9月17日）
「戦地の父より愛をこめて　伊藤半次書簡展」博多町家ふるさと館（平成25年8月1日〜9月30日）
「戦地から愛のメッセージ伊藤半次絵手紙展」大刀洗平和記念館（平成26年8月2日〜10月28日）
「FBS福岡放送戦後70年特別企画展『未来へのメッセージ』」（平成27年6月8日〜6月28日）
「戦時中の手紙・手記からみる家族の絆展」沖縄県平和祈念資料館（平成27年8月1日〜8月31日）
「戦争とわたしたちのくらし25」福岡市博物館（平成28年6月14日〜8月21日）
「伊藤半次の絵手紙と沖縄戦」那覇市歴史博物館（平成29年4月28日〜6月27日）
「絵手紙の力語り継ぐ戦争と平和への願い展」福岡市市民福祉プラザ（平成29年6月16日〜6月19日）
「伊藤半次の絵手紙と沖縄戦」沖縄県護国神社（平成30年6月23日〜6月24日）
「伊藤半次の絵手紙──満州そして沖縄」嘉麻市碓井平和祈念館（令和2年8月1日〜8月30日）
「満州・沖縄 戦地から思いを込めて」嘉麻市立織田廣樹美術館（令和2年6月26日〜8月29日）

大刀洗平和記念館　企画展

那覇市歴史博物館　企画展

嘉麻市立織田廣喜美術館

これからも機会があるごとに企画展や講演会を開催して、一人でも多くの方に半次の原画に触れていただき、戦争のない世の中、平和な世界を願う気持ちを共有したいと思っています。

編著者の過去の講演

大刀洗平和記念館　企画展関連イベント（平成26年8月10日）
福岡市立百道浜小学校　特別授業（開戦の日、平和学習／平成26年12月8日）
FBS福岡放送　戦後70年特別企画展「未来へのメッセージ」
FBSスタジオ内　ギャラリートーク全12回（平成27年6月8日〜6月28日）
福岡市立春吉小学校　特別授業（平和学習／平成27年6月8日）
福岡市立百道浜小学校　特別授業（平和学習／平成27年6月19日）
九州文化学園高等学校（佐世保市）原爆投下の日特別授業（全校生徒795名／平成27年8月9日）
ライオンズクラブ337−A地区　レオクラブ地区会議（記念講演／平成28年3月27日）
福岡市立百道小学校　特別授業（平和学習／平成28年6月17日）
福岡市立百道浜小学校　特別授業（平和学習／平成28年6月18日）
長崎県立波佐見高等学校　原爆投下の日特別授業（全校生徒480名／平成28年8月9日）
株式会社　縁（福岡市）新入社員向け特別講和（平成28年10月1日）
大分県中津市立下郷小学校　特別授業（平和学習／平成28年12月9日）
九州産業大学（マスコミ文化論）特別講座（平成28年12月17日）
広島県三次市立川地小学校　特別授業（平和学習／平成29年2月26日）

那覇市歴史博物館　ギャラリー文化講座（平成29年4月29日）

福岡市市民福祉プラザふくふくホール　特別講演（平成29年6月17日）

沖縄県那覇市立那覇小学校　特別授業（全校生徒450名／平成29年4月29日）

沖縄県糸満市大度公民館　平和講座（平成29年6月23日）

那覇市歴史博物館　ギャラリー文化講座（平成29年6月24日）

福岡県糟屋郡久山中学校　平和講和（全校生徒400名／平成29年8月1日）

長崎県立川棚高等学校　原爆投下の日特別授業（全校生徒450名／平成29年8月9日）

福岡北ロータリークラブ　卓話講師（平成29年8月18日）

九州産業大学（マスコミ文化論）特別講座（平成29年11月26日）

福岡市立百道浜小学校　特別授業（平和学習／平成30年6月15日）

福岡市立百道小学校　特別授業（平和学習／平成30年6月19日）

福岡市立春吉小学校　特別授業（平和学習／平成30年6月19日）

九州文化学園高等学校（佐世保市）原爆投下の日特別授業（全校生徒795名／平成30年8月9日）

上天草市郷土史研究会　特別公演（令和1年5月18日）

福岡市立百道小学校　特別授業（平和学習／令和1年6月17日）

東大阪市人権教育研究会　夏季研究会（令和1年8月2日）

福岡市立百道小学校　特別授業（平和学習／令和2年6月19日）

嘉麻市碓井平和祈念館　ギャラリー講座（令和2年8月22日）

福岡市立高取公民館　サークル人権学習（令和2年11月11日）

福岡市立百道浜公民館　サークル人権学習（令和2年11月28日）

福岡市立野芥公民館　高齢者教室人権学習会（令和3年3月9日

福岡市立百道浜小学校　特別授業（オンライン平和学習／令和3年6月18日

沖縄慰霊の日（沖縄県護国神社日章旗返還　記念講演／令和3年6月23日）

嘉麻市立織田廣喜美術館　ギャラリートーク（令和3年6月26日）

桂川町立桂川中学校　特別授業（平和学習／令和3年7月7日）

嘉麻市碓井平和祈念館　企画展講演会（令和3年8月1日）

朝倉市立杷木中学校　特別授業（平和学習／令和3年8月6日）

伊藤半次略年譜

半次の年齢	半次の足跡と社会背景
大正2年（1913）誕生	1月2日、古田家の4男7女の長男として現在の福岡県福岡市東区馬出に生まれる 桂内閣総辞職、山本権兵衛内閣成立
大正3年（1914）1歳	第1次世界大戦勃発、シーメンス事件、サラエボ事件 山本内閣倒れ、大隈重信内閣組閣
大正7年（1918）5歳	米騒動（米の価格高騰に伴う暴動）　シベリア出兵 米騒動で寺内内閣倒れ、原敬内閣誕生
大正9年（1920）7歳	尋常小学校入学 国際連盟成立、ナチス誕生、大杉・境ら日本社会主義同盟創立
大正12年（1923）10歳	関東大震災、甘粕事件（大杉栄、伊藤野枝虐殺） トルコ共和国成立
昭和1年（1926）13歳	高等学校入学 12月25日、昭和と改元、武漢政府樹立（汪兆銘）
昭和2年（1927）14歳	兵役法令公布（徴兵令廃止） 南京事件、蔣介石、南京に国民政府樹立
昭和6年（1931）18歳	満州事変勃発 毛沢東主席、臨時政府樹立
昭和7年（1932）19歳	5・15事件 満洲国建国
昭和8年（1933）20歳	徴兵検査　国際連盟脱退 ナチス政権成立（ヒトラー首相）
昭和10年（1935）22歳	老舗提灯店「伊藤提灯店」の3人姉妹の長女アキ（禮子）と結婚。5月、文惠（泫子）誕生 ドイツ、国際連盟から脱退
昭和11年（1936）23歳	2・26事件 スペイン内乱開始、ソ連「狂気の時代」へ、西安事件
昭和12年（1937）24歳	10月、次女壽賀子誕生 盧溝橋で日中両軍衝突（支那事変勃発）、日中戦争始まる
昭和14年（1939）26歳	4月、長男公喜誕生 9月、第2次世界大戦後始まる
昭和15年（1940）27歳	8月、次女壽賀子死亡。9月1日、北九州市小倉の西部第72部隊に入隊 9月27日、日独伊3国同名調印
昭和16年（1941）28歳	1月、次男允博誕生 半次、関東軍として満洲斐徳に出征。斐徳に続いて、梨樹鎮、八面通へと移動。 12月、東条英機内閣成立。真珠湾空襲。太平洋戦争始まる。
昭和17年（1942）29歳	得意の絵を描いたさまざまな絵手紙が送られてくるようになる。 ミッドウェー海戦（日本軍の作戦は失敗、以降戦局は敗勢に向かう）
昭和19年（1944）31歳	半次の部隊、沖縄に転戦。釜山、博多、鹿児島を経由して沖縄へ。半次、このとき博多で禮子と逢う。10月10日、米軍の機動部隊、沖縄を空襲。10月22日（もしくは11月6日）、半次の部隊、那覇港に入る
昭和20年（1945）32歳	4月1日、米軍、沖縄本島に上陸。6月18日、半次、沖縄・小渡で戦死。享年32。6月19日、福岡大空襲で中島町の半次の家も全焼 6月23日、沖縄守備軍全滅。8月8日、ソ連、日本に宣戦布告。 8月15日、天皇、終戦の詔勅放送。日本、無条件降伏

編著者プロフィール

伊藤博文（いとう・ひろふみ）
1969年福岡県生まれ。伊藤半次の孫。全日本スキー連盟正指導員、検定員。祖父の絵手紙を一般公開するための企画展示、平和学習や講演会（小学生から高齢者までを対象に）を展開。新聞・テレビなどのメディアでたびたび特集を組まれ、出演多数。祖父の足跡をたどるため何度も沖縄を訪れ、戦争体験者が減っている中、元白梅学徒隊、沖縄県平和祈念資料館の語り部と親交。著書に『戦地から愛のメッセージ──400通の絵手紙にこめられた家族の絆、平和の尊さ』（文芸社、2014）がある。

伊藤半次の絵手紙 戦地から愛のメッセージ

令和3年（2021年）8月15日　第1刷発行

編著者 ················ 伊藤博文

発行者 ················ 川端幸夫

発行 ················ 集広舎
〒812-0035 福岡市博多区中呉服町5番23号
電話 092-271-3767　FAX 092-272-2946
https://shukousha.com/

協力 ················ 平盛サヨ子　伊藤笑子　外間政明　鐘ケ江静男　谷田悦子　久保田美代子
山田保彦　ケント白石　恵良安大　松元孝太　中村孝則　加島由美子
石橋孝三　佐々木成明　中島政美　小副川太郎　野田祐輔　河野宏

資料協力 ··········· 那覇市歴史博物館　沖縄県公文書館　野重23会

挿絵 ················ 津村ゆかり

図書設計 ··········· スタジオ・カタチ

印刷・製本 ·········· シナノ書籍印刷株式会社